PSICOLOGIA JURÍDICA

Revisão técnica:
Caroline Bastos Capaverde
Especialista em Psicoterapia Psicanalítica
Graduada em Psicologia

P988p Puthin, Sarah Reis
Psicologia jurídica / Sarah Reis Puthin, Luciana Rydz Pires, Sabine Heumann do Amaral e Paulo Roberto Grangeiro Rodrigues ; revisão técnica: Caroline Bastos Capaverde. – Porto Alegre : SAGAH, 2023.

ISBN 978-65-5690-350-7

1. Psicologia forense. I. Pires, Luciana Rydz. II. Amaral, Sabine Heumann. III. Rodrigues, Paulo Roberto Grangeiro. IV. Título.

CDU 340.6

Catalogação na publicação: Mônica Ballejo Canto – CRB 10/1023

PSICOLOGIA JURÍDICA

Sarah Reis Puthin
Mestre em Psicologia
Especialista em Ciências Penais

Luciana Rydz Pires
Especialista em Informação Científica e Tecnológica em Saúde

Sabine Heumann do Amaral
Especialista em Psicologia Clínica Gestáltica
Mestre em Psicologia (Teoria e Pesquisa do Comportamento)

Paulo Roberto Grangeiro Rodrigues
Mestre e Doutor em Psicologia Social

Porto Alegre, 2023

© SAGAH EDUCAÇÃO S.A., 2023

Gerente editorial: *Arysinha Affonso*

Colaboraram nesta edição:
Preparação de originais: *Nathália Glasenapp*
Capa: *Mariana Brilhante*
Editoração: *Matriz Visual*
Capa: *Paola Manica | Brand&Book*

> **Importante**
> Os *links* para *sites* da Web fornecidos neste livro foram todos testados, e seu funcionamento foi comprovado no momento da publicação do material. No entanto, a rede é extremamente dinâmica; suas páginas estão constantemente mudando de local e conteúdo. Assim, os editores declaram não ter qualquer responsabilidade sobre qualidade, precisão ou integralidade das informações referidas em tais *links*.

Reservados todos os direitos de publicação à
SAGAH EDUCAÇÃO S.A., uma empresa do GRUPO A EDUCAÇÃO S.A.

Rua Ernesto Alves, 150 – Bairro Floresta
90220-190 – Porto Alegre – RS
Fone: (51) 3027-7000

SAC 0800 703-3444 — www.grupoa.com.br

É proibida a duplicação ou reprodução deste volume, no todo ou em parte, sob quaisquer formas ou por quaisquer meios (eletrônico, mecânico, gravação, fotocópia, distribuição na Web e outros), sem permissão expressa da Editora.

APRESENTAÇÃO

A recente evolução das tecnologias digitais e a consolidação da internet modificaram tanto as relações na sociedade quanto as noções de espaço e tempo. Se antes levávamos dias ou até semanas para saber de acontecimentos e eventos distantes, hoje temos a informação de maneira quase instantânea. Essa realidade possibilita a ampliação do conhecimento. No entanto, é necessário pensar cada vez mais em formas de aproximar os estudantes de conteúdos relevantes e de qualidade. Assim, para atender às necessidades tanto dos alunos de graduação quanto das instituições de ensino, desenvolvemos livros que buscam essa aproximação por meio de uma linguagem dialógica e de uma abordagem didática e funcional, e que apresentam os principais conceitos dos temas propostos em cada capítulo de maneira simples e concisa.

Nestes livros, foram desenvolvidas seções de discussão para reflexão, de maneira a complementar o aprendizado do aluno, além de exemplos e dicas que facilitam o entendimento sobre o tema a ser estudado.

Ao iniciar um capítulo, você, leitor, será apresentado aos objetivos de aprendizagem e às habilidades a serem desenvolvidas no capítulo, seguidos da introdução e dos conceitos básicos para que você possa dar continuidade à leitura.

Ao longo do livro, você vai encontrar hipertextos que lhe auxiliarão no processo de compreensão do tema. Esses hipertextos estão classificados como:

Saiba mais

Traz dicas e informações extras sobre o assunto tratado na seção.

Fique atento

Alerta sobre alguma informação não explicitada no texto ou acrescenta dados sobre determinado assunto.

Exemplo

Mostra um exemplo sobre o tema estudado, para que você possa compreendê-lo de maneira mais eficaz.

Todas essas facilidades vão contribuir para um ambiente de aprendizagem dinâmico e produtivo, conectando alunos e professores no processo do conhecimento.

Bons estudos!

PREFÁCIO

A Psicologia e o Direito são disciplinas muito diferentes e, portanto, também é diferente a forma como solucionam problemas.

A maioria das decisões judiciais se baseia na jurisprudência, e os magistrados resistem a contrariá-la. Ainda, e ao encontro desse costume, o sistema legal é organizado de forma hierárquica, com regras e procedimentos específicos. Por outro lado, a Psicologia trabalha com a reunião de inúmeras informações, com premissas que podem ser alteradas ao longo do tempo, uma vez que as perspectivas se alteram e amadurecem de acordo com o contexto. Assim, a Psicologia aceita mudanças durante a busca pela verdade.

A maneira como chegam à verdade também é distinta. No Direito, lados opostos se esforçam, em um embate por vezes litigioso, para chegar à vitória. Espera-se, assim, que a verdade seja revelada como resultado desse esforço. Essa abordagem vai de encontro ao que prevê a Psicologia, que utiliza a experimentação, por meio da pesquisa objetiva, para revelar a verdade ou dela aproximar-se.

Apesar dessas diferenças, o relacionamento entre essas duas ciências é muito importante, tanto para o cumprimento da justiça quanto para a elaboração de leis mais adequadas à sociedade. Com o intuito de colaborar para o entendimento multidisciplinar da psicologia jurídica, este livro apresenta reflexões teóricas e práticas que emergem da interface entre a Psicologia e o Direito. Estão em pauta aqui temas de grande interesse: diferenças e semelhanças entre psicologia jurídica, psicologia forense e psicologia judiciária; perfil e exame psicológico de agressores e vítimas; conceitos inerentes à violência intrafamiliar; reinserção social; comportamento pró-social; atuação de equipes multidisciplinares nos âmbitos civil e penal, entre muitos outros assuntos.

SUMÁRIO

Unidade 1

Psicologia jurídica: antecedentes históricos e evolução 13
Luciana Rydz Pires
    Referenciais históricos 14
    A psicologia jurídica no Brasil 18
    Fundamentos e práticas profissionais 21

Interdisciplinaridade: teoria e campo de atuação 27
Luciana Rydz Pires
    A interface entre Psicologia e Direito 28
    Campos de atuação 31
    A interdisciplinaridade 35

Psicologias jurídica, forense e judiciária: designações 43
Paulo Roberto Grangeiro Rodrigues
    Psicologia forense e psicologia judiciária 44
    Os fundamentos da psicologia forense 47
    Psicologias forense, jurídica e judiciária 50

Prática profissional: das áreas de intervenção às competências 57
Luciana Rydz Pires
    Inserção dos profissionais da psicologia jurídica 57
    Competências técnicas 61
    Avaliação de famílias em conflito 65

Unidade 2

A Psicologia do comportamento desviante 71
Luciana Rydz Pires
    Comportamento desviante 72
    Avaliação de indivíduos com comportamentos desviantes 76
    Comportamento desviante e estrutura social 81

Modelos para a compreensão da delinquência e da sociopatia 89
Luciana Rydz Pires
    Delinquência e a sociopatia 90
    Psicopatologias e conflito com o ordenamento penal 94
    Contribuições importantes para a compreensão da delinquência
       e da sociopatia 101

Comportamento desviante e intervenção familiar........................... 107
Sabine Heumann do Amaral
    As diferentes abordagens para a prevenção do comportamento desviante 108
    Os fatores de risco e proteção para os comportamentos desviantes 111
    A relação entre a intervenção familiar e os comportamentos desviantes 116

Violência familiar e conjugal: os maus-tratos como sintoma 125
Sabine Heumann do Amaral
    Principais características da violência intrafamiliar 126
    Fatores envolvidos na prática da violência familiar e conjugal 129
    Práticas profissionais frente aos maus-tratos de mulheres,
        crianças e adolescentes 133

Unidade 3

Exame psicológico de vítimas e agressores.. 141
Sarah Reis Puthin
    Princípios básicos em psicometria 142
    A avaliação forense do criminoso 145
    Avaliação psicológica de vítimas de violência 148

Perfil psicológico no contexto da psicologia jurídica 155
Sarah Reis Puthin
    Do perfil psicológico ao perfil criminal 156
    A elaboração do perfil psicológico e comportamental de criminosos 159
    Análise do perfil psicológico de agressores e de vítimas 162

Transtornos de personalidade *borderline* e antissocial.................. 169
Sarah Reis Puthin
    Transtornos da personalidade e diagnóstico 170
    Perfil psicológico e comportamental de criminosos 172
    Crimes sexuais e transtornos mentais 178

A reinserção social e os recursos comunitários 183
Sarah Reis Puthin
    Reinserção social no contexto brasileiro 183
    Tecnologia psicossocial comunitária e reinserção social 187
    Intervenções em contextos comunitários para reinserção social 189

Unidade 4

A agência das instituições de justiça e a reinserção social.............. 197
Sarah Reis Puthin
    Instituições de justiça e reinserção social 197
    Instrumentos e metodologias de ação na reinserção social 202
    Projetos de reinserção social no Brasil 206

O sistema presidiário: programas de reabilitação e reintegração social 213
Sarah Reis Puthin
- O sistema prisional brasileiro 213
- Reintegração e reabilitação social 217
- Ações e políticas de reintegração social 221

Comportamento pró-social: desenvolvimento e manutenção 229
Sabine Heumann do Amaral
- O comportamento pró-social e o julgamento moral pró-social 230
- Pró-sociabilidade e empatia 232
- Formas de manter o comportamento pró-social 236

A equipe interdisciplinar nos âmbitos penal e civil 245
Sabine Heumann do Amaral
- Atuação das equipes interdisciplinares no âmbito penal 246
- Políticas de atuação no âmbito civil 249
- O acompanhamento da medida socioeducativa de internação 253

Gabarito 260

UNIDADE 1

Psicologia jurídica: antecedentes históricos e evolução

Objetivos de aprendizagem

Ao final deste texto, você deve apresentar os seguintes aprendizados:

- Identificar referenciais históricos que antecederam o desenvolvimento da psicologia jurídica no Brasil.
- Descrever a emergência da psicologia jurídica no Brasil.
- Elencar os fundamentos e as práticas profissionais da psicologia jurídica no Brasil.

Introdução

A Psicologia surgiu no Brasil logo no início do século XX, em um primeiro momento associada à Pedagogia. A partir de 1950 organizaram-se os primeiros cursos de formação em Psicologia, e em 1962 se deu a regulamentação da profissão. Tal como a Psicologia (ciência e profissão), a área da psicologia jurídica também é recente em nosso país e floresceu a partir de 1955, com a edição no Brasil do livro espanhol *Manual de Psicologia Jurídica*, de Mira y Lopes (2008), um marco para essa área de conhecimento. A psicologia jurídica diz respeito aos saberes psicológicos voltados para a prática do Direito. Dessa forma, o psicólogo coopera com o juiz, provendo análises da realidade psicológica e do contexto no qual os agentes do caso se encontram.

Neste capítulo, você vai conhecer a história da psicologia jurídica no Brasil a partir de diversos referenciais teóricos. Você também vai estudar os fundamentos e as práticas profissionais da psicologia jurídica no Brasil.

Referenciais históricos

A psicologia jurídica é relativamente nova no Brasil, assim como a profissão de psicólogo. No entanto, a preocupação com a **avaliação psicológica do criminoso**, principalmente em relação aos portadores de doenças mentais, é muito antiga. Segundo Lago et al. (2009), durante a Idade Média, as pessoas consideradas loucas podiam ter uma vida relativamente livre. Foi somente no século XVII que os doentes mentais passaram a ser condenados à reclusão, sendo criados diversos estabelecimentos para indivíduos que ameaçavam a ordem e a moral da sociedade. Ainda conforme Lago et al. (2009), no século XVIII, Philippe Pinel (1745-1826), um médico francês, passou a liberar essas pessoas dos manicômios, prestando-lhes atendimento médico.

Muito antes do advento da psicologia jurídica, já se estudava a relação entre alguns crimes e o comportamento dos criminosos. Conforme Leal (2008), no início do século XIX, na França, alguns crimes foram desvendados por médicos, requisitados por juízes que queriam compreender a razão de ações criminosas que não eram motivadas por lucro financeiro ou paixões, e que também não partiam de indivíduos que se encaixavam em quadros clássicos de loucura. Esses crimes pareciam ter outra estrutura, que se acreditava estar enraizada na própria **natureza humana**.

Mais tarde, na segunda metade do século XIX, a psicologia jurídica ficou em evidência com a publicação do livro *Psychologie Naturelle*, de Prosper Despine, em 1868, que apresentou estudos de caso de alguns criminosos da época. Segundo Leal (2008), nos seus estudos, Despine concluiu que, com exceção de poucos casos, os delinquentes não apresentavam enfermidade física ou mental, e que as anomalias dos delinquentes seriam da ordem de tendências e comportamentos morais, não afetando a capacidade mental dos sujeitos. Dessa forma, eles eram levados a agir daquela forma em virtude de **tendências nocivas** como o ódio, a vingança, a avareza, etc. (LEAL, 2008). Para Despine, o delinquente possui deficiência ou carece de interesse por si mesmo; não possui empatia para com as pessoas, lhe faltando consciência moral e sentimento de dever; não é prudente nem simpático, nem mesmo capaz de arrependimentos. (LEAL, 2008).

Despine ficou conhecido como o fundador da **psicologia criminal** e reconheceu a importância de mais estudos relativos à essa linha de investigação. Segundo Leal (2008), outros pesquisadores, anteriores à Despine, já haviam realizado estudos a respeito da criminalidade; porém, apesar dos seus esforços na descrição dos aspectos psicológicos dos crimes e dos delinquentes, esses autores não tiveram a preocupação de construir uma teoria a respeito de seus dados e mostraram pouco rigor metodológico para a escolha dos casos.

Ainda conforme Leal (2008), por volta de 1875, o **estudo da criminalidade** passou a ser feito por meio da **relação entre crime e criminoso**. Os novos estudos buscavam o entendimento dos **fatores determinantes** da criminalidade, da personalidade do delinquente e da sua conduta, e também exploravam as **formas de ressocialização** dos sujeitos delinquentes. Esses estudos tinham como objetivo o esclarecimento dos atos a fim de poder preveni-los, evitando-se assim a sua reincidência. Assim, a **criminologia** surge no cenário das ciências humanas, quando busca chegar ao diagnóstico etiológico do crime. Nessa busca por compreender e interpretar as causas da criminalidade, os mecanismos do crime e o ato criminal em si, conclui-se que esses fatores fazem parte do escopo da **conduta do delinquente**, sendo assim uma expressão de sua personalidade.

Estudos do alemão Hans Kurella (1858-1916), de 1893, sugeriram alguns **traços característicos dos delinquentes**: o parasitismo, a tendência a mentir, a falta de sentimento de honra, a falta de piedade, a crueldade, a presunção e a ânsia por prazeres. Abraham Baer (1834-1908), outro autor da mesma época, fala sobre a **influência do meio** sobre as tendências psíquicas das pessoas. Hans Gross (1847-1915), pesquisador, jurista e criminologista austríaco, escreveu sobre os **fatores psíquicos** que podem tomar parte na investigação e no julgamento de delitos e reuniu, na Alemanha, o *Archiv für Kriminal--anthropologie und Kriminalistik*, com mais de 90 volumes, considerado um patrimônio da criminologia. Gross foi também o primeiro a produzir uma crítica da prova e do testemunho, desenvolvida mais tarde como um ramo da psicologia criminal. Gustav Aschaffenburg (1866-1944), por sua vez, publicou em 1904 uma revista de psicologia criminal, produzindo grande quantidade de material sobre o assunto e muitos outros estudos de caso.

Segundo Brito (2012), a aproximação da Psicologia com o Direito, a partir das demandas do Poder Judiciário, ficou conhecida como **psicologia do testemunho** e tinha como objetivo realizar pesquisas que pudessem indicar parâmetros que aferissem a fidedignidade (ou não) dos relatos dos indivíduos envolvidos em processos jurídicos. Ainda conforme a autora, essas pesquisas eram realizadas em laboratórios experimentais, nos quais se desenvolveram estudos sobre a memória, a sensação e a percepção. Conforme Bastos (2003), foram também desenvolvidos testes que eram aplicados aos indivíduos a fim de compreender os comportamentos passíveis de ação jurídica. Segundo Lago et al. (2009), psicólogos alemães e franceses desenvolveram trabalhos empírico-experimentais sobre o testemunho e sua influência nos processos judiciais. Ainda de acordo com Lago et al. (2009), a partir dos estudos relacionados aos sistemas de interrogatório, à detecção de falsos testemunhos, às amnésias simuladas e aos testemunhos de crianças, houve uma ascensão da psicologia do testemunho.

Assim, os psicólogos clínicos começaram a colaborar com os psiquiatras nos **exames psicológicos legais**. Com o advento da Psicanálise, o sujeito passou a ser valorizado de uma forma mais compreensiva, e o psicodiagnóstico criou força. Assim, conforme Lago et al. (2009), pacientes mais graves eram tratados por psiquiatras em função da possibilidade de internação, e os menos graves, por psicólogos, que tinham o objetivo de buscar uma compreensão mais descritiva de sua personalidade. No fim, por meio de estudos comparativos e representativos, foi demonstrado que os diagnósticos de psicologia forense podiam ser melhores que os dos psiquiatras.

Por volta de 1950, Mira y Lopes publicaram o livro *Manual de Psicologia Jurídica*, descrevendo os fatores que levavam as pessoas a reagirem em situações de conflito e os classificando em herdados (divididos em constituição corporal, temperamento e inteligência), mistos (referentes ao caráter) e adquiridos (experiências prévias de situações análogas, constelação, situação externa atual, tipo médio de reação social (coletiva), modo de percepção da situação).

No Brasil, a história da Psicologia Jurídica parece estar ligada ao surgimento da Psicologia como uma área de conhecimento independente dentro das universidades. Segundo Rovinski (2009), a ascensão dessa área de estudos se deu com a vinda de estrangeiros, como o polonês Waclaw Radecki (1887-1953), que foi responsável pela criação do primeiro Laboratório de Psicologia da Colônia de Psicopatas, no Engenho de Dentro, em 1937, que atualmente pertence à Universidade Federal do Rio de Janeiro. Em virtude de a profissão do psicólogo somente ter sido reconhecida em 1962 no Brasil, a Psicologia consistia nos saberes e fazeres dos campos médico, filosófico e educacional; por isso o Instituto de Psicologia era apenas um órgão suplementar da Universidade Federal do Brasil, atual UFRJ.

Mais tarde, em 1955, o *Manual de Psicologia Jurídica*, de Mira y Lopes, foi editado no Brasil e se tornou um marco para essa área de conhecimento. Conforme Brito (2012), essa publicação foi responsável por afirmar a Psicologia como uma ciência que oferece as mesmas garantias de seriedade e eficiência que as outras disciplinas biológicas e atestar que os dados comprovados matematicamente, aferidos por meio de testes e traduzidos em percentis, garantem critérios de objetividade e neutralidade científicas que embasam os trabalhos e pesquisas da área. Nesse livro estão contidas provas e técnicas que podem aferir e obter a máxima sinceridade dos testemunhos, com a possibilidade de determinar a periculosidade dos entrevistados. A partir dele, fica evidente a relação da Psicologia Jurídica com o Direito Penal.

Outros pesquisadores, tanto do Direito como da Psicologia, se interessaram pelas questões da psicologia jurídica. Um exemplo, conforme Rovinski (2009), é Eliezer Schneider, um dos pioneiros da Psicologia no Brasil, formado inicialmente em Direito, e que posteriormente ingressou no Instituto de Psicologia, em 1941. Embora também tenha trabalhado com a psicometria, Schneider buscou compreender a personalidade do criminoso, a influência do sistema penal na recuperação (ou não) do preso e o papel da punição. Além disso, se destacou, posteriormente por estudar as influências sociais, culturais e econômicas na personalidade do criminoso. Ainda conforme Rovinski (2009), ao longo de sua carreira, Eliezer se destacou como docente e sempre buscou inserir nos currículos dos diversos cursos de formação de que participou a disciplina de psicologia jurídica.

Para Bastos (2003), esses dados históricos são relevantes para que possamos desenvolver uma reflexão sobre a prática profissional de Psicologia junto às instituições e também sobre as mudanças que ocorreram ao longo do tempo, principalmente a partir de 1980. Isso porque, na primeira metade do século XX, os psicólogos eram vistos como meros "testólogos", conforme Lago et al. (2009), pois eram responsáveis por realizar os testes e exames necessários para os psicodiagnósticos, considerados instrumentos que forneciam dados comprováveis matematicamente para os profissionais do Direito. Segundo Bastos (2003), a prática profissional da época se baseava quase que exclusivamente na realização de perícias, exames criminológicos e pareceres psicológicos com base no psicodiagnóstico. Já nos dias atuais, o psicólogo utiliza estratégias de avaliação psicológica com objetivos bem definidos, visando a obter respostas para a solução de um problema. Conforme Lago et al. (2009), embora a testagem ainda seja uma atividade importante, entende-se que ela é apenas um recurso de avaliação. Além disso, o papel do psicólogo extrapolou a sua atuação, que inicialmente era estritamente na área criminal e se inseriu em outras esferas das instituições judiciárias.

Link

No *link* a seguir você poderá acessar o *site* da Associação Brasileira de Psicologia Jurídica (ABPJ), uma instituição científica e profissional que congrega psicólogos e demais profissionais que atuam no campo jurídico ou que têm interesse em temas do âmbito das relações entre a Psicologia, o Direito, a Justiça e a Lei.

https://goo.gl/wyizo

A psicologia jurídica no Brasil

A psicologia jurídica é um dos campos da Psicologia que mais cresceram nos últimos anos, tanto nacionalmente quanto internacionalmente. Conforme Leal (2008), esse é um campo promissor, com grande carência de profissionais especializados na área. De certa forma, a psicologia jurídica já era praticada muito antes de a profissão de psicólogo ser regulamentada, mas após sua regulamentação, o psicólogo pode ser incluído nas instituições jurídicas de forma oficial.

Segundo França (2004), a psicologia jurídica é uma área de especialidade da Psicologia que, embora resulte em novos conhecimentos, a partir de seu estudo e desenvolvimento, pode se utilizar do conhecimento produzido pela própria ciência psicológica. Ainda conforme França, os objetos de estudo da psicologia jurídica são os comportamentos complexos de interesse jurídico. No entanto, é importante que se leve em consideração os limites da perícia, já que o conhecimento produzido por ela constitui um recorte da realidade, não podendo ser considerada a totalidade do indivíduo. A área de atuação da psicologia jurídica compreende as atividades realizadas por psicólogos em tribunais e fora deles, dando aporte ao campo do Direito.

França (2004) defende que o estudo da psicologia jurídica deve ir além da análise das manifestações subjetivas do indivíduo, isto é, do seu comportamento; para a autora, esse estudo deve englobar as consequências das ações jurídicas sobre os indivíduos, já que as práticas jurídicas, submissas ao Estado, determinam as maneiras de os indivíduos se relacionarem e, consequentemente, moldam sua subjetividade. De certa forma, a produção de conhecimento da psicologia jurídica complementa a produção de conhecimento do Direito e vice-versa, implicando também interseções de outros saberes, como da Sociologia, por exemplo.

Segundo Brito (2012), os primeiros trabalhos realizados pelos psicólogos para o Poder Judiciário eram relacionados à **elaboração de perícias**, fornecendo pareceres técnico-científicos que serviam de suporte para as decisões dos magistrados. Nesses casos, o psicólogo era um perito indicado para a realização dos diagnósticos psicológicos. De uma forma geral, a trajetória dos psicólogos ingressantes em instituições jurídicas da área penal se repete de maneira semelhante em diversos estados brasileiros, com atuação principalmente em casas prisionais e manicômios judiciários. É importante ressaltar que as avaliações psicológicas, como as perícias, são importantes, mas essa não é única atividade feita por um psicólogo jurídico. De acordo com França (2004), nesse contexto, o psicólogo pode fazer orientações e acompanhamentos, contribuir para políticas preventivas, estudar os efeitos do jurídico sobre a subjetividade humana, entre outras atividades.

De acordo com Lago et al. (2009), o trabalho do psicólogo no **sistema penitenciário** ocorre há quarenta anos, ainda que informalmente em alguns estados. Com a promulgação da Lei de Execução Penal (Lei Federal nº. 7.210, de 11 de julho de 1984), o psicólogo passou a ser reconhecido legalmente pelas instituições penitenciárias. (BRASIL, 1984).

Já na **área cível** do Poder Judiciário, o ingresso do psicólogo ocorreu mais tarde, na década de 1980, e de maneira informal, inicialmente por meio de estágio ou de serviço de voluntariado, conforme Rovinski (2009). Esse trabalho, realizado por voluntários e estagiários, tinha caráter clínico e era voltado ao atendimento às famílias. No ano de 1985, os psicólogos efetivados por meio de concurso público feito na cidade de São Paulo começaram a oferecer apoio às famílias, com o objetivo de reestruturar e manter as crianças nos seus lares, como uma medida preventiva de proteção. A partir daí, conforme Brito (2012), outros estados começaram a implementar serviços de Psicologia, mesmo com a atuação de psicólogos em desvio de função ou cedidos de outras instituições.

É importante destacar também a atuação do psicólogo junto ao **juizado de menores**, realizando perícias psicológicas nos processos cíveis, de crime e de adoção. Conforme Lago et al. (2009), com a criação do ECA (Estatuto da Criança e do Adolescente, Lei nº. 8.069, de 13 de julho de 1990), o papel do psicólogo foi ampliado, englobando a atividade pericial, os acompanhamentos e a aplicação de medidas de proteção e socioeducativas. Também em função do ECA, houve uma reestruturação das entidades que abrigavam os menores. Segundo Lago et al. (2009), a extinta Fundação Estadual do Bem-Estar do Menor (Febem) era uma instituição que abrigava crianças e adolescentes vítimas de violência, maus-tratos, negligência, abuso sexual e abandono, além de jovens autores de atos infracionais. Posteriormente foram criadas duas instituições diferentes, a Fundação de Atendimento Socioeducativo (Fase), para a execução de medidas socioeducativas, e a Fundação de Proteção Especial (FPE), responsável pelas medidas de proteção. Percebe-se claramente a aproximação da Psicologia e do Direito em questões relacionadas a crimes e direitos de crianças e adolescentes. Porém, nos últimos anos, houve também uma crescente demanda de atuação psicológica nas áreas de direito de família e direito do trabalho, conforme Lago et al. (2009).

No Brasil, poucas faculdades de Psicologia dispõem de disciplinas de psicologia jurídica; outras a oferecem apenas como disciplina eletiva. Isso acarreta em uma **deficiência na formação dos profissionais** que porventura venham a trabalhar com psicologia jurídica, o que acaba exigindo das instituições jurídicas o fornecimento de capacitação, treinamento e reciclagem desses trabalhadores, conforme Brito (2012). Com frequência, em processos que envolvem a atuação de psicólogos, despontam expressões e termos muitas vezes desconhecidos dos profissionais, por serem alheios à sua bagagem teórica. Assim, de acordo com Brito (2012), cabe ao psicólogo delimitar e discernir qual a ação que lhe diz respeito no processo, evitando assim se apropriar de demandas que não correspondam ao seu papel jurídico e à sua atividade profissional naquele momento. É preciso reconhecer e diferenciar o papel do terapeuta e do perito, por exemplo.

Conforme Brito (2012), o Conselho Federal de Psicologia (CFP) tem dado mais atenção às questões relacionadas ao **direito da infância e da juventude** e ao **direito de família**, em virtude da crescente incorporação do psicólogo nessas áreas e da preocupação com o rumo dos trabalhos que estão sendo desenvolvidos. O CFP usa a designação **psicologia na interface com a justiça**, de forma a incluir inclusive os profissionais que executam trabalhos encaminhados pelo sistema de justiça, abrangendo os profissionais que atuam em consultórios clínicos, os que compõem equipes de outras instituições e os convidados ou solicitados a emitirem pareceres que serão anexados aos autos processuais.

Brito (2012), em seus estudos, destaca a importância de o psicólogo compreender que, mesmo estando enquadrado como analista judiciário, continua respondendo, atuando e assinando documentos como psicólogo; portanto, deve seguir o **código de ética** da sua profissão. Isso envolve a necessidade de sigilo do profissional, por exemplo, compartilhando apenas as informações relevantes para a qualificação do serviço prestado, resguardando o caráter de **confidencialidade das comunicações** e assinalando a responsabilidade de quem a receber, de forma a preservar o sigilo.

Sobre as **intervenções**, estas devem estar de acordo com os estudos e práticas reconhecidas pela Psicologia. No que se refere à **elaboração de pareceres**, estes devem estar de acordo com o Manual de Elaboração de Documentos Escritos (Resolução nº 007/2003, do CFP), devendo inclusive se basear em instrumentais técnicos – como entrevistas, testes, observações, dinâmicas de grupo, escutas e intervenções verbais –, de acordo com os métodos e as técnicas psicológicas de coleta de dados, estudos e interpretações de informações a respeito da pessoa ou do grupo atendido.

Em razão da grande expansão das atividades do psicólogo nas mais diversas áreas da psicologia jurídica, se faz necessário refletir sobre a prática profissional, o papel do psicólogo nesse serviço ou instituição e os limites éticos que devem ser seguidos na prática dessa atividade. Além disso, deve-se formular novos estudos, visando a compartilhar informações, demonstrar eficácia e atualizar o campo de estudos da psicologia jurídica.

Como vimos, as articulações entre a Psicologia e o Direito vêm de longa data, e há uma grande demanda do sistema de justiça, que abre diversas possibilidades de atuação profissional na área da psicologia jurídica. Entretanto, como afirma Brito (2012, p. 204), "não se pode perder de vista as incontáveis interrogações que precisam ser respondidas ao se iniciar qualquer trabalho nesse campo, o que motivou o CFP (Conselho Federal de Psicologia) a publicar diversas resoluções recentemente". Ou seja, para Brito, deve-se encorajar a reflexão sobre a prática da psicologia jurídica, já que esta é uma área emergente da ciência psicológica, ainda pouco estudada e pesquisada. Para Lucas e Homrich (2013), é urgente a necessidade de incentivos a projetos de pesquisa que envolvam essa especialidade, para que a prática não seja tomada em uma perspectiva reducionista, negando a complexidade do sujeito e as múltiplas concepções teóricas da Psicologia.

Saiba mais

O psicólogo jurídico, independentemente da área em que estiver atuando e do cargo ou da atividade que estiver exercendo, deve levar em consideração seu papel enquanto psicólogo. O código de ética tem como princípio geral ser um instrumento de reflexão, mais do que um conjunto de normas a serem seguidas. Ele traz os princípios fundamentais dos psicólogos e suas responsabilidades enquanto profissionais. No *link* abaixo, você pode consultar o código de ética profissional do psicólogo, cujo objetivo é embasar o trabalho de qualquer profissional da psicologia:

https://goo.gl/xtBaUc

Fundamentos e práticas profissionais

A psicologia jurídica diz respeito à aplicação do saber psicológico às questões relacionadas ao saber do Direito, conforme Leal (2008). Nessa área específica da Psicologia, o psicólogo coloca seus conhecimentos à disposição do juiz, de acordo com a solicitação do mesmo, de forma a assessorá-lo acerca dos aspectos psicológicos relevantes de cada ação judicial. Nesse papel, de acordo com Silva (2007), o psicólogo dispõe aos autos a **realidade psicológica dos agentes envolvidos**, fazendo uma análise aprofundada do contexto em que os agentes estão inseridos.

Para Lago et al. (2009), há uma predominância de atividades de confecção de laudos, pareceres e relatórios na psicologia jurídica, o que a caracteriza como uma atividade de **cunho avaliativo** e de **subsídio ao magistrado**. É importante dizer que o psicólogo, no seu parecer, a partir de dados levantados mediante avaliação, pode sugerir e/ou indicar possibilidades de solução da questão apresentada, mas nunca determinar procedimentos jurídicos. Cabe ao juiz essa decisão. Porém nem sempre a tarefa do psicólogo jurídico é avaliativa.

O psicólogo pode atuar também como **mediador**, em casos onde houver a possibilidade de os litigantes se disporem a fazer um acordo e/ou quando o juiz considerar a mediação viável. Na prática, o mediador busca os motivos que levaram o casal ao litígio e os conflitos que impedem o acordo. Outras demandas do psicólogo jurídico se referem a acompanhamentos, a orientações familiares, à participação em políticas de cidadania, ao combate à violência, à participação em audiências, entre outras.

Segundo França (2004), os objetos de estudo da psicologia jurídica são os comportamentos complexos que dizem respeito ao inconsciente, à personalidade, ao sujeito social, à cognição, entre outros. psicologia jurídica é uma nomenclatura que define um campo de atuação genérico, dentro do qual existem áreas de especificidades com nomenclaturas próprias, de acordo com sua atividade e atuação profissional, como a psicologia criminal, a psicologia forense e a psicologia judiciária.

Segundo Leal (2008), **psicologia forense** é o nome que se dá a todas as práticas relacionadas aos procedimentos forenses. Corresponde à aplicação do saber psicológico sobre uma ação que está ou estará sob apreciação judicial e que esteja em andamento no Foro. Nela atua o assistente técnico. Já a **psicologia criminal** é um subconjunto da psicologia forense e estuda as condições psíquicas do criminoso e como se origina e se processa a ação criminosa, abrangendo a psicologia do delinquente, do delito e do testemunho. A psicologia judiciária também pertence ao subgrupo da psicologia forense e consiste na prática psicológica realizada a mando e a serviço da Justiça, estando, portanto, diretamente subordinada à autoridade judiciária.

Segundo Leal (2008), a psicologia jurídica abrange as áreas de direito civil, direito penal, direito do trabalho, psicologia do testemunho, psicologia penitenciária, psicologia policial e das Forças Armadas, direitos humanos, vitimologia, mediação, proteção à testemunha, formação e atendimento a juízes e promotores e autópsia psicológica. De acordo com França (2004), no Brasil, a psicologia jurídica está em maior número na psicologia penitenciária e nas questões relacionadas à família, à infância e à juventude, e possui carência nas demais áreas citadas. Segundo Lago et al. (2009), os ramos do Direito que mais demandam o serviço de psicologia são direito de família, direito da criança e do adolescente, direito civil, direito penal e direito do trabalho.

Em relação à prática profissional da psicologia jurídica, encontramos um predomínio da **avaliação psicológica**. De acordo com Lucas e Homrich (2013), a avaliação deve fornecer informações fundamentadas que orientem, sugiram ou sustentem o processo de tomada de decisão, devendo-se levar em consideração informações sobre o funcionamento psíquico. Essa avaliação é chamada **perícia forense**.

A avaliação psicológica da psicologia jurídica é complexa e engloba uma série de etapas importantes que norteiam o psicólogo, enumeradas por Lucas e Homrich (2013): 1) levantamento de perguntas relacionadas aos motivos da avaliação e definição das hipóteses iniciais e dos objetivos do exame; 2) planejamento, seleção e utilização de instrumentos de exame psicológico; 3) levantamento quantitativo e qualitativo; 4) integração dos dados, tendo como pontos de referência as hipóteses iniciais e os objetivos do exame; 5) comunicação do resultado, orientação sobre o caso e encerramento do processo. Importante ressaltar que a testagem não é predominante na avaliação psicológica.

Conforme Altoé (2001, p. 6-7):

> Questões tratadas no âmbito do Direito e do Judiciário são das mais complexas [...] E o que está em questão é como as leis que regem o convívio dos homens e das mulheres de uma dada sociedade podem facilitar a resolução de conflitos. Aqueles que têm alguma experiência na área se dão conta que as questões não são meramente burocráticas ou processuais. Elas revelam situações delicadas, difíceis e dolorosas. A título de exemplo, vejamos alguns motivos pelos quais as pessoas recorrem ao Judiciário: pais que disputam a guarda de seus filhos ou que reivindicam direito de visitação, pois não conseguem fazer um acordo amigável com o pai ou a mãe de seus filhos; maus-tratos e violência sexual contra crianças, praticado por um dos pais ou pelo companheiro deste; casais que anseiam adotar uma criança por terem dificuldades de gerar filhos; pais que adotam e não ficam satisfeitos com o comportamento da criança e a devolvem ao juizado; jovens que se envolvem com drogas/tráfico, ou passam a ter outros comportamentos que transgridam a lei, e seus pais não sabem como fazer para ajudá-lo uma vez que não contam com o apoio de outras instituições do estado.

Segundo Rovinski (2009), a psicologia jurídica tem se mostrado promissora no Brasil, por ser um campo aberto a novas possibilidades de ação e de investigação dentro da Psicologia. Lago et al. (2009), por sua vez, afirma a importância de mais pesquisas que contemplem os diferentes campos em que a psicologia jurídica passou a atuar. Isso porque, comprovando-se a importância do papel do psicólogo junto às instituições, será mais fácil a inserção e a valorização dos profissionais.

Exercícios

1. No livro *Psychologie Naturelle*, publicado na segunda metade do século XIX, Prosper Despine apresentou estudos de caso de alguns criminosos da época. O que Despine concluiu em seus estudos, que o levou a ser considerado o fundador da psicologia criminal?
   a) Despine estudou os traços e, por isso, concluiu que os delinquentes possuem traços de parasitismo, tendência a mentir.
   b) Concluiu que os delinquentes não apresentavam anomalias da ordem de tendência e comportamentos morais.
   c) Concluiu que, na grande maioria dos casos, os delinquentes apresentavam enfermidade física.
   d) Concluiu que, na grande maioria dos casos, os delinquentes apresentavam enfermidade mental.
   e) Concluiu que, em grande parte dos casos, os delinquentes não apresentavam enfermidade física ou mental e que as anomalias deles seriam de ordem de tendências e comportamentos morais.

2. Sobre a psicologia jurídica no Brasil, um autor, em especial, se destacou quando seus estudos se voltaram para a compreensão da personalidade do criminoso, à influência do sistema penal na recuperação (ou não) do preso, ao papel da punição e as influências sociais, culturais e econômicas na personalidade do criminoso. Como se chama esse autor?
   a) Emílio Mira y Lopes.
   b) Waclaw Redecke.
   c) Eliezer Schneider.
   d) Hans Gross.
   e) Prosper Despine.

3. A psicologia jurídica é um dos campos da Psicologia que mais cresceram nos últimos anos. No Brasil, já era praticada muito antes da profissão de psicólogo ter sido regulamentada. Após sua regulamentação, o psicólogo passou a ser incluído nas instituições jurídicas de forma oficial. Qual era o caráter dos primeiros trabalhos realizados por psicólogos para o Judiciário?
   a) Mediação.
   b) Atendimento psicológico a juízes e promotores.

c) Relacionado a elaboração de perícias.
d) Tinha caráter clínico voltado a psicoterapia familiar.
e) Voltado a adolescentes com medida socioeducativas.

4. Sobre o Código de Ética Profissional do psicólogo e sua relação com a psicologia jurídica, o que se pode afirmar?
   a) O psicólogo que exerce função de analista judiciário não está impedido de compartilhar informações que estão sob sigilo profissional.
   b) O psicólogo jurídico pode utilizar qualquer teste psicológico que já tenha passado por validação em algum momento do tempo no Brasil.
   c) Trabalhando no Judiciário, o psicólogo pode compartilhar testes psicológicos com a sua equipe interdisciplinar.
   d) O psicólogo jurídico tem o dever de prestar qualquer informação de qualquer teor, se assim o juiz solicitar.
   e) Como o psicólogo jurídico continua respondendo, atuando e assinando documentos psicológicos deve seguir o Código de Ética de sua profissão.

5. A psicologia jurídica engloba o saber psicológico às questões relacionadas ao saber do Direito e coloca seus conhecimentos à disposição do juiz, de forma a assessorá-lo, se solicitado. Qual é a área de atuação de maior presença da psicologia jurídica?
   a) Nas questões relacionadas à família, à infância e à juventude, e no direito do trabalho.
   b) No direito do trabalho e na psicologia do testemunho.
   c) Psicologia penitenciária e psicologia do testemunho.
   d) Psicologia penitenciária e nas questões relacionadas à família, à infância e à juventude
   e) Direito penal e direitos humanos.

Referências

ALTOÉ, S. Atualidade da Psicologia Jurídica. *Revista de Pesquisadores da Psicologia no Brasil (UFRJ, UFMG, UFJF, UFF, UERJ, UNIRIO)*, Juiz de Fora, ano 1, n. 2, jul./dez. 2001.

BASTOS, R. L. *Psicologia, microrrupturas e subjetividades*. Rio de Janeiro: E-papers, 2003.

BRASIL. *Lei nº 7.210, de 11 de julho de 1984*. Institui a Lei de Execução Penal. Disponível em: <http://www.planalto.gov.br/ccivil_03/Leis/l7210.htm>. Acesso em: 30 maio 2018.

BRITO, L. M. T. Psicologia Jurídica: um campo em debate. *Psicologia Ciência e Profissão*, ano 9, n. 8, p. 5-7, set. 2012.

FRANCA, F. Reflexões sobre psicologia jurídica e seu panorama no Brasil. *Psicologia: Teoria e Prática*, v.6, n.1, p. 73-80, 2004.

LAGO, V. de M. et al. Um breve histórico da psicologia jurídica no Brasil e seus campos de atuação. *Estudo de psicologia*, Campinas, v. 26, n. 4, p. 483-491, out./dez. 2009.

LEAL, L. M. Psicologia jurídica: história, ramificações e áreas de atuação. *Diversa*, ano 1, n. 2, jul./dez. 2008.

LUCAS, D. C.; HOMRICH, M. T. Psicologia jurídica: considerações introdutórias. *Revista Direito em Debate*, Unijuí, v. 20, n. 35-36, mar. 2013.

MIRA Y LOPEZ, E. *Manual de psicologia jurídica*. 2. ed. São Paulo: Impactus, 2008.

ROVINSKI, S. L. R. Psicologia jurídica no Brasil e na América Latina: dados históricos e suas repercussões quanto à avaliação psicológica. In: ROVINSKI, S. L. R.; CRUZ, R. M. (Ed.). *Psicologia jurídica*: perspectivas teóricas e processos de intervenção. São Paulo: Vetor, 2009. p. 11-22.

SILVA, D. M. P. da. Psicologia jurídica: uma ciência em expansão. *Psique Especial Ciência & Vida*, São Paulo, ano 1, n. 5, p. 6-7, 2007.

Interdisciplinaridade: teoria e campo de atuação

Objetivos de aprendizagem

Ao final deste texto, você deve apresentar os seguintes aprendizados:

- Descrever a psicologia jurídica a partir da interface entre a Psicologia e o Direito.
- Elencar diferentes campos de atuação da psicologia jurídica no Brasil.
- Relacionar a atuação dos psicólogos jurídicos e dos operadores do Direito no âmbito da interdisciplinaridade.

Introdução

Apesar de o Direito e a Psicologia terem objetos de estudos distintos, em certo ponto podem se entrelaçar. Desse modo, é muito importante pensarmos no trabalho interdisciplinar a partir das lentes teóricas dessas duas ciências. Da complexidade dos seres humanos e das relações que estabelecem ao longo da sua vida, bem como do conjunto de normas e leis que regulam as interações em sociedade, surge a necessidade de um campo de trabalho interdisciplinar entre a Psicologia e o Direito. A psicologia jurídica advém justamente dessa necessidade de compreensão dos seres humanos: como eles agem e sua relação com a justiça. Engloba, assim, diferentes áreas de atuação.

Neste capítulo, você vai estudar a interface entre a Psicologia e o Direito e vai conhecer as diferentes atividades que o psicólogo jurídico realiza no exercício de sua profissão, bem como as diferentes áreas de atuação do psicólogo no Brasil, já que a psicologia jurídica é uma especialidade com uma ampla gama de ramificações. Por fim, você vai explorar o trabalho interdisciplinar realizado pelo psicólogo.

A interface entre Psicologia e Direito

A **psicologia jurídica** é o ramo da Psicologia que mais cresceu nos últimos anos. Ela surgiu a partir de uma demanda do Direito em relação à necessidade de redimensionar a compreensão dos seres humanos quanto à forma que eles agem – suas necessidades e princípios psicológicos – e à sua relação com a justiça, conforme Silva (2013). A psicologia jurídica foi reconhecida pelo Conselho Federal de Psicologia pela Resolução nº. 14, de 22 de dezembro de 2000 (CONSELHO FEDERAL DE PSICOLOGIA, 2000), que institui o título profissional de **especialista em psicologia jurídica** e dispõe sobre as normas e procedimentos para o seu registro.

Tanto o Direito quanto a Psicologia são áreas do conhecimento que, entre outros objetivos, buscam a compreensão do comportamento humano. Entretanto, na visão clássica, a Psicologia se volta ao mundo do **ser**, procurando analisar os processos conscientes e inconscientes, individuais e sociais do comportamento dos indivíduos, além de estabelecer uma **relação de causalidade**. Enquanto isso, o Direito se volta ao mundo do **dever ser**, sendo mais objetivo, estabelecendo **relação de finalidade** e procurando regulamentar e legislar o trabalho interdisciplinar de diferentes práticas profissionais e áreas de atuação. Assim, ainda conforme Silva (2013), a **Psicologia** versa sobre a **compreensão** do comportamento dos indivíduos, ao passo que o **Direito** legisla com base no conjunto de regras que visa a **regulamentar** o comportamento dos indivíduos.

Como os seres humanos nascem em uma sociedade com um conjunto de regras já estabelecidas, não se pode pensar em indivíduos desconectados dessa realidade. O contrário também é verdadeiro, tendo em vista que esse conjunto de regras foi criado pelos indivíduos que constituem essa sociedade e podem, eventualmente, readequar essas regras. Silva (2007) aprofunda esse conceito explicando que não é possível entender o mundo da lei sem os modelos psicológicos que, direta ou indiretamente, o inspiram; em contrapartida, é impossível compreender o comportamento humano, em qualquer de seus níveis (individual ou grupal), sem compreender como a lei, enquanto direito positivo (normatizado), constitui o self, a identidade social e mesmo a própria configuração e organização do grupo social em que o indivíduo está inserido (família, instituição educacional, partidos políticos, administração territorial, etc.).

Em uma visão mais contemporânea da interface entre a Psicologia e o Direito, Trindade (2007) diz que, para se chegar à **justiça**, é preciso o trabalho em conjunto da Psicologia e do Direito, ambos trabalhando o mesmo objeto: o homem e seu bem-estar. Para Silva (2013), a Psicologia contribuiu com a adequada humanização do Judiciário, buscando construir o ideal de justiça, sendo uma das demandas mais impossíveis dos indivíduos.

Na sua prática, conforme Silva (2013), a psicologia jurídica atua na descrição e análise dos processos mentais e comportamentais dos indivíduos, utilizando técnicas psicológicas reconhecidas, de forma a responder à demanda judicial sem nenhum tipo de emissão de juízo de valor, seguindo os compromissos éticos com a liberdade, a dignidade e a igualdade do ser humano. Nesse contexto, o psicólogo coloca seus conhecimentos à disposição do juiz, assessorando-o nas ações judiciais e trazendo uma realidade psicológica dos indivíduos de forma a ultrapassar a literalidade da lei. Trata-se, então, de uma análise aprofundada do contexto de vida dos indivíduos que estão inseridos nos processos judiciários.

Conforme assinala Silva (2007), essa análise inclui aspectos conscientes e inconscientes, verbais e não verbais, autênticos e estereotipados, individualizados e grupais, que mobilizam as condutas humanas. Dessa forma, a psicologia jurídica pode auxiliar na compreensão dos indivíduos envolvidos na justiça e inclusive melhorá-los, podendo, da mesma forma, compreender e melhorar as leis e suas formas conflituosas, inclusive nas instituições jurídicas.

Já França (2004) faz uma reflexão sobre o objeto de estudo da psicologia jurídica. Ela diz que, como a Psicologia é uma ciência relativamente nova, não teve tempo ainda de apresentar teorias acabadas e definitivas que determinem com precisão seu objeto de estudo. Por isso, existe uma diversidade de objetos de estudo, como a personalidade, a identidade, o inconsciente, entre outros. A fim de unificar esses diversos objetos de estudo, a Psicologia se baseou na subjetividade. A **subjetividade** seria a síntese singular e individual que cada pessoa vai construindo e desenvolvendo de acordo com as suas experiências, sejam elas sociais ou culturais. Se por um lado o indivíduo pode ser considerado único, por outro ele pode ser comparado a outros, quando os elementos que o constituem são experienciados no campo comum da objetividade social. Para a autora (FRANÇA, 2004), a psicologia jurídica tem como objeto de estudo a subjetividade, entretanto, deve ir além da subjetividade em si: deve igualmente ter como objeto de estudo as consequências das ações jurídicas sobre os indivíduos.

Para Foucault (1987), as **práticas jurídicas e judiciárias** são importantes na determinação da subjetividade, já que por meio dessas práticas é possível o estabelecimento de relações entre os indivíduos. Essas práticas, sendo submissas ao Estado, passam a interferir e a determinar as relações humanas e, por esse motivo, acabam por determinar a subjetividade dos indivíduos.

A interface entre a Psicologia e o Direito exige uma constante reflexão e problematização crítica. Segundo Brunini (2016), isso ocorre porque se exige da psicologia jurídica uma ação mais alinhada ao conjunto de normas obrigatórias, no que se refere aos recursos teóricos científicos contemporâneos, não devendo ter uma relação simplista. À Psicologia não cabe o papel de auxílio do julgar, condenar ou produzir provas, mas de indicar a situação dos envolvidos no processo jurídico, que norteará a atuação do advogado, do promotor e do juiz. Ou seja, o papel da psicologia jurídica seria apresentar-se, enquanto ciência complementar, às demandas da Justiça. Ainda conforme Brunini (2016), isso sugere que os psicólogos, como profissionais autônomos, despendem seus trabalhos ao poder da Justiça, cabendo uma crítica alinhada à genealogia Foucaultiana sobre essas relações de poder e os sujeitos por ela produzidos.

O fato de a psicologia jurídica produzir conteúdo e diálogo com os meios jurídicos não significa que o psicólogo concorde com os resultados das verdades produzidas por eles. Por isso, é necessário o psicólogo jurídico estar atento ao seu **papel relacional** com a demanda do sistema judicial, com o demandante (justiça) e com os estabelecimentos que o Poder Judicial responde, refletindo também sobre o poder sobreposto nessas relações, conforme Freitas (2009).

De acordo com Trindade (2011), a psicologia jurídica tem tido grande relevância para os profissionais do Direito, principalmente no que se refere às seguintes questões:

- A Psicologia tem ajudado a aperfeiçoar o sistema de justiça.
- Parte dos erros cometidos por profissionais de justiça se deve ao desconhecimento dos assuntos psicológicos essenciais.
- É necessário conhecer mecanismos psicológicos do comportamento humano para aprimorar a Justiça e as instituições.
- A psicologia jurídica deve auxiliar na instrumentalização de advogados e promotores de justiça que lidam com os conflitos individuais e sociais, devendo, também, auxiliar juízes na missão de resolver esses conflitos.
- Muitos conflitos jurídicos são decorrentes, motivados ou mantidos por questões de natureza emocional e psicológica.
- A psicologia jurídica tem um importante papel em diversas áreas do Direito.

Para Trindade (2011), apesar dos obstáculos enfrentados, é possível constatar que o Direito e a Psicologia são duas disciplinas irmãs que nascem com o mesmo fim e compartem o mesmo objeto de estudo – o homem e seu comportamento. Por isso, estão condenadas a dar as mãos, sendo a Psicologia fundamental ao Direito e, mais que isso, essencial para a justiça.

Link

No *link* abaixo, você poderá ler na íntegra a Resolução nº. 14/2000 do CFP que instituiu, entre outras especialidades, o título de especialista em psicologia jurídica.

https://goo.gl/1eQEQ8

Campos de atuação

A psicologia jurídica corresponde a toda a aplicação do saber psicológico às questões relacionadas ao saber do Direito, como afirma Leal (2008). O termo psicologia jurídica é uma nomenclatura genérica; entretanto, dentro dela existem outras áreas de especificidades com nomenclaturas próprias, de acordo com a sua atividade e atuação profissional.

Para França (2004), o psicólogo jurídico está inserido em quase todas as áreas de atuação. Entretanto, a mesma autora relata a existência de uma grande concentração de profissionais atuando na psicologia penitenciária e nas questões relacionadas à família, à infância e à juventude, em detrimento de outras áreas que possuem carência desses profissionais, como as áreas de psicologia do testemunho, psicologia policial e militar, direito civil, proteção à testemunha, atendimento aos juízes e promotores, direitos humanos e autópsia psíquica.

Já Lago et al. (2009) afirmam que os ramos do Direito que mais demandam o serviço de Psicologia são o direito de família, o direito da criança e do adolescente, o direito civil, o direito penal e o direito do trabalho. E, embora na psicologia jurídica haja uma predominância de confecção de laudos, pareceres e relatórios, muitas outras atividades são efetuadas pelos psicólogos especialistas nessa área.

Os psicólogos jurídicos podem desenvolver atividades relacionadas à seleção e ao treinamento de pessoal, à avaliação de desempenho e ao acompanhamento psicológico prestado a servidores, magistrados e seus dependentes dentro das instituições judiciárias. Podem desenvolver também atividades vinculadas aos juízos de primeira instância (fóruns dos estados) e de segunda instância (tribunais de justiça dos estados).

Nos fóruns, o trabalho que o psicólogo jurídico realiza gira em torno de avaliações psicológicas, acompanhamentos de casos, mediação, elaboração de documentos, aconselhamento psicológico, orientação, fiscalização de instituições e de programas de atendimento à demanda do fórum e encaminhamentos. Pode, inclusive, realizar perícias ou intervenções diretas, de acordo com a natureza dos casos e o momento do atendimento realizado (podendo ser antes, durante ou após a sentença judicial).

Para o psicólogo jurídico atuar de uma maneira mais formal, existe o concurso público para atuação como perito. Além disso, pode atuar fazendo atendimentos em consultório, fornecendo relatórios, pareceres e laudos tanto para advogados como para juízes e assistentes técnicos. Pode trabalhar, da mesma maneira, em abrigos e ONGs, por exemplo. Outras possibilidades de atuação como psicólogo jurídico pode ser realizando trabalho informal, autônomo ou ligado a organizações não governamentais, fazendo grupos de apoio, mediação familiar, trabalhos voluntários, etc.

A respeito dos diferentes campos de atuação da psicologia jurídica, Lago et al. (2009), em seus estudos, subdividem e descrevem cada área dessa especialidade, conforme segue.

Psicologia jurídica e direito de família: o trabalho do psicólogo está relacionado a processos de separação e divórcio, paternidade, disputa de guarda e regulamentação de visitas. O psicólogo atua, nesses casos, como perito, designado pelo juiz, podendo, da mesma forma, atuar como assistente técnico ou perito contratado por qualquer uma das partes, a fim de acompanhar o trabalho do perito oficial.

- **Separação e divórcio**: o psicólogo pode atuar como mediador em caso de acordo entre o casal, ou pode ser solicitado a ele a avaliação de uma das partes.
- **Regulamentação de visitas**: o psicólogo pode atuar como mediador ou fazer uma avaliação com a família, de forma a informar ao juiz a dinâmica familiar e sugerir medidas a serem tomadas.
- **Disputa de guarda**: pode ser solicitada perícia psicológica para a avaliação do melhor genitor, aquele que tem as melhores condições de exercer esse papel. Importante ressaltar que alguns assuntos, como guarda compartilhada, falsas acusações de abuso sexual e síndrome de alienação parental, podem estar envolvidos no processo, sendo fundamental o amplo conhecimento dos psicólogos para uma perícia adequada.

Psicologia jurídica e as questões da infância e juventude: o psicólogo atua junto aos processos de destituição/suspensão do poder familiar, guarda, disputa, habilitação para adoção, apuração do ato infracional, acompanhamento de medidas socioeducativas de liberdade assistida e prestação de serviços à comunidade (em adolescentes que cometeram algum tipo de ato infracional) e acompanhamento de medidas socioeducativas em relação à proteção e ao atendimento de crianças e adolescentes vítimas de situações de violência. No Brasil, em virtude da criação do Estatuto da Criança e do Adolescente (ECA) (BRASIL, 1990), a criança passa a ser considerada possuidora de direitos. Podemos observar entraves no trabalho do psicólogo jurídico na interface com a justiça, nos casos que envolvem intervenções profissionais em consonância com os preceitos do código de ética, dos direitos humanos e do Estatuto da Criança e do Adolescente. Isso acontece por causa das contradições entre as demandas judiciais e a escuta das necessidades das pessoas envolvidas em processos judiciais.

- **Adoção**: o psicólogo atua na assessoria às famílias adotantes, garantindo que os candidatos estejam dentro dos limites das disposições legais; posteriormente, assessora, informa e avalia os interessados, a fim de prevenir a negligência, o abuso, a rejeição ou a devolução da criança ou adolescente.
- **Fundações de proteção especial**: o psicólogo também atua nas fundações de proteção especial, de forma a oferecer cuidados capazes de diminuir os efeitos da institucionalização, proporcionando assim uma vivência que se aproxime à realidade familiar.
- **Destituição do poder familiar**: o psicólogo tem papel fundamental na hora de considerar a decisão de separar uma criança de sua família. Casos possíveis de destituição do poder familiar são doença, negligência, abandono, maus-tratos, abuso sexual, ineficiência ou morte dos pais.
- **Adolescentes autores de atos infracionais**: o papel do psicólogo que envolve esse adolescente tem como objetivo propiciar a superação da sua condição de exclusão e a formação de valores positivos de participação na vida social. Deve sempre ter como princípio envolver a família e a comunidade nas atividades, propiciando a não discriminação e a não estigmatização.
- **Psicologia jurídica e direito civil**: o psicólogo atua em processos de indenização por dano psíquico e nos casos de interdição, entre outras ocorrências cíveis.
- **Dano psíquico**: o psicólogo tem a competência, por meio de referencial teórico e instrumentos técnicos, de avaliar a presença de dano.
- **Interdição**: se refere à incapacidade do indivíduo de exercer seus atos da vida civil. Nesses casos, o psicólogo é nomeado para a realização da avaliação que comprove a enfermidade mental.
- **Psicologia jurídica e o direito penal**: o psicólogo estuda a motivação para o crime e a integração do comportamento com os sentimentos

conflituosos do acusado, que acabam sendo transformados em homicídios, por exemplo. Pode participar das oitivas de testemunhas e medir a veracidade do depoimento do réu. O psicólogo pode atuar como perito para avaliar a periculosidade e fornecer substrato ao julgador nas questões de discernimento e sanidade mental das partes em litígio ou julgamento.

- **Psicologia jurídica e o direito do trabalho**: o psicólogo pode atuar como perito em processos trabalhistas, para avaliação de danos psíquicos em virtude de acidentes ou doença relacionada ao trabalho, além de avaliar o afastamento e as aposentadorias por sofrimento psíquico.

De acordo com Leal (2008), existem outras áreas de atuação mais recentes do psicólogo jurídico, como:

Psicologia judicial ou do testemunho: estudo do testemunho nos processos criminais, de acidentes ou de acontecimentos do cotidiano, e estudo das falsas memórias.

Psicologia penitenciária: se refere à execução de penas restritivas de liberdade e de direito e de penas alternativas, e envolve a intervenção junto aos reclusos e egressos e o trabalho com agentes de segurança.

Psicologia policial e das forças armadas: o psicólogo atua na seleção e formação geral ou específica das polícias civil, militar e do exército. Efetua também atendimento psicológico.

Psicologia jurídica e direitos humanos: defesa e promoção dos direitos humanos.

Vitimologia: busca atenção à vítima. Presta atendimento a vítimas de violência doméstica e seus familiares; trabalha com estudos e intervenções no processo de vitimização; busca a criação de medidas preventivas e a atenção integral com o olhar voltado aos âmbitos psicológicos, sociais e jurídicos.

Segundo Rovinski e Cruz (2009), a psicologia jurídica tem se mostrado promissora por ser um campo aberto a novas possibilidades de ação e de investigação dentro da Psicologia no Brasil. Entretanto, Lago et al. (2009) afirma a importância de mais pesquisas que contemplem os diferentes campos em que a psicologia jurídica passou a atuar. Isso porque, comprovando-se a importância do papel do psicólogo junto às instituições, será mais fácil a inserção e a valorização dos profissionais.

Saiba mais

O Estatuto da Criança e do Adolescente foi criado em 1990 e representa um marco jurídico, pois implementa medidas de garantia e proteção de direitos de crianças e adolescentes. Ao longo dos anos muitos avanços foram conquistados e novos desafios apareceram na atuação dos psicólogos.
  Para ler na íntegra o Estatuto da Criança e do Adolescente, acesse o *link* abaixo:

https://goo.gl/NSaUs

A interdisciplinaridade

Apesar de a Psicologia e o Direito consistirem em ciências diferentes, em certo ponto elas se entrelaçam em função de seu objetivo comum, que é o comportamento humano, mesmo que uma das partes, a Psicologia, se preocupe com o comportamento humano, enquanto a outra, o Direito, leve em consideração a regulação desse comportamento.

O Direito estuda o comportamento da sociedade. Porém, estudar de forma aprofundada cada aspecto da sociedade não seria possível sem o papel de outras áreas de conhecimento, como a sociologia e a psicologia, por exemplo. Assim, cada disciplina auxilia o Direito a aumentar a compreensão do comportamento humano em sociedade. A cada momento, muitas pesquisas são realizadas no campo da psicologia jurídica, desenvolvendo métodos e técnicas diferentes de forma a auxiliar cada vez mais os operadores do Direito nessa prática interdisciplinar, para que o trabalho de ambos os profissionais se complemente. O Direito também evolui, à medida que cria legislações capazes de acompanhar o desenvolvimento da sociedade. Um exemplo disso foi a criação do Estatuto da Criança e do Adolescente, em 1990.

França (2004) explica que a psicologia jurídica é possível por meio da interdisciplinaridade entre a Psicologia e o Direito, objetivando a escuta psicológica com o intuito de reconhecer as vivências e a história de cada sujeito que procura ou é demandado pelo Judiciário. A complexidade do ser humano faz afastar a ideia de que basta aplicar a lei quando os problemas chegam aos tribunais.

Para Granjeiro (2006), a proposta da interdisciplinaridade entre a Psicologia e o Direito é criar uma atitude ou ação entre os profissionais dessas áreas, com o intuito de garantir um espaço relacional, que proporcione mudanças no universo comunicativo de interação entre os juízes, os promotores, os defensores e a

Psicologia. A criação de contextos mais integrados de conhecimento e ação privilegia a aplicação da lei de forma que atenda à diversidade, à unicidade, ao sujeito e ao seu contexto, tornando a lei mais eficaz.

Freitas (2009), em seus estudos, fala que a relação entre a Psicologia e o Direito não pode ser vista de forma simplista, pois dessa forma reforçará o aspecto negativo que o Direito apresenta em sua atividade de julgamento, já que não cabe à Psicologia o ato de auxílio do julgar, condenar ou produzir provas, mas de apresentar-se enquanto ciência complementar em relação às demandas da Justiça, não sendo um saber que se sobressai, nem seja submisso ao poder Judicial, como vimos anteriormente.

Existe uma coexistência de diferentes escolas de Psicologia no contexto da atual psicologia jurídica, sendo elas a psicologia clínica e a psicologia social. De acordo com Freitas (2009), esses estudos envolvem basicamente o conceito de **moral**, sendo ela o conjunto de regras e padrões subjetivos firmados socialmente, fazendo os indivíduos discernirem entre o bem e o mal.

Nas áreas da psicologia forense e psicologia criminal, os psicólogos jurídicos se colocam à disposição para aplicar seus conhecimentos ao exercício do Direito, de forma a trabalhar juntamente com juristas, assistentes sociais e magistrados. Nessa atividade, eles analisam os testemunhos, fazem exames de evidências delitivas, analisam o grau de veracidade das confissões, fazem a compreensão psicossocial do delito, realizam a orientação psíquica e moral dos infratores, analisam as melhores medidas profiláticas do ponto de vista sociocultural e psicológico aos diversos perfis de delinquência, atuam preventivamente a fim de evitar a reincidência e realizam apoio e tratamento psicológico das vítimas de delitos, conforme elenca Freitas (2009). Cabe à psicologia jurídica elaborar e implantar programas de saúde mental em favor da proteção, segurança e salubridade psíquica das pessoas ligadas à jurisdição e à aplicação da lei, como nos casos dos trabalhadores das secretarias de justiça e de segurança pública.

Em relação às assessorias, o psicólogo jurídico, juntamente com assistentes sociais e sociólogos, atua nos escritórios de advocacia e nos juizados para esclarecer sobre quais seriam as melhores ações diante dos conflitos judiciais e quais estratégias poderiam ser realizadas para extinguir efeitos psicológicos negativos na decisão judicial. Conforme Freitas (2009), atuando no sistema penal, o psicólogo deve sustentar dados empíricos, com argumentos persuasivos, mas cuidando para não ser discriminatório nem leviano.

Nas perícias, o psicólogo deve estar atento ao entrevistar as vítimas ou os réus para que a verdade dos fatos se torne mais visível, favorecendo assim a justiça e evitando que a culpa recaia em uma pessoa inocente. Como os profissionais do Direito não têm profundos conhecimentos psicológicos, o psicólogo deve transmitir a informação e as produções técnicas da maneira mais clara possível.

Sobre as diferentes atividades relativas à atuação profissional, a seguir estão detalhadas as **atribuições dos especialistas em psicologia jurídica** no Brasil, segundo a Classificação Brasileira de Ocupações:

- assessorar na formulação, revisão e execução das leis;
- colaborar na formulação e implantação das políticas de cidadania e direitos humanos;
- realizar pesquisa visando à construção e ampliação do conhecimento psicológico aplicado ao campo do Direito;
- avaliar as condições intelectuais e emocionais de crianças, adolescentes e adultos em conexão com processos judiciais, seja por deficiência mental e insanidade, testamentos contestados, aceitação em lares adotivos, posse e guarda de crianças, seja por determinação da responsabilidade legal por atos criminosos;
- atuar como perito judicial nas varas cíveis, criminais, da justiça do trabalho, da família e da infância e juventude, elaborando laudos, pareceres e perícias a serem anexados aos processos;
- elaborar petições que serão juntadas aos processos, sempre que for solicitada alguma providência ou haja necessidade de se comunicar com o juiz durante a execução da perícia;
- eventualmente, participar de audiências para esclarecer aspectos técnicos em Psicologia que possam exigir maiores informações para leigos ou leitores do trabalho pericial psicológico (juízes, curadores e advogados);
- elaborar laudos, relatórios e pareceres, colaborando não só com a ordem jurídica, como com indivíduos envolvidos com a justiça por meio da avaliação da personalidade deste e fornecendo subsídios ao processo judicial quando solicitado por uma autoridade competente, podendo utilizar-se de consulta aos processos e coletar dados considerados necessários à elaboração do estudo psicológico;
- realizar atendimento psicológico por meio de trabalho acessível e comprometido com as buscas de decisões próprias na organização familiar dos que recorrem às varas de família para a resolução de questões;
- realizar atendimento a crianças envolvidas em situações que chegam às instituições de Direito, visando à preservação de sua saúde mental, bem como prestar atendimento e orientação a detentos e seus familiares;
- participar da elaboração e execução de programas socioeducativos destinados a crianças de rua, abandonadas ou infratoras;

- orientar a administração e os colegiados do sistema penitenciário sob o ponto de vista psicológico, quanto às tarefas educativas e profissionais que os internos possam exercer nos estabelecimentos penais;
- assessorar autoridades judiciais no encaminhamento a terapias psicológicas, quando necessário;
- participar da elaboração e do processo de execução penal e assessorar a administração dos estabelecimentos penais quanto à formulação da política penal e ao treinamento de pessoal para aplicá-la;
- atuar em pesquisas e programas de prevenção à violência e desenvolver estudos e pesquisa sobre a área criminal, construindo ou adaptando instrumentos de investigação psicológica.

Exercícios

1. Tanto a Psicologia quanto o Direito têm em comum a busca pela compreensão do comportamento humano. No entanto, estas ciências se diferenciam quanto ao objeto de estudo. Com relação a isso, escolha uma alternativa correta, abaixo:
   a) A Psicologia estuda o dever ser, enquanto o Direito estuda o ser.
   b) A Psicologia estabelece uma relação de finalidade, enquanto o Direito estabelece relação de causalidade.
   c) A Psicologia busca regular o comportamento, enquanto o Direito estuda a compreensão do comportamento.
   d) A Psicologia estuda os processos inconscientes e conscientes, enquanto o Direito estuda, principalmente, os processos individuais e sociais do comportamento.
   e) A Psicologia estuda o comportamento em si, enquanto o Direito legisla com base em um conjunto de regras para regular o comportamento humano.

2. A psicologia jurídica é uma vertente dos estudos em Psicologia. De sua interface com o mundo jurídico, resultam encontros e desencontros epistemológicos e conceituais que permeiam a atuação do psicólogo jurídico (FRANÇA, 2004). Assim pensando, sobre a prática do psicólogo jurídico, assinale a alternativa correta:
   a) Atua na análise dos processos como um todo, juntamente com os juízes.

b) Utiliza técnicas psicológicas de forma a responder a demanda judicial: determina quem é culpado nas ações penais.
c) O psicólogo jurídico, em sua prática, chama à cena a realidade psicológica dos indivíduos de forma a complementar a literalidade da lei.
d) O psicólogo jurídico tem o dever de orientar o juiz a seguir os princípios éticos estabelecidos na Constituição, além de auxiliá-lo a buscar felicidade e bem-estar no trabalho.
e) O psicólogo demanda ao juiz discrição e análise dos processos mentais e comportamentais dos indivíduos.

3. A interface entre a Psicologia e o Direito, entre a ciência da mente e a ciência da justiça, exige constante reflexão e problematização crítica. Com relação às especificidades do campo atuação da prática da psicologia jurídica, considerando os demais campos de atuação da psicologia, de forma geral, escolha a alternativa correta:
a) A atuação do psicólogo jurídico requer uma ação mais alinhada ao conjunto de normas obrigatórias, quando se refere aos recursos teóricos científicos contemporâneos.
b) Cabe ao psicólogo jurídico o papel de auxiliar a julgar.
c) Deve ter uma relação simplista, cabendo ao psicólogo jurídico produzir provas para embasar o trabalho dos advogados.
d) Como trabalhador a serviço da justiça, o psicólogo jurídico faz uma leitura da situação legal dos envolvidos, tarefa que irá determinar a atuação dos promotores e juízes.
e) A ação do psicólogo no meio jurídico é determinante da ação de advogados, promotores e juízes.

4. Dada a multiplicidade de possibilidades de atuação do psicólogo jurídico, considere, abaixo, a assertiva correta sobre este tema:
a) O psicólogo que atua na psicologia jurídica e no direito do trabalho estuda as falsas memórias dos trabalhadores.
b) O psicólogo que atua na psicologia jurídica alinhada ao direito civil, pode trabalhar nos casos de interdição por meio da realização de avaliação que comprove tal enfermidade.
c) O psicólogo que trabalha com a psicologia judicial ou do testemunho atua na avaliação de penas restritivas de liberdade e de direito, somente.
d) O psicólogo que trabalha com a psicologia jurídica alinhada ao direito de família trabalha exclusivamente com os adolescentes autores de atos infracionais.
e) O psicólogo que trabalha com a psicologia jurídica alinhada ao direito penitenciário estuda a motivação para os crimes e mede a veracidade do depoimento dos réus.

5. Psicologia e Direito têm muitas áreas de atuação, apoiadas em diferentes teorias. No caso do psicólogo jurídico, suas atividades podem ser resumidas em:

a) O psicólogo deve realizar e executar as leis.
b) O psicólogo auxilia os operadores do direito durante a avaliação psicológica, operada por estes últimos, sobre as demandas emocionais de crianças, adolescentes e adultos em conexão com processos judiciais.
c) O psicólogo participa eventualmente de audiências como testemunha acusatória dos casos em que fez avaliação psicológica.
d) O psicólogo avalia as condições intelectuais e emocionais de crianças, adolescentes e adultos em conexão com processos judiciais, seja por deficiência mental e insanidade, testamentos contestados, aceitação em lares adotivos, posse e guarda de crianças, ou determinação da responsabilidade legal por atos criminosos.
e) O psicólogo realiza atendimento a crianças envolvidas em situações que chegam às instituições de direito, visando a preservação de sua saúde mental e, posteriormente a isso, faz laudos determinando intervenções, que devem ser acatadas pelo juiz.

Referências

BRASIL. *Lei nº. 8.069, de 13 de julho de 1990*. Dispõe sobre o Estatuto da Criança e do Adolescente e dá outras providências. Disponível em: <http://www.planalto.gov.br/ccivil_03/leis/l8069.htm>. Acesso em: 6 jun. 2018.

BRUNINI, B. C. C. B. *A intersecção da psicologia com a lei:* problematizando a psicologia jurídica na prática profissional dos psicólogos. 2016. 178f. Dissertação (Mestrado em Psicologia). – Faculdade de Ciências e Letras, Universidade Estadual Paulista Júlio de Mesquita Filho, Assis, 2016.

CONSELHO FEDERAL DE PSICOLOGIA. *Resolução CFP nº. 014/00 de 20 de dezembro de 2000*. Institui o título profissional de Especialista em Psicologia e dispõe sobre normas e procedimentos para seu registro. Disponível em: <https://site.cfp.org.br/wp-content/uploads/2006/01/resolucao2000_14.pdf>. Acesso em: 6 jun. 2018.

FOUCAULT, M. *Vigiar e punir*. 5. ed. Petrópolis, RJ: Vozes, 1987.

FRANÇA, F. Reflexões sobre psicologia jurídica e seu panorama no Brasil. *Psico. Teor. Prat.* [online], v.6, n.1, p. 73-80, 2004.

FREITAS, M. A. Psicologia jurídica e psicologia forense: aproximações e distinções. *Revista de Psicoanálisis y Estúdios Culturais*, n, 10, 2009. Disponível em: <https://dialnet.unirioja.es/ejemplar/234407>. Acesso em: 6 jun. 2018.

GRANJEIRO, I.; COSTA, L. *A ação dos operadores de direito e da psicologia em casos de abuso sexual*. 2006. Disponível em: <http://www.psicologia.pt/artigos/textos/A0378.pdf>. Acesso em: 6 jun. 2018.

LAGO, V. de. M. et al. Um breve histórico da psicologia jurídica no Brasil e seus campos de atuação. *Estudo de psicologia*, Campinas, v. 26, n. 4, p. 483-491, out./dez. 2009.

LEAL, L. M. Psicologia jurídica: história, ramificações e áreas de atuação. *Diversa*, ano 1, n. 2, p. 171-185, jul./dez. 2008.

ROVINSKI, S. L. R.; CRUZ, R. M. *Psicologia jurídica*: perspectivas teóricas e processos de intervenção. São Paulo: Vetor, 2009.

SILVA, D. M. P. A Psicologia a serviço do direito familiar. In: SILVA, D.M.P. (Coord.). *Revista Psique Ciência & Vida,* edição especial Psicologia Jurídica, São Paulo, ano I, n. 5, p.17-20 b, 2007.

SILVA, D. M. P. da. Psicologia, direito e o ideal de justiça na atuação da psicologia jurídica. In: *Âmbito Jurídico*, Rio Grande, XVI, n. 112, maio 2013. Disponível em: <http://www.ambito-juridico.com.br/site/?n_link=revista_artigos_leitura&artigo_id=12758>. Acesso em: 5 jun. 2018.

TRINDADE, J. *Manual de psicologia jurídica para operadores do direito*. 2. ed. Porto Alegre: Livraria do Advogado, 2007.

Leitura recomendada

SILVA, D. M. P. *Psicologia jurídica no processo civil brasileiro*. 2. ed. Rio de Janeiro: Forense, 2012.

Psicologias jurídica, forense e judiciária: designações

Objetivos de aprendizagem

Ao final deste texto, você deve apresentar os seguintes aprendizados:

- Definir psicologia forense e psicologia jurídica.
- Identificar os fundamentos da psicologia forense.
- Diferenciar psicologia forense, psicologia jurídica e psicologia judiciária.

Introdução

Será que a Psicologia pode contribuir para a melhor compreensão das causas dos desvios e comportamentos antissociais e criminosos? A Medicina e a Sociologia já oferecem todas as respostas para o que ocorre no campo das contravenções e dos crimes? Será a Psicologia necessária para a melhor decisão de juízes, promotores e jurados?

Considerada ciência experimental no final do século XIX, a Psicologia foi chamada para dar a sua contribuição para a compreensão dos comportamentos individuais no século seguinte, apesar da descrença inicial, especialmente por parte dos psiquiatras. Foi criticada por seu papel "rotulador" e discriminatório, naturalizando fenômenos sociais; foi acusada de imprecisão científica, ao relativizar determinações biológicas do comportamento humano. Por que tudo isso aconteceu? Para entender, é preciso resgatar a história da constituição do campo das interfaces entre Psicologia e Ciências Jurídicas e de suas vertentes, a psicologia forense e a psicologia jurídica.

Neste capítulo, você vai estudar a intersecção entre a Psicologia e o Direito, áreas definidas como psicologia forense nos Estados Unidos e psicologia jurídica no Brasil.

Psicologia forense e psicologia judiciária

A Psicologia é chamada a contribuir com o Direito desde o início do século XX, nos Estados Unidos. Lightner Witmer foi professor de Psicologia do Crime na década de 1900. Em 1908, a obra *On the Witness Stand* ("no banco das testemunhas", em tradução livre), de Hugo Munsterberg, tornou-se um marco nos Estados Unidos. Em 1909 William Healy fundou o Instituto Psicopático Juvenil de Chicago para tratar e avaliar delinquentes juvenis, conforme leciona Huss (2012). A partir de então, psicólogos americanos foram chamados a depor como testemunhas peritas em alguns casos judiciais. Em 1962, no caso Jenkins, o tribunal determinou que fosse reconhecido o testemunho do psicólogo, em lugar do de médicos e psiquiatras, na avaliação da imputabilidade da responsabilidade criminal. Após esse fato, ainda segundo Huss, houve uma expansão rápida das atividades de psicólogos no sistema judiciário dos Estados Unidos, levando à criação, em 1969, da Sociedade Americana de Psicologia Jurídica.

Ainda que a associação norte-americana tenha assumido o termo jurídica em sua denominação, o termo forense passou a ser mais frequentemente utilizado para essa prática. "Forense" refere-se a fórum, o lugar do julgamento das questões legais e onde começou a ser aplicada a Psicologia no sistema legal dos Estados Unidos. Por isso esse nome foi consolidado. Assim, podemos entender que psicologia forense, nos Estados Unidos, refere-se às atividades do psicólogo que auxiliam o sistema legal. Mas há autores americanos, como Huss (2012), que reservam o termo psicologia forense para definir a intersecção entre a psicologia clínica — exclusivamente — e o Direito, tanto na área criminal (atos contra a sociedade) quanto na civil (atos contra o indivíduo). Huss (2012) reconhece, no entanto, que trabalhos como análise da confiabilidade de testemunhas oculares, detecção de mentiras por polígrafos, análise do comportamento do júri e estudos sobre testemunho de crianças no tribunal são parte da psicologia forense, ainda que sem a abordagem clínica.

Huss (2012) explica também a diferença entre psicologia forense e psicologia correcional, que se refere a prisões, cadeias e reformatórios, não tendo relação com tribunais. Por fim, o autor distingue a psicologia forense do que denomina psicologia policial, que trata de perfis criminais, adequações para avaliações de responsabilidade e negociações de reféns. No *Dicionário de Psicologia* da American Psychological Association (2010), a psicologia correcional faz parte da psicologia forense, e o termo psicologia jurídica não aparece, ainda que tenha sido o nome escolhido pelas associações de psicólogos que trabalham nessa área nos Estados Unidos. A partir deste ponto, começaremos a abordar as diferenças entre os termos "forense" e "jurídica", sendo esse último o que predomina no Brasil.

No Brasil, o termo psicologia forense se aplica de maneira semelhante ao foco ampliado descrito acima por Huss, ou seja, relativo ao foro judicial e aos tribunais, sem ser exclusivamente uma atuação clínica dos psicólogos. Já o nome psicologia jurídica descreve uma área que relaciona diretamente psicólogos com o sistema de justiça, conforme expõe França (2004). Desse modo, a psicologia jurídica pode ser definida como "[...] um instrumento auxiliar no exercício da Justiça nos processos que tramitam nas Varas da Infância e da Juventude e nas Varas de Família e Sucessões dos Foros Regionais, e nos Tribunais de Justiça dos Estados", nas palavras de Silva (2003, p. 49).

A história da psicologia jurídica no Brasil começou em 1940, quando o Departamento de Serviço Social de São Paulo passou a pedir para "psicotécnicos" avaliarem os menores considerados "fora da norma"; foi criado então o termo psicologia jurídica. Também no Rio de Janeiro, em 1951, Emilio Mira y López, psicólogo espanhol emigrado para o Brasil, publicou *Le Psycodiagnostic Myokinetique*, criando o teste psicodiagnóstico miocinético, em que o comportamento expressivo de traçar a lápis repetições sobre padrões impressos, sem o uso da visão, era usado para avaliar a impulsividade e a agressividade de réus ou condenados em função dos desvios dos traçados em relação aos padrões.

Assim como nos EUA, no Brasil a Psicologia inicialmente foi chamada a contribuir para avaliações de casos criminais, sendo de fato forense, e com o tempo foi se tornando jurídica. Em 1954, foi criada a Clínica de Orientação Juvenil, na qual "psicologistas" integravam equipes ligadas aos Juizados de Menores; já se começava a trabalhar na avaliação de inteligência e de personalidade. Em 1955, Mira y López editou no Brasil o seu *Manual de Psicologia Jurídica*, segundo Rovinski (2009), consolidando as áreas de atuação e o nome da disciplina (1967). Conforme Rovinski (2009, p. 14):

> Fica claro que o foco inicial do trabalho do psicólogo [no Brasil] foi a compreensão da conduta humana quanto às motivações e possibilidades de reincidência no crime. O uso de técnicas de mensuração, em evidência na década de 1960-70, não tinha tanto o objetivo de análise das funções mentais específicas para avaliar o testemunho (realidade dos primórdios da Psicologia Jurídica na Europa), mas, antes, trazer luz à dinâmica da produção do ato criminal.

É essa mesma psicologia jurídica europeia que Hugo Münsterberg havia levado para os Estados Unidos, depois de estudar com Wilhelm Wundt na Alemanha, a partir de seus estudos sobre sensação e memória. No Brasil, semelhantemente, a Psicologia se desenvolveu principalmente por médicos brasileiros que estudavam na Europa e por professores de Psicologia europeus que emigravam para cá, com a diferença de que aqui tudo ocorreu tardiamente e com menos recursos. A Associação Brasileira de Psicologia Jurídica foi fundada somente em 1998.

Fique atento

O texto de origem dos direitos declarados na Constituição do Brasil é o mesmo citado no primeiro princípio fundamental do Código de Ética Profissional do Psicólogo: a Declaração Universal dos Direitos Humanos, como se pode demonstrar:

Na Declaração Universal dos Direitos Humanos (ORGANIZAÇÃO DAS NAÇÕES UNIDAS, 1948, documento on-line):

> **Artigo 1.** Todo os seres humanos nascem **livres** e **iguais** em **dignidades** e direitos. São dotados de razão e consciência e devem agir em relação uns aos outros com espírito de fraternidade.
> [...]
> **Artigo 3.** Todo ser humano tem direito à **vida**, à **liberdade** e à segurança pessoal.

Na Constituição da República Federativa do Brasil de 1988 (BRASIL, 1988, documento on-line):

> Art. 1º. A República Federativa do Brasil, [...] constitui-se em Estado Democrático de Direito e tem como fundamentos:
> [...]
> III – a **dignidade** da pessoa humana; [...]
> DOS DIREITOS E GARANTIAS FUNDAMENTAIS [...]
> Art. 5º. Todos são iguais perante a lei, sem distinção de qualquer natureza, garantindo-se aos brasileiros e aos estrangeiros residentes no País a inviolabilidade do direito à **vida**, à **liberdade**, à **igualdade**, à segurança e à propriedade, [...].

No Código de Ética (CONSELHO FEDERAL DE PSICOLOGIA, 2005, p. 7):

> I. O psicólogo baseará o seu trabalho no respeito e na promoção da **liberdade**, da **dignidade**, da **igualdade** e da **integridade** do ser humano, apoiado nos valores que embasam a Declaração Universal dos Direitos Humanos.

Você não concorda que, com esses princípios, é possível estabelecer uma ética em comum entre operadores do Direito e psicólogos(as)?

Os fundamentos da psicologia forense

No Brasil, a psicologia jurídica se expandiu e se consolidou a partir da regulamentação da profissão de psicólogo, em 1962, por meio da Lei nº. 4119, de 27 de agosto de 1962, assinada pelo então presidente João Goulart. Já havia práticas psicológicas nas instituições jurídicas, porém a regulamentação da profissão permitiu maior segurança e estabilidade para esses profissionais, já que, conforme o art. 13 da referida Lei, entre as atribuições definidas aos psicólogos brasileiros, estão as chamadas funções privativas:

Art.13 – [...] § 1º- Constitui função privativa do Psicólogo a utilização de métodos e técnicas psicológicas com os seguintes objetivos (BRASIL, 1962, documento on-line):
   a) diagnóstico psicológico;
   b) orientação e seleção profissional;
   c) orientação psicopedagógica;
   d) solução de problemas de ajustamento.

Também o parágrafo segundo explicita: "É da competência do psicólogo a colaboração em assuntos psicológicos ligados a outras ciências" (BRASIL, 1962, documento on-line).

Assim os psicólogos puderam trabalhar definitivamente no sistema judiciário brasileiro, realizando principalmente diagnósticos e orientações, em um trabalho multidisciplinar. A Medicina, por meio da Psiquiatria, já trabalhava com o sistema judiciário, e a Psicologia vem somando, com suas técnicas e atuações. A Figura 1 representa as relações entre Psicologia, Medicina e Direito.

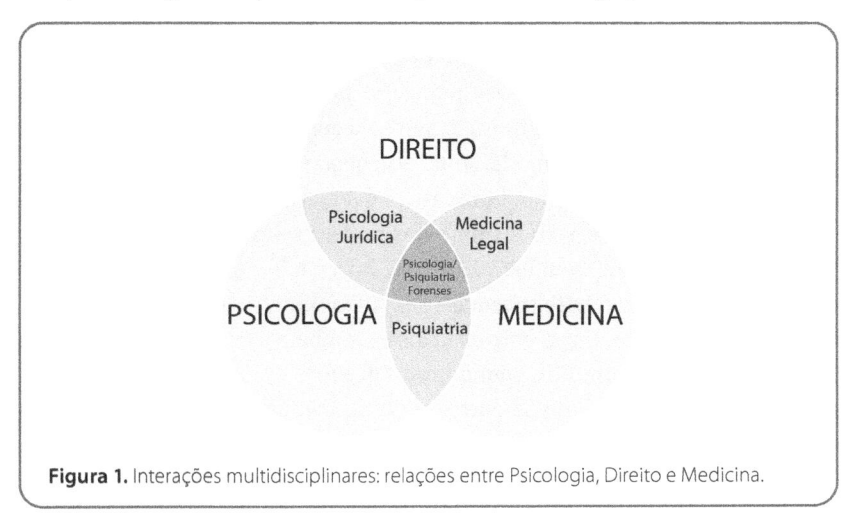

Figura 1. Interações multidisciplinares: relações entre Psicologia, Direito e Medicina.

Podemos perceber que a psicologia jurídica é fruto da interface entre Psicologia e Direito, sem haver necessariamente a interface com a Medicina. Porém, ao analisarmos o diagrama, vemos que existe uma área central onde as três atividades se encontram, denominada Psicologia/Psiquiatria Forenses. Nessa área, encontramos a Psicologia em intersecção com a Medicina e o Direito simultaneamente. Tendo como base a Psicologia, tem-se nessa área central uma subárea da psicologia jurídica: a psicologia forense, conforme a tradição descrita por Huss (2012), com o foco predominantemente clínico. E como distinguir a psicologia forense da psiquiatria Forense? Huss (2012, p. 24) aponta que:

> [...] os psiquiatras são licenciados para prescrever medicação e enfatizar esse aspecto nos cuidados ao paciente. Tradicionalmente, os psicólogos não dirigem seu foco para a administração de medicação, especificamente medicação psicotrópica, e, em vez disso, focalizam a avaliação e o tratamento dos que são mentalmente doentes.

O que é verdadeiro também para o Brasil.

Possíveis fontes de conflito entre o Direito e a Psicologia

Ainda que a Psicologia seja hoje considerada indispensável para a atuação do sistema judiciário, em todo o mundo, há possíveis dificuldades de entendimento, podendo gerar conflitos entre os operadores do Direito e da Psicologia. Huss (2012) descreve essas diferenças. A primeira é que a Psicologia é empírico--experimental, enquanto o Direito é dogmático-autoritativo. Isso significa que, na Psicologia, as conclusões anteriores podem ser mudadas por novas informações, enquanto, no Direito, tende-se a conservar decisões anteriores. Outra diferença é sobre o modo como se chega à verdade: por experimentação, na Psicologia, e por um "processo adversarial", no Direito — a parte que demonstrar melhor seus argumentos poderá ter a razão. Além disso, a Psicologia tende a ser "nomotética", isto é, busca leis científicas gerais sobre o psíquico, enquanto o Direito tende a ser "ideográfico", isto é, cuida de cada caso individualmente. Em decorrência disso, também a Psicologia é descritiva (o comportamento como é), enquanto o Direito é prescritivo (o comportamento como deve ser). Dito de outro modo, na ciência empírica, lida-se com fatos, enquanto nas ciências jurídicas, lida-se essencialmente com valores. E, finalmente, a Psicologia pode admitir conclusões probabilísticas, ou seja, não determinísticas, enquanto o Direito busca as certezas ao ter que julgar.

É preciso que ambas as áreas reconheçam as possibilidades e as metas da outra área e que não se substitua o que é próprio de cada campo com as "certezas" do outro campo, sob o risco de se fazer uma Psicologia distorcida servindo como cientificismo dentro do Direito, ou dogmatismos e moralismos atuando dentro da Psicologia. Será possível superar essas origens de conflitos? Talvez sempre se consiga quando existe uma "meta supraordenada", ou seja, uma meta em comum entre os dois grupos envolvidos em divergências de interpretações e decisões. Considere a proposta de se criar a Jurisprudência Terapêutica (JT), presente nos Estados Unidos: "o uso das ciências sociais para estudar até que ponto uma regra ou prática legal promove o bem-estar psicológico e físico das pessoas que ela afeta", como explica Slobogin (1996, p. 767 apud HUSS 2012, p. 32). Haverá a meta em comum de se produzir leis e se praticar o Direito de formas que possam ser terapêuticas (promotoras do bem-estar) ou impedir leis e práticas antiterapêuticas (prejudiciais ao propiciarem a criação de transtornos psíquicos).

A Psicologia e os direitos

Na realidade brasileira, é o próprio Código de Ética Profissional do Psicólogo que nos leva a buscar essa meta em comum com os operadores do Direito. O Código de Ética define, em seus dois primeiros princípios fundamentais, o seguinte:

> I. O psicólogo baseará o seu trabalho no respeito e na promoção da liberdade, da dignidade, da igualdade e da integridade do ser humano, apoiado nos valores que embasam a Declaração Universal dos Direitos Humanos.
> II. O psicólogo trabalhará visando promover a saúde e a qualidade de vida das pessoas e das coletividades e contribuirá para a eliminação de quaisquer formas de negligência, discriminação, exploração, violência, crueldade e opressão (CONSELHO FEDERAL DE PSICOLOGIA, 2005, p. 7).

Ou seja, uma boa forma de alinhar as práticas do(a) psicólogo(a) e do(a) agente do Direito é começar pela defesa dos direitos humanos e pela eliminação de práticas que os desrespeitem.

> **Saiba mais**
>
> Cientificismo:
> 1. Concepção filosófica de matriz positivista que afirma a superioridade da ciência sobre todas as outras formas de compreensão humana da realidade (religião, filosofia metafísica, etc.), por ser a única capaz de apresentar benefícios práticos e alcançar autêntico rigor cognitivo.
> 2. Tendência intelectual que preconiza a adoção do método científico, tal como é aplicado às ciências naturais, em todas as áreas do saber e da cultura (filosofia, ciências humanas, artes etc.)
> 3. Tendência a valorizar excessivamente as noções científicas, ou pretensamente científicas, em qualquer campo da vida prática, intelectual ou moral (HOUAISS; VILLAR, 2009, p. 464).

Psicologias forense, jurídica e judiciária

O psicólogo pode atualmente atuar tanto na área criminal quanto na civil, com relação a crimes, contravenções e atos ilícitos, no que se entende geralmente como psicologia forense. Porém, pode atuar também em questões de contratos pessoais, como casamentos ou sociedades empresariais em crise, além de se voltar aos sistemas de ressocialização de jovens em conflito com a lei e adultos no sistema prisional. Foi a partir da promulgação da Lei de Execução Penal (Lei Federal nº. 7.210, de 11 de julho de 1984) que o psicólogo passou a ser reconhecido legalmente pela instituição penitenciária (BRASIL, 1984). Esse campo mais amplo é englobado pela psicologia jurídica. De uma forma geral, podemos definir, no Brasil, que o psicólogo forense atua com a aplicação de procedimentos para avaliar a personalidade de adultos ou adolescentes nos processos criminais, nas varas especiais da infância e da juventude. Já o psicólogo jurídico atua como perito dentro dos processos civis, ou fora deles, como assistente técnico da instituição judiciária, avaliando interações familiares nos processos de litígio, nas varas da família e nas varas da infância. Aqui aparece então o título de perito, que é como o sistema judiciário brasileiro denomina os profissionais que elaboram laudos e pareceres para subsidiar as ações dos juízes e promotores. O Quadro 1 mostra as áreas de atuação da psicologia jurídica no Brasil.

Quadro 1. Áreas de atuação da psicologia jurídica no Brasil

Áreas de atuação da psicologia jurídica
▪ Psicologia jurídica e o menor
▪ Psicologia jurídica e Direito de Família
▪ Psicologia jurídica e Direito Civil
▪ Psicologia jurídica do trabalho
▪ Psicologia jurídica e Direito Penal (fase processual)
▪ Psicologia judicial ou do testemunho
▪ Psicologia penitenciária (fase de execução)
▪ Psicologia policial e das forças armadas
▪ Vitimologia
▪ Psicologia forense da mediação (cível ou criminal)
▪ Formação e atendimento aos juízes e promotores

Link

O Conselho Federal de Psicologia hoje reconhece a especialidade psicologia jurídica no Brasil. Para ser reconhecido como tal, o psicólogo deve buscar uma pós-graduação na área; aqueles que trabalham já há muito tempo no sistema judiciário devem demonstrar suas competências por meio de uma prova de especialista, preparada pelo próprio CFP, para obter o título de especialista. Para saber mais, acesse o link ou código a seguir.

https://goo.gl/G2vdtc

Psicologia jurídica ou judiciária?

E a psicologia judiciária, no que difere da psicologia jurídica? Na verdade, no Brasil, a distinção se dá apenas pelo lugar que cada psicólogo ocupa, sendo o psicólogo judiciário aquele que atua dentro do sistema judiciário, especificamente. No entanto, as ações não se dão necessariamente só no espaço do Fórum, podendo ser em espaços comunitários. Considere a ação da justiça restaurativa, em que os adolescentes (ofensores e vítimas), os familiares de ambas as partes e os facilitadores (psicólogos e assistentes sociais) se reúnem no interior da vara de infância e juventude para a busca de empatia com as vítimas, podendo estas expressar seus sentimentos e vivências traumáticas. Essas reuniões podem ser conduzidas também em escolas municipais, nas quais participam também uma liderança pedagógica e os conselheiros tutelares, sempre em busca da solução de conflitos, como explica Santos (2011).

Exemplo

Psicólogos brasileiros atuando em varas de execuções criminais podem participar de projetos ou programas que busquem a reinserção social dos presos, estejam estes cumprindo pena por crimes enquanto imputáveis ou em medida de tratamento ou medida de segurança detentiva para os inimputáveis (não responsáveis). Conheça o caso do Programa de Desinternação Progressiva, do Hospital de Custódia e Tratamento Psiquiátrico II, em Franco da Rocha, desenvolvido desde 2002 por uma equipe da qual participa Sidnei Celso Corocine, psicólogo do sistema penitenciário de São Paulo.

Ao constatar que os pacientes — permanecendo em média seis anos no Hospital — ao serem desinternados, voltavam rapidamente à internação, por desadaptação ao meio familiar e ao meio social, a equipe técnica resolveu promover um processo de transição. Assim sendo, foi criado o Programa de Desinternação Progressiva, visando "[...] à reinserção psicossocial dos pacientes com ações terapêuticas interdisciplinares, de forma gradual", como explica, Corocine (2006, p. 213). Inicialmente, 15 pacientes foram avaliados em termos de periculosidade e enviados para a colônia de desinternação progressiva (CDP) após ser comprovado que podiam executar os cuidados de si e o asseio pessoal, ter um projeto para o futuro e reconhecer a necessidade do tratamento, bem como buscar ajuda caso entrassem em crise. O CDP é gerido por uma equipe onde o psicólogo interatua com o psiquiatra, o assistente social, o enfermeiro, o auxiliar de enfermagem e a chefia de segurança.

No CDP, os pacientes podem participar das decisões sobre seu funcionamento: ficam em quartos com quatro pacientes, no máximo; o horário foi ampliado para entrada até as 22h; podem usar garfo e faca no refeitório; têm documentos e dinheiro; podem acessar a enfermaria para pedir remédios. Os psicólogos e assistentes sociais da equipe técnica acompanham o cotidiano dos pacientes, avaliando as possibilidades da desinternação. Entram em contato com familiares ou amigos para promover a reinserção, visando à recuperação de laços afetivos e à desmistificação da loucura e da delinquência. Como resultado, os familiares passam a aceitar cada vez mais o contato, até restabelecer vínculos. No entanto, eventualmente os contatos precisam ser controlados, devido a influências negativas exercidas pelos próprios familiares, que dificultam a independência e a melhora dos pacientes.

O personagem: Sidnei Celso Corocine, psicólogo clínico, mestre em Psicologia Escolar e do Desenvolvimento Humano pela Universidade de São Paulo (2003). Professor assistente da Universidade Camilo Castelo Branco, conselheiro do Comitê de Ética em Pesquisa da Secretaria da Administração Penitenciária e psicólogo do Hospital de Custódia e Tratamento Psiquiátrico II.

Exercícios

1. Na intersecção com o Direito, cria-se uma forma de Psicologia aplicada que, ainda que tenha nomes diversos, hoje tem situação legalizada no Brasil e é especialidade reconhecida pelo Conselho Federal de Psicologia. Qual o nome adotado por essa especialidade e por quê?
   a) Psicologia forense, por ter múltiplas formas de atuação para abranger os casos de crime e atos ilícitos.
   b) Psicologia forense, por ter múltiplas formas de atuação para abranger todas as áreas do sistema judiciário.
   c) Psicologia jurídica, por ter múltiplas formas de atuação para abranger todas as áreas do sistema judiciário.
   d) Psicologia jurídica, por ter atuação apenas em áreas do sistema judiciário que exijam uma capacitação clínica.
   e) Psicologia jurídica, por ter atuação apenas nas áreas do sistema judiciário em que o psiquiatra está trabalhando.

2. A psicologia forense teve origem nos Estados Unidos com o testemunho em casos de crimes e atos ilícitos. Qual foi a maior contribuição da Psicologia nesses casos?
   a) Os psicólogos avaliaram a veracidade dos testemunhos, por meio da observação dos comportamentos dos depoentes.
   b) Os psicólogos avaliaram a composição dos júris, em comparação com as características dos réus e das vítimas, para prevenir possíveis tendenciosidades de julgamento.
   c) Os psicólogos só testemunharam porque estavam diretamente envolvidos com os réus ou as vítimas.
   d) Os psicólogos avaliaram as personalidades dos réus para avaliar seu grau de periculosidade em função da impulsividade e da agressividade.
   e) Os psicólogos avaliaram a aptidão mental dos réus visando a determinar se tinham plena consciência do que fizeram e se compreendiam as consequências de suas ações.

3. A psicologia jurídica se desenvolveu, no Brasil, a partir de práticas em relação a menores, especialmente os de rua e os infratores. Em 1990 foi sancionado o Estatuto da Criança e do Adolescente. Quais foram as principais mudanças e quais as implicações para a atividade dos psicólogos em relação a crianças e adolescentes?
   a) Distinguiu-se a criança do adolescente e do adulto, com idades determinadas, e se definiu níveis de capacidade de consciência moral e de trabalho. Assim, os psicólogos obtiveram mais segurança para realizar seus laudos e fazer suas recomendações.
   b) Distinguiu-se a criança do adolescente, com idades determinadas, e se definiu níveis de capacidade de consciência moral e de trabalho. Assim, os psicólogos

obtiveram mais segurança para realizar seus laudos e fazer suas recomendações.

c) Deixou-se de fazer a distinção entre criança e menor e passou-se a se entender a criança como ser impedido ao trabalho. Assim, o psicólogo passou a defender e propiciar os direitos previstos no ECA para crianças em todas as circunstâncias e varas da lei.

d) Estabeleceu-se maior distinção entre criança e adolescente e passou-se a entender o adolescente como ser capaz ao trabalho aos 14 anos. Assim, o psicólogo passou a defender os direitos previstos no ECA para crianças em todas as circunstâncias e varas da lei.

e) Deixou-se de fazer a distinção entre criança e menor e passou-se a entender a criança e o adolescente como pessoas em desenvolvimento. Assim, o psicólogo passou a defender os direitos previstos no ECA para crianças em todas as circunstâncias e varas da lei.

4. No Brasil, temos as denominações psicologia jurídica e psicologia forense. Quais as diferenças entre as duas áreas de atividade do psicólogo?

a) Considera-se a psicologia jurídica aquela exclusiva dos tribunais, enquanto a forense está em todas as atividades do sistema judiciário.

b) Considera-se a psicologia forense aquela exclusiva dos tribunais, enquanto a jurídica está em todas as atividades do sistema judiciário.

c) Considera-se a psicologia forense aquela fora dos tribunais, enquanto a jurídica está em atividades dentro ou fora do sistema judiciário.

d) Considera-se a psicologia forense a psicologia clínica aplicada nos tribunais, enquanto a jurídica aplica outras abordagens da psicologia, como a psicologia social.

e) Considera-se a psicologia jurídica a psicologia clínica aplicada nos tribunais, enquanto a forense aplica outras abordagens da psicologia, como a psicologia social.

5. A Psicologia e as Ciências Jurídicas têm diferenças fundamentais. A Psicologia é descritiva; o Direito, prescritivo. Como é possível uma atuação em equipe que unifique os objetivos das duas áreas?

a) Com foco no Estatuto da Criança e do Adolescente, nos Códigos Civil e Penal e na Lei de Execução Penal, a partir da qual o psicólogo passou a ser reconhecido legalmente pela instituição penitenciária.

b) Cada campo respeitar os limites e objetivos do outro campo, sendo a Psicologia auxiliar nas decisões do sistema judicial.

c) Cada campo contribuir conforme suas capacitações científicas e técnicas, respeitando plenamente as atuações dos agentes.

d) Com foco nos direitos humanos, conforme instrui o Código de Ética Profissional do Psicólogo e define a Constituição Brasileira.

e) Com foco na Constituição Brasileira e nos códigos de ética profissional das áreas.

Referências

AMERICAN PSYCHOLOGICAL ASSOCIATION. *Dicionário de Psicologia APA*. Porto Alegre: Artmed, 2010.

BRASIL. *Constituição Federal de 1988*. Promulgada em 5 de outubro de 1988. Disponível em: <http://www.planalto.gov.br/ccivil_03/constituicao/constituicaocompilado.htm>. Acesso em: 16 jul. 2018.

BRASIL. *Lei nº 4.119, de 27 de agosto de 1962*. Dispõe sobre os cursos de formação em psicologia e regulamenta a profissão de psicólogo. Brasília, DF, 1962. Disponível em: <http://www.planalto.gov.br/ccivil_03/leis/1950-1969/L4119.htm>. Acesso em: 16 jul. 2018.

BRASIL. *Lei nº. 7.210, de 11 de Julho de 1984*: lei de execução penal. Brasília, DF, 1984. Disponível em: <http://www.planalto.gov.br/ccivil_03/Leis/l7210.htm>. Acesso em: 16 jul. 2018.

CONSELHO FEDERAL DE PSICOLOGIA. *Código de ética profissional do psicólogo*. Brasília: CFP, 2005. Disponível em: <https://site.cfp.org.br/wp-content/uploads/2012/07/codigo-de-etica-psicologia.pdf>. Acesso em: 16 jul. 2018.

CONSELHO FEDERAL DE PSICOLOGIA. *Psicologia*: legislação, resoluções e recomendações para a prática profissional. Brasília: CFP, 2011.

COROCINE, S. C. As possibilidades de tratamento em um hospital-presídio: o programa de desinternação progressiva. In: SERAFIM, A. P.; BARROS, D. M.; RIGONATTI, S. P. (Org.). *Temas em psiquiatria forense e psicologia jurídica II*. São Paulo: Vetor, 2006. p. 209-219.

FRANÇA, F. Reflexões sobre psicologia jurídica e seu panorama no Brasil. *Psicologia Teoria e Prática*, São Paulo, v. 6, n. 1. p. 73-80, 2004.

HOUAISS, A.; VILLAR, M. S. *Dicionário Houaiss da língua portuguesa*. Rio de Janeiro: Objetiva, 2009.

HUSS, M. T. *Psicologia Forense*: pesquisa, prática clínica e aplicações. Porto Alegre: Artmed, 2012.

ORGANIZAÇÃO DAS NAÇÕES UNIDAS. Declaração Universal dos Direito Humanos. 1948. Disponível em: <https://www.unicef.org/brazil/pt/resources_10133.htm>. Acesso em: 16 jul. 2018.

ROVINSKI, S. L. R. Psicologia jurídica no Brasil e na América Latina: dados históricos e suas repercussões quanto à avaliação psicológica. In: ROVINSKI, S. L. R; CRUZ, R. M. (Org.). *Psicologia jurídica*: perspectivas teóricas e processos de intervenção. São Paulo: Vetor, 2009. p. 11-22.

SANTOS, E. P. S. Desconstruindo a menoridade: a psicologia e a produção da categoria menor. In: GONÇALVES, H. S.; BRANDÃO, E. P. (Org.). *Psicologia jurídica no Brasil*. 3. ed. Rio de Janeiro: Nau, 2011. p. 43-72.

SILVA, D. M. P. *Psicologia jurídica no processo civil brasileiro*. São Paulo: Casa do Psicólogo, 2003.

Leituras recomendadas

GARRIDO, E.; MASIP, J.; HERRERO, C. (Coord.). *Psicología jurídica*. Madrid: Pearson Educación, 2006.

GONÇALVES, H. S.; BRANDÃO, E. P. (Org.). *Psicologia jurídica no Brasil*. 3. ed. Rio de Janeiro: Nau, 2011.

MIRA Y LÓPEZ, E. *Manual de psicologia jurídica*. 2. ed. São Paulo: Impactus, 2008.

SERAFIM, A. P.; BARROS, D. M.; RIGONATTI, S. P. (Org.). *Temas em psiquiatria forense e psicologia jurídica II*. São Paulo: Vetor, 2006.

TRINDADE, J. *Manual de psicologia jurídica*. 3. ed. Porto Alegre: Livraria do Advogado, 2009.

Prática profissional: das áreas de intervenção às competências

Objetivos de aprendizagem

Ao final deste texto, você deve apresentar os seguintes aprendizados:

- Identificar locais de inserção para os profissionais da psicologia jurídica.
- Relacionar as competências técnicas necessárias aos psicólogos jurídicos e aos operadores do Direito no âmbito da psicologia jurídica.
- Descrever as competências da psicologia jurídica na avaliação de famílias em conflito.

Introdução

As relações entre Psicologia e Direito são complexas, recentes na história formal das áreas e indissociáveis na sociedade moderna. A psicologia jurídica, como uma especialidade da ciência psicológica, possui diversas áreas de atuação, sendo as mais tradicionais relacionadas à atuação nos fóruns e nas prisões.

Neste capítulo, você vai estudar a psicologia jurídica como uma especialidade da Psicologia relativamente recente no Brasil, conhecendo as diversas outras possibilidades de atuação desses profissionais, bem como as competências técnicas necessárias para ser um bom profissional. Além disso, conhecerá o trabalho dos psicólogos jurídicos que trabalham com a avaliação de famílias em conflito junto às Varas de Família.

Inserção dos profissionais da psicologia jurídica

A psicologia jurídica vem exercendo seu papel no Brasil e no mundo há muito tempo de maneira informal. Historicamente, é possível identificar a emissão de pareceres psicológicos, demandados pelos tribunais de justiça como forma de auxílio na resolução de conflitos sociais, conforme explicam Afonso e Senra (2014). Já em 1792 os Estados Unidos emitiam esses pareceres, sendo legalizados em 1970 com a institucionalização da psicologia jurídica. Na Espanha, a institucionalização ocorreu em 1980, e na Alemanha, em 1955, ainda conforme Afonso e Senra (2014). Assim, a Psicologia apareceu na interface com o Direito a partir da demanda por pareceres psicológicos, segundo Freitas (2009), e a partir de livros e publicações sobre o conhecimento psicológico no julgamento de delitos.

No Brasil, a psicologia jurídica surgiu como área de conhecimento independente dentro das universidades. O primeiro Laboratório de Psicologia da Colônia de Psicopatas foi inaugurado no bairro Engenho de Dentro, no Rio de Janeiro, em 1937, conforme leciona Rovinski (2009). Mais tarde, com a tradução do livro espanhol *Manual de psicologia jurídica*, de Mira y Lopez, em 1955, a Psicologia foi reafirmada como uma ciência que oferece as mesmas garantias de seriedade e eficiência que outras disciplinas biológicas, mostrando a importância dessa área de conhecimento para o meio jurídico. O lançamento desse livro se tornou um marco para a psicologia jurídica, ainda de acordo com Rovinski (2009).

Outra atividade realizada pelos psicólogos foi denominada psicologia do testemunho. Essa atividade era realizada por meio de estudos experimentais dos processos psicológicos, com o objetivo de verificar os relatos dos indivíduos envolvidos em processos judiciais, conforme explica Altoé (2001). Na prática, a atuação do psicólogo se dava por meio de exames criminológicos, perícias e pareceres, com base no psicodiagnóstico do indivíduo.

A Psicologia foi reconhecida como profissão no Brasil apenas em 1962. A partir daí, as atividades antes realizadas de maneira informal puderam ser oficializadas, de maneira lenta e gradual, embora a psicologia jurídica como especialização não existisse ainda, conforme explicam Afonso e Senra (2014). Os primeiros registros de atuação de Psicólogos em instituições de justiça surgiram entre as décadas de 1970 e 1980, no desenvolvimento de perícias terceirizadas. Em 1985 ocorreu o primeiro concurso público para o cargo de psicólogo. Posteriormente, em 1990, houve manifesto para a criação de cargo oficial junto ao poder judiciário.

A atuação de psicólogos na área da Justiça foi determinada por meio da Lei nº. 7.210, de 17 de julho de 1984, que prevê a atuação do psicólogo no sistema penal brasileiro, *in verbis*:

> Art. 6º A classificação será feita por comissão técnica de classificação que elaborará o programa individualizador e acompanhará a execução que acompanhará a execução das penas privativas de liberdade e restritivas de direito, devendo propor, à autoridade competente, as progressões e regressões dos regimes, bem como as convenções.
> Art. 7º A comissão técnica de classificação existente em cada estabelecimento será presidida pelo diretor e composta, no mínimo, por dois chefes de serviço, um psiquiatra, um psicólogo e um assistente social, quando se tratar de condenado à pena privativa de liberdade (BRASIL, 1984, documento on-line).

Em 1990, com a criação do Estatuto da Criança e do Adolescente (ECA), a partir da Lei nº. 8.069, de 13 de julho de 1990 (BRASIL, 1990), surgiu a possibilidade de direcionamento do psicólogo a trabalhos e intervenções junto aos adolescentes e suas famílias. Criou-se, então, uma grande demanda de profissionais, fator que contribuiu para o crescimento dessa área de atuação, levando, por fim, à legalização de cargos em concursos públicos e, consequentemente, ao aumento do número de profissionais nas instituições judiciárias, conforme lecionam Lago et al. (2009). O ECA afirma a necessidade da presença do psicólogo para lidar com questões específicas da área em relação à proteção das crianças e dos adolescentes ou em relação aos adolescentes em conflito com a lei, conforme estabelecem os arts. 87 e 150 dessa Lei (BRASIL, 1990, documento on-line):

> Art. 87 São linhas de ação da política de atendimento:
> III – serviços especiais de prevenção e atendimento médico e psicossocial às vítimas de negligência, maus tratos, exploração, abuso, crueldade e opressão.
> [...]
> Art. 150 Cabe ao Poder Judiciário, na elaboração de sua proposta orçamentária, prever recursos para a manutenção de equipe interprofissional, destinada a assessorar a Justiça da Infância e da Juventude.

Como consequência da criação do Estatuto, houve o reordenamento das instituições de atendimento de crianças e adolescentes, com o objetivo de se enquadrarem ao ECA. Da mesma forma, as práticas psicológicas realizadas foram modificadas para as especificidades de cada ambiente, conforme explicam Lago et al. (2009). Assim, os adolescentes autores de atos infracionais passaram a ser encaminhados para a Fundação de Atendimento Socioeducativo (Fase), e as crianças e os adolescentes vítimas de violência, maus tratos e negligência passaram a ser encaminhados para as Fundações de Proteção Especial (FPEs). A criação do Núcleo de Atendimento à Família (NAF), em 1997, deu origem a mais um campo de atuação de psicólogos. Nesse serviço, eles contribuem de forma a oferecer a possibilidade de resolução de conflitos entre casais e famílias, em um espaço terapêutico, conforme expõe Lago et al. (2009).

Segundo Costa et al. (2009), a atuação do psicólogo na Justiça visa a assessorar os magistrados das varas de família, cíveis, precatórias e de competência geral, realizando estudos psicossociais referentes aos processos encaminhados e fornecendo informações, análises e pareceres que possam subsidiar a decisão judicial. Visa também a assessorar os magistrados das varas criminais nos processos cuja problemática gira em torno da dinâmica familiar, também mediante a elaboração de estudos e pareceres psicossociais que possam subsidiar as decisões judiciais. Nesse contexto, percebemos a atuação do psicólogo no assessoramento direto ao magistrado, realizando perícias, pareceres, relatórios ou estudos psicossociais.

Dessa forma, é preciso entender que o psicólogo, na sua atuação junto à Justiça, não é um investigador da mente humana a serviço do sistema penal, mas sim um profissional que pode identificar o sentido e interpretar situações não perceptíveis ao operador do Direito. Além disso, o psicólogo precisa estar atento às limitações dos instrumentos utilizados por ele, bem como ao caráter situacional da avaliação realizada. Nunca se esquecendo de que qualquer atividade de atuação do psicólogo está sob as regras do Código de Ética Profissional do Psicólogo. Por isso, o profissional da Psicologia deve sempre refletir sobre as implicações éticas, políticas e sociais do seu trabalho.

A psicologia jurídica e os profissionais psicólogos podem se inserir em diversos setores. Para França (2004), os locais mais tradicionais para atuação profissional são os fóruns e as prisões, além da atuação na mediação. O referido autor subdividiu as áreas de inserção da psicologia jurídica em:

- psicologia jurídica e o menor;
- psicologia jurídica e o direito de família;
- psicologia jurídica e o direito civil;
- psicologia jurídica do trabalho;
- psicologia jurídica e o direito penal (fase processual);
- psicologia judicial ou do testemunho;
- psicologia penitenciária (fase de execução);
- psicologia policial e das Forças Armadas;
- vitimologia;
- mediação;
- formação e atendimento aos juízes e promotores;
- psicologia criminal;
- psicologia penitenciária ou carcerária;

- psicologia jurídica e as questões da infância e juventude;
- psicologia jurídica e o Ministério Público;
- psicologia jurídica e os direitos humanos;
- dano psíquico;
- psicologia jurídica e magistrados;
- proteção a testemunhas.

Cada ramo da psicologia jurídica possui determinadas práticas que são estabelecidas pela instituição a que pertencem. Entretanto, como vimos anteriormente, o psicólogo sempre deve levar em consideração o Código de Ética Profissional, que rege os princípios da atuação profissional que o Psicólogo deve desenvolver em qualquer situação. Os psicólogos jurídicos podem realizar atividades relacionadas à seleção e ao treinamento de pessoal, à avaliação de desempenho e ao acompanhamento psicológico prestado a servidores, magistrados e seus dependentes dentro das instituições judiciárias. Podem desenvolver, também, atividades vinculadas aos juízes de primeira instância (fóruns dos estados) e de segunda instância (tribunais de justiça dos estados).

Nos Fóruns, as principais atividades do psicólogo jurídico são as avaliações psicológicas, os acompanhamentos de casos, a mediação, a elaboração de documentos, o aconselhamento psicológico, a orientação, a fiscalização de instituições e de programas de atendimento à demanda do Fórum e os encaminhamentos. O psicólogo jurídico pode, ainda, realizar perícias ou intervenções diretas, de acordo com a natureza dos casos e o momento do atendimento realizado (podendo ser antes, durante ou após a sentença judicial). Para atuar de maneira mais formal, o profissional deve fazer concurso público, visando ao cargo de perito.

O psicólogo jurídico pode ainda atuar fazendo atendimentos em consultório, fornecendo relatórios, pareceres e laudos tanto para advogados como para juízes e assistentes técnicos. Pode também trabalhar em abrigos e ONGs, por exemplo. Outra possibilidade de atuação como psicólogo jurídico é realizando trabalho informal, autônomo ou ligado a organizações não governamentais, desenvolvendo grupos de apoio, mediação familiar, trabalhos voluntários, etc.

Competências técnicas

A formação em psicologia jurídica é recente, tendo em vista que essa especialidade foi regulamentada apenas no ano de 2000. Inicialmente, na Universidade do Estado do Rio de Janeiro, essa área de conhecimento foi inserida no curso de Especialização em Psicologia Clínica, por meio de uma disciplina chamada psicodiagnóstico para fins jurídicos, conforme Freitas (2009). Essa área de conhecimento se desenvolveu a partir da execução de atividades tradicionais da Psicologia, como a elaboração de laudos nas varas cíveis, criminais, da Justiça do Trabalho, da Família e da Criança e do Adolescente.

Posteriormente, a partir da Constituição de 1988 e com a criação do ECA, a atuação da psicologia jurídica se diversificou. O papel do psicólogo jurídico, que antes consistia na confecção de perícias técnicas e pareceres, se expandiu. Devido a essas mudanças, a mesma universidade criou o curso de Especialização em psicologia jurídica. Esse curso tinha ênfase na compreensão de fatores psicossociais e culturais que poderiam favorecer o ato delitivo, fazendo parte do departamento de psicologia social, conforme expõe Freitas (2009).

Essa ênfase no estudo psicossocial reflete a mudança de pensamento nas avaliações. A palavra "estudo" oferece uma conotação mais compreensiva do que expressões como "perícia" ou "parecer". Além disso, o estudo de ordem psicossocial abrange não somente os aspectos psicológico e psicopatológico, mas também, segundo Costa et al. (2009), o reconhecimento de que as questões mediadas no Judiciário possuem dimensões de ordem social, o que acaba por ampliar a compreensão do juiz a respeito da configuração dos crimes e dos conflitos.

A psicologia jurídica ainda é considerada uma disciplina opcional em diversos cursos de Psicologia, acarretando prejuízos na formação acadêmica e dificuldades para os profissionais que desejam atuar na área, em função do pouco conhecimento adquirido na graduação. Dessa forma, as instituições judiciárias precisam realizar diversas capacitações, treinamentos e reciclagens para que esses profissionais estejam capacitados para o trabalho, conforme explicam Lago et al. (2009). Apesar de ainda existirem barreiras quanto ao ensino da psicologia jurídica nas graduações de Psicologia, muitos locais do País já oferecem cursos de especialização na área.

Embora o trabalho do psicólogo jurídico seja facilmente associado ao psicodiagnóstico e à confecção de perícias, a sua atuação é mais abrangente e exige diversas competências técnicas para estar em consonância com o trabalho interdisciplinar com os operadores do Direito. Tendo como base essa interação interdisciplinar, o psicólogo jurídico pode atuar:

- nas instituições de Justiça, devendo ser capaz de realizar seleções e treinamentos de pessoal, avaliações de desempenho e acompanhamento psicológico de magistrados, servidores e seus dependentes;

- nos Fóruns, devendo realizar a elaboração de documentos, acompanhamentos, aconselhamentos psicológicos, orientações, mediações, fiscalização de instituições e de programas de atendimento à demanda do Fórum, encaminhamentos e avaliação psicológica — para tanto, deve conhecer a linguagem do Direito, de maneira a cumprir com seu papel de forma mais eficaz;
- informalmente, como autônomo ou ligado a organizações não governamentais, realizando a mediação nas famílias, desenvolvendo grupos de apoio à adoção e promovendo trabalhos em organizações penais e abrigos;
- na elaboração de perícias ou intervenções, antes, durante ou após a sentença judicial.

Freitas (2009) leciona sobre a importância do psicólogo jurídico na assessoria ao governo com relação às políticas públicas de prevenção à violência social. Trindade (2012) também discute a interdisciplinaridade da profissão, sugerindo a seguinte divisão para a atuação dos psicólogos jurídicos no âmbito do Direito:

- nas questões de família, abrangendo separação, divórcio, regulamentação de visitas, guarda, adoção e, principalmente, questões relacionadas aos problemas emocionais, como a raiva, ciúmes, o medo, o ódio, a retaliação e a vingança de um cônjuge em relação ao outro;
- no Direito Penal, no crime como sendo o resultado grave de alteração da conduta humana e suas motivações, sendo, muitas vezes, a expressão emocional na conduta que exprime o comportamento criminoso, carregado de sentimentos conflituosos;
- nos delitos sexuais, nas personalidades perversas, na pedofilia, nos crimes perpetrados por sádicos masoquistas e no abuso infantil;
- nas questões de inimputabilidade e responsabilidade diminuída, que constam no Código Penal;
- nas medidas de segurança e nos procedimentos de declaração de incidente de insanidade mental;
- na vitimologia, envolvendo a síndrome de Estocolmo e a revitimização;
- na realização do depoimento com redução de dano;
- no direito penitenciário, devendo o apenado ser reintegrado e ressocializado;
- no direito da criança e do adolescente, assegurando, principalmente, o direito à família natural, o direito à família saudável, livre de drogas e

outras dependências, o direito à escola e o direito à saúde, envolvendo não só o bem-estar físico, mas o emocional e psicológico;
- na garantia dos direitos do idoso, exigindo cuidados especiais e atenção psicológica;
- nos delitos de trânsito, envolvendo a atuação em ações em trâmite nas varas especializadas em acidentes de trânsito ou automobilísticos, os estudos de causa de sinistralidade e as tarefas de seleção, acompanhamento e reabilitação de motoristas;
- no direito civil, para tratar a capacidade da pessoa e a doação e interdição por causa de doença mental ou psicológica;
- no processo penal, nos procedimentos de oitivas de testemunhas, veracidade de depoimentos e interrogatório dos réus;
- no direito do consumidor, nas prestações de serviços médicos e na intervenção nos casos de tratamento de saúde mental;
- na justiça terapêutica, implementada em alguns estados brasileiros;
- no direito do trabalho, abrangendo as condições emocionais dos indivíduos trabalhadores e o dano moral e psicológico;
- no direito do funcionário público que ficou enfermo em razão do excesso de responsabilidade ou do risco, como ocorre com professores, policiais, etc.;
- no direito da mulher violentada ou agredida;
- no estudo da personalidade do réu, da testemunha e do jurado;
- na tarefa policial e na investigação criminal;
- nas teorias criminológicas de explicação da delinquência, da violência e da guerra;
- no direito dos expatriados e dos grupos minoritários; e
- na psicologia criminal e política.

É preciso, cada vez mais, a capacitação dos psicólogos que tenham a intenção de atuar na psicologia jurídica, para que os mesmos possam compreender as razões pelas quais um juiz solicitou uma intervenção, por exemplo, e consigam, então, emitir opiniões técnicas, impressões e dados que ainda não haviam ficado claros a esse juiz. Trata-se da capacitação técnica do psicólogo jurídico para atuar em parceria com os profissionais do Direito, fazendo uso da linguagem da área e compreendendo suas especificações. A facilitação do entendimento do juiz com relação às informações que o psicólogo deseja transmitir é de grande relevância, já que muitas vezes laudos e pareceres são dispensados pelos juízes devido à ineficiência da comunicação.

Na realização de avaliações, o processo de testagem é bastante utilizado pelos psicólogos jurídicos. Para isso, segundo França (2004), é importante a verificação da confiabilidade e da validade dos instrumentos que serão utilizados, além de estar atento ao modelo teórico seguido, de forma a verificar se os objetivos do procedimento foram respondidos. A entrevista também é uma prática importante, que traz informações relevantes sobre a história do indivíduo e as motivações que acabaram por levá-lo ao ato investigado.

A psicologia jurídica não é apenas um auxiliar na operacionalização do Direito, mas também um campo autônomo, oferecendo resultados e discussões pertinentes ao que acontece no âmbito judiciário, conforme defendem Afonso e Senra (2014). Tanto o Direito como a Psicologia são áreas de conhecimento autônomas, o que contribui para a sua interdisciplinaridade. Dessa forma, a Psicologia traz um conhecimento complementar à prática do Direito, e vice-versa. Na psicologia jurídica, percebe-se claramente a relação entre a Psicologia e o Direito. De acordo com Trindade (2012), a Psicologia é fundamental ao Direito e essencial para a Justiça. Por isso a grande importância do trabalho de forma interdisciplinar, de forma a se reduzir os erros judiciais que decorrem da falta de conhecimentos relacionados à ciência psicológica.

Link

O Conselho Federal de Psicologia oferece à categoria e à sociedade em geral o documento denominado *Referências técnicas para atuação do psicólogo em Varas de Família*, produzido com a metodologia do Centro de Referência Técnica em Psicologia e Políticas Públicas. Esse documento busca construir uma referência sólida para a atuação do psicólogo na área jurídica.

Para ter acesso ao texto na íntegra, acesse o link ou código a seguir.

https://goo.gl/rxD7Wn

Avaliação de famílias em conflito

Os psicólogos que atuam juntamente às varas de família desenvolvem trabalhos demandados originalmente ao Judiciário, e não ao psicólogo. Porém, quando o processo chega ao setor de Psicologia, subentende-se que aquela situação não poderá ser resolvida judicialmente caso não sejam compreendidas, avaliadas ou trabalhadas questões emocionais específicas, determinando-se, assim, o caráter interdisciplinar do encaminhamento.

Nesse contexto, a psicologia jurídica pode atuar junto ao direito de família, onde seu trabalho está relacionado aos processos de separação e divórcio, paternidade, disputa de guarda e regulamentação de visitas, entre outros. A atuação do psicólogo como perito, nesses casos, é designada pelo juiz. O psicólogo jurídico pode também atuar como assistente técnico ou perito contratado por qualquer uma das partes, a fim de acompanhar o trabalho do perito oficial.

O processo de separação e divórcio implica em um processo psicológico, isto é, um conjunto de sentimentos, pensamentos e comportamentos que se destinam à resolução do conflito emocional entre duas pessoas. Enquanto o divórcio no ciclo de vida familiar consiste na separação conjugal como uma etapa do processo de vida que acaba por incluir novos arranjos conjugais e familiares, o divórcio destrutivo consiste na separação conjugal envolvendo grandes disputas e expressões de violência, só podendo haver um acordo por meio de processo judicial, conforme explica Trindade (2012).

Esse processo pode se estender a outras pessoas do círculo familiar, principalmente aos filhos. Assim, a crise conjugal pode tomar as dimensões de uma crise familiar, e mesmo com o término do processo judicial, o processo psicológico pode se prolongar por muito tempo, o que somente se encerra com a elaboração do luto, ainda conforme Trindade (2012). Na disputa dos cônjuges, os efeitos possíveis para as crianças, nesses casos, são:

- problemas escolares, podendo a criança apresentar desinteresse, diminuição do rendimento escolar e estereótipos negativos, ocasionando efeitos prejudiciais no âmbito emocional, social e pedagógico;
- sentimentos de abandono, uma vez que crianças menores tendem a interpretar a ausência de um dos pais como abandono ou como motivo para se sentirem culpadas; além disso, os pais, nessas situações, muitas vezes reduzem o tempo de dedicação aos filhos;
- situação de impotência frente às mudanças de escola, de situação econômica, etc.

Assim, nos casos de separação e divórcio, o psicólogo pode atuar como mediador, em caso de acordo entre o casal, ou pode realizar a avaliação de uma das partes do casal, conforme solicitação. Na regulamentação de visitas, o psicólogo pode atuar como mediador na família, ou fazer uma avaliação da família, de forma a informar ao juiz a dinâmica familiar e sugerir medidas a serem tomadas. Em relação à disputa de guarda, pode ser solicitada perícia psicológica para avaliação do melhor genitor, isto é, aquele que tem as melhores condições de exercer esse papel, conforme lecionam Lago et al. (2009). É importante ressaltar que alguns assuntos, como guarda compartilhada, falsas acusações de abuso sexual e síndrome de alienação parental, podem estar envolvidos no processo, sendo fundamental o amplo conhecimento dos psicólogos para uma perícia adequada.

A psicologia jurídica pode atuar também junto às questões relacionadas à infância e à juventude. Aqui, o psicólogo atua junto aos processos de destituição ou suspensão do poder familiar, guarda, disputa, habilitação para adoção, apuração do ato infracional, acompanhamento de medidas socioeducativas de liberdade assistida e de prestação de serviços à comunidade (em adolescentes que cometeram algum tipo de ato infracional), acompanhamento de medidas socioeducativas em relação à proteção, e atendimento de crianças e adolescentes vítimas de situações de violência, ainda de acordo com Lago et al. (2009).

O psicólogo também pode estar inserido nas FPEs, de forma a oferecer cuidados capazes de diminuir os efeitos da institucionalização, proporcionando assim uma vivência que se aproxime à realidade familiar. Quando existe a necessidade de destituição do poder familiar, o psicólogo tem papel fundamental na hora de considerar a decisão de separar uma criança de sua família. Os casos em que é possível a destituição do poder familiar decorrem de negligência, abandono, maus-tratos, abuso sexual, ineficiência ou morte dos pais.

Em relação aos adolescentes autores de atos infracionais, o papel do psicólogo tem como objetivo propiciar condições de superação da sua condição de exclusão, bem como a formação de valores positivos de participação na vida social. O psicólogo jurídico deve sempre ter como princípio envolver a família e a comunidade em atividades que propiciem a não discriminação e a não estigmatização.

Exercícios

1. A participação do psicólogo nas decisões judiciais nas varas de família se dá por meio de perícias técnicas, que correspondem ao procedimento de avaliação psicológica realizado no âmbito da Justiça, principalmente nos Fóruns, já que resulta de uma determinação:
   a) do casal parental, nesse caso, os responsáveis pela criança que desejam um consenso.
   b) de uma autoridade judicial, nesse caso, o juiz, tendo como objetivo subsidiar as decisões.
   c) de uma assistente social, objetivando esclarecer a competência parental, em todos os casos.
   d) do advogado, para que possa orientar sua decisão.
   e) do promotor, que necessita deliberar sobre o caso, como autoridade competente e máxima, se a família não dissolve o conflito por si mesma.

2. Nas varas de família, há um crescente esforço para que os casais resolvam seus conflitos por meio de:
   a) mediação.
   b) aconselhamento psicológico.
   c) *coaching* conjugal.
   d) ações em juizados de pequenas causas.
   e) acordos entre advogados.

3. Sobre a atuação do psicólogo como perito nos diversos contextos da ambiência jurídica, a partir das informações constantes no capítulo, indique a alternativa correta.
   a) Pode realizar perícias apenas antes da sentença judicial.
   b) Pode realizar trabalhos informais autônomos ou ligados a organizações não governamentais.
   c) No direito tributário, trabalha com questões relacionadas a visitas, à guarda e a adoções.
   d) Na vitimologia, com a reintegração e ressocialização do apenado.
   e) No direito do trabalho, a atividade do psicólogo engloba principalmente o crime – resultado de grave de alteração da conduta humana, bem como com suas motivações.

4. A atuação do psicólogo no contexto forense pode ter alguma alteração, dependendo de como ele se posiciona na arena jurídica, quando o foco de seu trabalho é a avaliação psicológica nas varas de família. Qual das alternativas melhor descreveria o papel do psicólogo como perito oficial?
   a) A maior contribuição do perito será em relatar o que viu e ouviu, evitando a interferência de seu conhecimento técnico.
   b) O perito deve atender os interesses de uma das partes, trabalhando com isenção e seguindo os referenciais técnicos e éticos.
   c) O perito trabalha no sentido de trazer a "verdade" que interessa ao seu cliente.

d) É o perito que determina ao juiz qual o melhor encaminhamento para o desfecho do caso.
e) O perito apresenta as opiniões e previsões de forma imparcial e neutra, discriminando os fatores psicológicos em jogo, sem adentrar no julgamento da questão legal.

5. Sobre violência na família, é correto afirmar que:
a) quando se fala em violência familiar, podemos dizer que estamos falando de violência física e sexual, exclusivamente.
b) a falta de cuidados, alimentação e segurança dos pais para com os filhos não se configura como violência.
c) a figura paterna não é mais forte, tendo em vista que não existe mais a submissão da mulher e dos filhos ao marido/pai.
d) no interior da família existem muitas outras formas de violência além da física e sexual, como o abandono, a negligência e a violência psicológica, isto é, condições que comprometem o desenvolvimento saudável da criança e do jovem.
e) a maioria dos casos de violência doméstica são ocasionados por padrastos ou por pessoas de fora de casa.

Referências

AFONSO, L. A.; SENRA, L. X. *Panorama histórico da regulamentação da especialização em Psicologia Jurídica no Brasil.* Psicologia.PT. Portal dos Psicólogos, 2014.

ALTOÉ, S. Atualidade da Psicologia Jurídica. *Revista de Pesquisadores da Psicologia no Brasil Psibrasil,* Juiz de Fora, ano 1, nº 2, jul./dez. 2001.

BRASIL. *Lei nº 7.210, de 11 de julho de 1984*: institui a Lei de Execução Penal. Brasília, DF, 1984. Disponível em: <http://www.planalto.gov.br/ccivil_03/Leis/l7210.htm>. Acesso em: 28 jul. 2018.

BRASIL. *Lei nº 8.069, de 13 de julho de 1990.* Dispõe sobre o Estatuto da Criança e do Adolescente e dá outras providências. Brasília, DF, 1990. Disponível em: <http://www.planalto.gov.br/ccivil_03/Leis/l8069.htm>. Acesso em: 28 jul. 2018.

COSTA, L. F. et al. O. As competências da psicologia jurídica na avaliação psicossocial de famílias em conflito. *Psicologia & Sociedade,* Florianópolis, v. 21, nº 2, p. 233–241, ago. 2009.

FRANÇA, F. Reflexões sobre a psicologia jurídica e seu panorama no Brasil. *Psicologia: Teoria e Prática,* São Paulo, v. 6, nº 1, p. 73–80, 2004.

FREITAS, M. A. Psicologia jurídica e psicologia forense: aproximações e distinções. *Revista de Psicoanálisis y Estudios Culturales,* v. 10, p. 1–5, 2009.

LAGO, V. M. et al. Um breve histórico de psicologia jurídica no Brasil e seus campos de atuação. *Estudos de Psicologia,* Campinas, v. 26, nº 4, p. 483–491, out./dez. 2009.

ROVINSKI, S. L. R. Psicologia jurídica no Brasil e na América Latina: dados históricos e suas repercussões quanto à avaliação psicológica. In: ROVINSKI, S. L. R.; CRUZ, R. M. (Org.). *Psicologia jurídica*: perspectivas teóricas e processos de intervenção. São Paulo: Vetor, 2009. p. 11-22.

TRINDADE, J. *Manual de psicologia jurídica para operadores de direito.* 6. ed. Porto Alegre: Livraria do Advogado, 2012.

UNIDADE 2

A Psicologia do comportamento desviante

Objetivos de aprendizagem

Ao final deste texto, você deve apresentar os seguintes aprendizados:

- Definir comportamento desviante, com base nas diferentes etapas do ciclo da vida.
- Descrever como ocorre a avaliação psicológica de indivíduos com comportamentos desviantes.
- Relacionar comportamento desviante com estrutura social.

Introdução

A criminalidade e a violência têm aumentado na sociedade, e o controle dessa violência tem se constituído um dos maiores desafios do mundo contemporâneo. Nesse contexto, o Estado, suas agências de controle social, as transformações sociais e culturais e as organizações econômicas do país são coadjuvantes para que haja violência em determinados grupos, tornando-se, muitas vezes, elemento-chave para sua sobrevivência.

Neste capítulo, você vai ler sobre a psicologia do comportamento desviante e seu significado. Vai ler também sobre a multiplicidade de fatores que favorecem o ingresso de um indivíduo em atos criminais, bem como vai conhecer alguns instrumentos utilizados por psicólogos na prática da perícia psicológica. Por último, vai analisar a influência da estrutura social no comportamento desviante dos indivíduos.

Comportamento desviante

Um dos problemas sociais mais relevantes na atualidade são os comportamentos socialmente desviantes (WAISELFISZ, 2013). Entretanto, nem todo comportamento desviante pode ser enquadrado como crime. Segundo Grangeiro (2014), existe uma confusão conceitual sobre o significado desse comportamento, formado por duas dimensões: uma se refere a condutas antissociais e outra a condutas delitivas.

As condutas antissociais, então, seriam apenas comportamentos socialmente indesejáveis, não podendo ser definidas como violações legais. As condutas delitivas envolveriam ações que transgrediriam o Código Penal, indo além das normas sociais (MEDEIROS, 2017). Como visto, não devemos associar todo comportamento desviante a algo criminoso, já que todos nós, em algum momento, podemos nos comportar de maneira contrária às condutas normativas.

> **Exemplo**
>
> São exemplos de comportamento desviante relacionado a condutas antissociais seria estacionar em local proibido, furar a fila, entre outros.

Devido a esses aspectos negativos relacionados aos comportamentos desviantes, atualmente tem se estudado bastante a respeito dos fatores que levariam os indivíduos a ter esses comportamentos. Segundo Medeiros (2017), alguns estudos falam sobre as bases neurobiológicas para o comportamento desviante, outros abordam traços de personalidade para predição desses comportamentos, enquanto outros ainda analisam variáveis contextuais de transgressão às normas sociais e legais, evidenciando uma preocupação com fatores envolvidos nas causas, na origem e genealogia da delinquência.

> **Saiba mais**
>
> A delinquência facilmente é associada a classes socioeconômicas menos favorecidas, como se essa variável de base social fosse uma predisposição ao comportamento socialmente indesejável. No entanto, nos estudos de Letourneau e colaboradores (2013) e O'Riordan e O'Connell (2014), essa teoria não se confirma. Entretanto, outras variáveis, como idade e sexo, revelam que os homens tendem a ter mais comportamentos antissociais do que as mulheres, pois elas acabam por buscar menos afiliação a pares antissociais. Além disso, com o avanço da idade e a exposição a alguns estímulos, os comportamentos antissociais se desenvolvem (MEDEIROS, 2017).

Outros estudos falam sobre o papel da família tanto como fator protetivo quanto como fator preditivo para as condutas antissociais e delitivas, já que é no ambiente familiar que a criança aprende as primeiras regras sociais. Assim, os pais agressivos e negligentes acabam promovendo um ambiente social negativo, podendo contribuir para que a criança tenha comportamentos desviantes no futuro. Por fim, outros estudos estão relacionados aos processos envolvidos no desenvolvimento desses comportamentos desviantes no ciclo vital, com suas constâncias e sua variação.

Os estudos a respeito das práticas infracionais começaram a ser desenvolvidos nas décadas de 1950 e 1960. Eles tinham inicialmente como foco descobrir as causas, a origem e a genealogia da delinquência. Posteriormente, buscaram entender o que poderia desenvolver esses comportamentos infracionais. Silva e Rossetti-Ferreira (2002), em um estudo em que analisou a literatura científica sobre a prática infracional ao longo do ciclo vital, dividiram seus achados em dois grupos. Um referente aos fatores causais e sua continuidade, trazendo a ideia de que esse comportamento infracional teria um padrão de repetição e estabilidade ao longo do ciclo. O outro grupo referia-se a um padrão de comportamento descontinuado, com fatores protetivos à prática infracional. Assim, Silva e Rossetti-Ferreira (2002) destacam, no primeiro grupo, três fatores causais (Quadro 1).

Quadro 1. Fatores causais da prática infracional ao longo do ciclo vital

Fatores individuais	▪ Agressividade na infância. ▪ Problema de temperamento. ▪ Síndrome de déficit de atenção e hiperatividade. ▪ Repertório comportamental restrito.
Fatores familiares	▪ Disciplina parental rigorosa, severa e inconsistente. ▪ Relações familiares violentas. ▪ História de comportamento antissocial na família. ▪ Perturbações no vínculo e nas relações afetivas com os pais. ▪ Composição numerosa e baixa renda familiar.
Fatores ambientais	▪ Ambientes criminogênicos. ▪ Relacionamento pobre com parceiros. ▪ Condições de pobreza.

Fonte: Adaptado de Silva e Rossetti-Ferreira (2002).

Nesses casos, os fatores mais recorrentes eram atribuídos ao âmbito familiar, de forma que um ambiente familiar social negativo estaria relacionado à permanência do indivíduo em atividades antissociais, inclusive com manifestações de agressividade desde a infância. Muitos estudos, de acordo com Silva e Rossetti-Ferreira (2002), relatam que a família geraria um mecanismo que acabaria por reproduzir a criminalidade, como em uma transmissão transgeracional. Os estudos sugerem, dessa maneira, que o comportamento desviante seria um processo permanente e que era possível se ampliar e ficar mais severo com o tempo.

Esses estudos, no entanto, não conseguiram explicar alguns pontos importantes. Embora, em muitos casos, os indivíduos persistissem com práticas infracionais ao longo de suas vidas, existiam casos em que alguns indivíduos se envolviam com práticas infracionais apenas na adolescência; em outras situações, eles recorriam ao crime a partir da idade adulta.

Em uma tentativa de explicar essa situação, novos elementos surgiram, mostrando a possibilidade de um padrão de comportamento descontinuado, com fatores protetivos à prática infracional. O Quadro 2 mostra os resultados da pesquisa de Silva e Rossetti-Ferreira (2002).

Quadro 2. Fatores protetivos à prática infracional

Fatores	Características
Fatores causais/risco	Acrescer os fatores individuais, familiares e ambientais: ▪ fatores ligados ao período da adolescência; ▪ oportunidades de desenvolvimento em atos criminais; ▪ convivência com grupos infratores.
Fatores protetores	▪ Suporte social na família e na comunidade. ▪ Experiências posteriores. ▪ Oportunidade de desenvolvimento de habilidades pró-sociais. ▪ Recursos pessoais e ambientais.

Fonte: Adaptado de Silva e Rossetti-Ferreira (2002).

Nessa nova configuração, os fatores causais seriam considerados fatores de risco. Assim, as situações vivenciadas pelos indivíduos poderiam competir, compensar e reduzir o impacto entre elas. Esses fatores, por sua vez, também poderiam favorecer o não envolvimento com o ato criminal. Caso o indivíduo se envolvesse com o crime, poderia vir a desistir de tal ato (SILVA; ROSSETTI-FERREIRA, 2002).

Nos estudos mais recentes, os pesquisadores têm procurado uma maior compreensão das diferentes trajetórias do envolvimento com o crime, o que leva os indivíduos a continuar cometendo o ato criminal e o que os faz deixar esse tipo de comportamento. Patterson (1993) estima que apenas metade das crianças com comportamento antissocial chega a se tornar delinquente, além disso, apenas 37,5% desses adolescentes delinquentes se tornam adultos infratores. Essa estimativa demonstra um decréscimo de comportamentos antissociais ao longo do ciclo vital dos indivíduos.

Assim, os pesquisadores Loeber e Stouthamer-Loeber (1998) propuseram uma classificação para os critérios de entrada e desistência de infrações (Quadro 3).

Quadro 3. Critérios de entrada e desistência de infrações

De duração limitada	▪ Restrita à adolescência.
De início tardio	▪ Entrada no crime já na vida adulta.
Do ciclo vital	É dividido em dois itens: ▪ iniciando entre a infância e adolescência; ▪ iniciando na pré-escola (com desordem resultante do transtorno de déficit de atenção e hiperatividade).

Fonte: Adaptado de Loeber e Stouthamer-Loeber (1998).

Silva e Rossetti-Ferreira (2002) fazem uma crítica em relação aos poucos estudos relacionados à descontinuidade dos atos infracionais, já que, sem esses dados, é difícil propor políticas de intervenção. Por fim, a descontinuidade das condutas criminais está relacionada a diversas variáveis sociopsicológicas que resultam da interação do indivíduo com o meio.

Avaliação de indivíduos com comportamentos desviantes

A avaliação psicológica é um processo técnico e científico que pode ser realizado individualmente ou em grupos, constituindo uma fonte de informações sobre o funcionamento psicológico dos indivíduos. Ela requer um planejamento prévio para uso dos instrumentos apropriados, como entrevista, observação, técnicas, testes psicológicos, entre outros. Segundo a Resolução do Conselho Federal de Psicologia (CFP) nº 7/2003 (CONSELHO FEDERAL DE PSICOLOGIA, 2003, p. 3):

> Os resultados das avaliações devem considerar e analisar os condicionantes históricos sociais e seus efeitos no psiquismo, com a finalidade de servirem como instrumentos para atuar não somente sobre o indivíduo, mas na modificação desses condicionantes que operam desde a formulação da demanda até a conclusão do processo de avaliação psicológica.

Segundo Rovinski (2006), a avaliação psicológica no contexto jurídico deve sofrer algumas adaptações quanto aos procedimentos metodológicos de acordo com as especificidades da atuação, principalmente a **avaliação**

forense, quando exercida como atividade pericial. Nesse contexto, a avaliação forense se diferencia da avaliação realizada em um contexto clínico (caráter assistencial), pois deve prestar informações aos agentes jurídicos sobre questões psicológicas de um indivíduo em relação a uma demanda judicial, a qual poderá ser utilizada pelo Estado para realizar intervenções na vida do indivíduo avaliado. Ainda assim, pode levar a uma compreensão mais ampla da saúde e proteção de direitos aos autos processuais, de maneira a revelar a subjetividade do indivíduo (ROVINSKI, 2006).

> **Saiba mais**
>
> Na avaliação forense, o resultado deve ultrapassar o diagnóstico e a compreensão do mundo interno do paciente, de forma a associar tais achados clínicos aos constructos legais a eles relacionados. Mesmo que a compreensão do caso e o diagnóstico sejam importantes para o perito, não se constituem seu trabalho final (ROVINSKI, 2006).

O juiz solicita a prova pericial quando as provas e os argumentos não são suficientes para o seu convencimento e poder decisório. Logo, a **perícia psicológica** é considerada um meio de prova no âmbito forense e sua materialização é o **laudo pericial**, elaborado a partir da avaliação (JUNG, 2014). Para a elaboração do laudo pericial, devemos utilizar linguagem clara e objetiva, respondendo também às perguntas solicitadas, caso elas existam. São utilizadas as mesmas técnicas e métodos dos processos de avaliação psicológica clínica, mas adaptados aos objetivos forenses (ROVINSKI, 2004).

Para a escolha dos métodos e das técnicas a serem utilizados na avaliação forense, o psicólogo deve fazer uma leitura dos autos do processo, de forma a saber quem solicitou a perícia, quais são as informações requisitadas e, assim, poder levantar uma hipótese sobre o caso. Além disso, dados como idade, nível de escolaridade e possibilidade de limitação mental devem ser considerados, de maneira que a escolha do método seja específica para aquele indivíduo e que a entrevista tenha como objetivo a investigação das hipóteses levantadas (ROVINSKI, 2004).

> **Fique atento**
>
> Na perícia psicológica, é importante a utilização de entrevistas estruturadas para que os resultados sejam mais objetivos. Caso seja necessário o uso de testes, estes devem ser validados pelo CFP.

Segundo Jung (2014, p. 2):

> A estratégia combinada de entrevistas e testes deve ser colocada a serviço das necessidades de cada sujeito, das circunstâncias concretas e do objetivo da avaliação, de forma a evitar qualquer tentativa de construção de baterias estandardizadas a determinados tipos de problemas legais.

De maneira geral, os passos a serem seguidos durante a perícia psicológica devem contemplar, de acordo com Jung (2014):

- **Leitura dos autos do processo** — deve conter a identificação da demanda das questões psicológicas e itens a serem respondidos.
- **Levantamento de hipóteses** — irá ajudar o psicólogo a selecionar o método de coleta de dados.
- **Coleta de dados** — envolve a entrevista inicial com o indivíduo e outras pessoas ou instituições, caso seja necessário.
- **Planejamento de testes e/ou técnicas** — deve ocorrer de acordo com o caso.
- **Aplicação da bateria de testes**.
- **Interpretação dos resultados** — deve ser realizada com base nas informações colhidas na entrevista e nos autos do processo.
- **Confecção do laudo psicológico** — deve responder à demanda originada pelo juiz e qualquer pergunta que conste no processo judicial.

> **Fique atento**
>
> É importante compreender que o indivíduo a ser avaliado nesse contexto, em razão do processo, pode não ser colaborativo, apresentar resistência e distorcer os dados. No momento da entrevista, o psicólogo pode, então, observar as coerências e as incoerências entre a linguagem verbal e não verbal. Além disso, o periciando pode simular, omitir informações que possam prejudicá-lo ou dar ênfase a algum aspecto que possa beneficiá-lo. Por isso, o psicólogo deve estar atento a essas questões e buscar confirmação, se possível, do que foi dito por meio de entrevistas com outras pessoas envolvidas, documentos, entre outros.
> Em relação aos testes, o psicólogo deve ter cuidado especial, pois os instrumentos utilizados, na maioria dos casos, não são construídos especificamente para a avaliação forense. Por isso, Jung (2014) sinaliza que se deve ter cuidado ao interpretar os resultados e ventilar conclusões que vão além do que aquele instrumento possa oferecer.

Segundo Silva (2003), a perícia psicológica deve consistir de métodos e materiais adequados, com o objetivo de analisar e avaliar os aspectos referentes à estrutura da personalidade, cognição, dinâmica e afetividade das pessoas envolvidas.

Os testes funcionam como instrumentos auxiliares na avaliação forense. Embora o psicólogo não os utilize em todas as avaliações, eles aprofundam a compreensão do indivíduo, muitas vezes, mostrando aspectos não observáveis. Possibilitam também ao psicólogo observar o indivíduo de maneira padronizada, diminuindo a possibilidade de o indivíduo manipular a avaliação.

Em geral, a avaliação forense tem características diferentes da avaliação clínica, uma vez que avalia eventos específicos, como:

- se o indivíduo podia compreender ou não o ato criminoso que cometeu;
- se existe alguma doença mental ou diminuição intelectual que poderia anular a compreensão do certo e do errado;
- se ele possui alguma disfunção neurológica relacionada com o comportamento delitivo.

A maior demanda de perícias psicológicas está relacionada à avaliação da personalidade dos réus. No contexto forense, os testes de personalidade projetivos têm maior utilidade, em relação aos objetivos. Isso porque os testes de personalidade projetivos têm menor possibilidade de distorção intencional dos dados por parte dos periciados. Na avaliação da personalidade dos réus, em geral, o juiz quer investigar, por exemplo, o grau de controle de impulsos, o controle emocional, a agressividade, a presença de psicopatias, entre outras características.

De acordo com Jung (2014), os principais testes de personalidade utilizados em perícias psicológicas são:

- o teste de Rorschach;
- o *House–Tree–Person* (HTP);
- as pirâmides coloridas de Pfister.

Eventualmente podem ser utilizados também:

- o teste de apercepção temática (TAT);
- o teste palográfico na avaliação da personalidade;
- o teste de Zulliger.

Fique atento

Embora existam diversos testes de personalidade, o Rorschach é muito utilizado, pois proporciona (ROVINSKI, 2006):
- conhecer a estrutura e a dinâmica da personalidade;
- realizar o diagnóstico diferencial;
- avaliar o nível do funcionamento psíquico;
- analisar a presença de sintomas em casos de suspeita de simulação ou dissimulação;
- realizar um levantamento dos traços de personalidade do indivíduo.

Em algumas ocasiões, podem ser utilizados ainda outros testes, caso seja necessário avaliar outras questões psicológicas dos indivíduos não relacionadas à personalidade, dependendo do caso e do que o avaliador deseja compreender do indivíduo, como:

- escala de inteligência Wechsler para adultos (WAIS);
- escala de inteligência Wechsler para crianças (WISC);
- Raven escala geral;
- teste de atenção concentrada (AC);
- teste não verbal de inteligência para crianças (R–2);

- teste não verbal de inteligência (R–1);
- R–1 forma B (manual).

No entanto, os testes citados são os mesmos utilizados nas avaliações clínicas. No Brasil, os únicos testes relacionados às demandas judiciais são o *Psycopathy checklist revised* (PCL-R) e o Inventário de frases no diagnóstico de violência doméstica contra crianças e adolescentes (IFVD). O PCL-R é dirigido à população carcerária e, embora não faça diagnóstico de psicopatia, consegue identificar características da personalidade e de comportamento mais suscetíveis à reincidência criminal. Já o IFVD não é um teste de personalidade, mas auxilia a identificação de violência doméstica contra crianças e adolescentes por meio de alguns transtornos decorrentes dessa situação (JUNG, 2014).

Por ser complexa, a avaliação psicológica no contexto jurídico deve considerar as especificidades dos indivíduos, principalmente a sua idade. Além disso, o psicólogo deve estar atento às informações solicitadas pelo juiz, pois serão úteis no momento do julgamento.

> **Link**
>
> O CFP oferece à categoria e à sociedade em geral o documento de referências para atuação do psicólogo em Vara de Família, produzido com a metodologia do Centro de Referência Técnica em Psicologia e Políticas Públicas (Crepop). Esse documento busca construir referência sólida para a atuação da psicologia na área. O *link* a seguir apresenta, na íntegra, as referências técnicas para atuação do psicólogo em varas de família:
>
> https://goo.gl/rxD7Wn

Comportamento desviante e estrutura social

Até bem pouco tempo atrás, as crianças, os adolescentes e os adultos eram tratados da mesma maneira, não se considerando os estágios de desenvolvimento do ser humano e seus aprendizados nas diferentes etapas da vida. Segundo Trindade (2012), sempre houve crianças, mas nem sempre a infância. Nesse sentido, Mendez (2010 apud MARINHO; GALINKIN, 2017) relata que no Direito Penal, até 1919, menores de idade eram considerados praticamente da mesma maneira que adultos, com a diferença que os menores de 7 anos seriam incapazes e seus atos eram equiparados aos dos animais.

No Brasil, em 1890, foram atribuídas algumas fases do ciclo de vida. A infância era considerada até os 9 anos e, para fins jurídicos, as crianças eram consideradas irresponsáveis por qualquer ato. A impuberdade era considerada dos 9 aos 14 anos e, caso houvesse algum problema com a justiça, essas crianças eram levadas ao juiz para que ele avaliasse a capacidade de discernimento do certo e errado. A partir dos 14 anos, qualquer adolescente era julgado como um adulto (TRINDADE, 2012).

No primeiro Código de Menores do Brasil, em 1927, foi consolidada a lei de proteção e assistência aos menores. A partir disso, começou-se a pensar em condições especiais e etapas de desenvolvimento para crianças e adolescentes. Entretanto, no dia a dia, as crianças não tinham o mesmo tratamento de acordo com as ideias propostas.

Com o passar do tempo, foi criado o Estatuto da Criança e do Adolescente, em 1990. Esse estatuto, ainda vigente, instaurou um regime protecionista que não permite a responsabilização da criança e do adolescente infrator, considerados vítimas da sociedade desigual e injusta (BRASIL, 1990). Nos casos de infrações de adolescentes, os pais são responsabilizados, e os adolescentes, se o juiz determinar, sofrem sanções que podem ser:

- prestação de serviços à comunidade, como uma forma de reparação pelo erro cometido;
- liberdade assistida;
- reclusão a uma instituição socioeducativa nos casos mais graves ou de reincidência.

Sobre o período de vulnerabilidade que é a adolescência, Trindade (2012, p. 451) fala que:

> A adolescência, compreendida como uma etapa de desenvolvimento que se caracteriza pela busca de identidade e pela formação de valores, constitui uma fase de mudanças e de transformações (físicas, psicológicas e relacionais) que expõe o adolescente a fenômenos de risco tais como drogas, violência e as doenças sexualmente transmissíveis [...] A busca de identidade e a experimentação que acompanha a trajetória de construção de valores posteriores implicam extremos, tensão de limites, perdas e contradições, acertos e desacertos.

A idade de atividades relacionadas à delinquência inicia no contexto escolar em torno de 10 anos, aumentando até por volta dos 16 anos e diminuindo até os 20 anos. Ela permanece ativa até os 45 anos nos casos em que o indivíduo possui psicopatia (HARE, 2004). Portanto, a maioria dos casos de delinquência fica restrita à adolescência. Os comportamentos delinquentes graves e violentos com início na infância, continuando na adolescência e permanecendo ao longo da vida adulta podem ser considerados nos casos de transtorno de personalidade antissocial ou de psicopatia (HARE, 2004).

Nesse processo de diminuição da delinquência entre a adolescência e a vida adulta, a família possui papel fundamental. Assim, se ela for eficaz no sentido de promover o desenvolvimento do autocontrole, fizer uma supervisão efetiva e fornecer uma educação coerente, provavelmente vai conseguir fazer a criança avaliar as consequências dos seus atos, bem como respeitar as regras e as pessoas. Em seu estudo, Grossi e colaboradores (2000) identificaram que o vínculo afetivo e a boa comunicação entre pais e filhos podem manter uma relação familiar de maneira a satisfazer as necessidades dos seus membros nas mais diferentes fases de desenvolvimento, podendo, inclusive, prevenir esses comportamentos desviantes no futuro.

Pelo contrário, se a família for pouco consistente na disciplina, não identificar os comportamentos antissociais nos filhos, desqualificar a supervisão de professores, delegar as funções da família para outros e for ineficaz para impor limites e respeito às regras, proporcionará à criança uma socialização pobre. Assim, uma pessoa com baixo autocontrole costuma ser impulsiva, assim, seus ganhos imediatos costumam ser uma motivação. O mau exemplo da família também pode favorecer que a criança e o adolescente percebam como normal algo que não é adequado, como, por exemplo, o uso de drogas lícitas e ilícitas, a violência doméstica, a agressão verbal, entre outros.

Assim, à medida que os adolescentes se afastam da família e aderem a grupos de iguais, podem se expor a experiências prejudiciais, como o uso de drogas ou outros comportamentos. Isso ocorre por causa da pressão do grupo para que o adolescente assuma os comportamentos vividos pelos seus membros como forma de buscar a autoafirmação, mesmo que não estejam em conformidade com as normal e leis familiares. Essas normas do grupo então se tornam mais importantes do que as normas familiares, mesmo porque, na família, existe a presença do controle e dos limites, o que os adolescentes não gostam de observar, tendo em vista que preferem passar por suas próprias experiências, direcionando-as às atividades de risco (FORMIGA, 2005).

O desenvolvimento dos indivíduos, por fim, acaba acontecendo por meio de conflitos e crises. Nessa negociação que o indivíduo estabelece com o meio (família, amigos, colegas, instituições), vai moldando a sua identidade, diferenciando-se dos membros do grupo enquanto vai saindo da adolescência ou enquanto adulto. À medida que o indivíduo permanece cometendo atos delitivos na saída da adolescência, torna-se cada vez mais difícil, ao longo de sua vida, a saída desse meio. Quanto mais velho se torna, mais difícil é o rompimento das práticas infracionais. Segundo Silva e Rossetti-Ferreira (2002, p. 581):

> [...] colocam a pessoa numa posição duplamente difícil [...]. Por um lado, porque exige o rompimento com os seus pares infratores, cuja cultura é marcada por uma forte cobrança de permanência, lealdade e pelo poder da palavra empenhada. Por outro, porque requer esforços que superem o preconceito social contra o infrator presente nos olhares, nas impossibilidades de obtenção de emprego, nas formas de relacionamentos e de denominações veiculadas no cotidiano. [...]. São essas tramas, carregadas de preconceito e concepções sobre infratores e infrações, que imprimem um caráter mais rígido e determinado da prática infracional ao longo da vida da pessoa.

Percebemos então que não somente o componente biológico atua para a criminalidade. Os fatores como o contexto físico, o contexto socioeconômico e a falta de práticas educativas são bastante prejudiciais para o desenvolvimento de habilidades sociais em crianças e adolescentes. Um conhecimento mais integrado que propicie componentes biológicos, sociológicos e psicológicos para o desenvolvimento pode aumentar a probabilidade de uma maior compreensão do comportamento desviante, podendo promover a sua prevenção.

Exercícios

1. O primeiro exame padronizado exclusivo para o uso no sistema penal do Brasil, que pretende avaliar a personalidade do preso e prever a reincidência criminal, buscando separar os bandidos comuns dos psicopatas, é:
   a) teste Z de Zulliger.
   b) escala Hare PCL-R.
   c) pirâmides coloridas de Pfister.
   d) palográfico.
   e) Raven escala geral.

2. Para o juiz, no contexto forense, qual é o principal documento elaborado pelo psicólogo assistente técnico, seja na área cível ou na área criminal?
   a) A declaração.
   b) O papel.
   c) O atestado.
   d) A síntese da história do periciado.
   e) O parecer crítico.

3. Os instrumentos projetivos ou testes projetivos são amplamente usados por psicólogos que conduzem avaliações a pedido dos integrantes do sistema de justiça criminal. Sobre a técnica de Rorschach, assinale a alternativa correta.
   a) As respostas dadas têm aspectos objetivos que excluem qualquer tipo de ambiguidade na aplicação do Rorschach.
   b) O acerto ou erro na interpretação das manchas define os conflitos vividos pelo avaliado e os aspectos relevantes de sua personalidade.
   c) As instruções dadas na situação de aplicação informam o indivíduo sobre a natureza do material, sobre o tempo exato de cada resposta e a necessidade de explicar todas as etapas da tomada de decisão e resposta.
   d) A produção de respostas no Rorschach envolve processos de atenção, percepção, tomada de decisão e análise lógica.
   e) O teste se estrutura por meio de simples manchas de tintas e propõe ao indivíduo que descubra o que são e o que querem dizer as manchas de tintas.

4. Em um processo judicial, a produção de prova pericial é uma forma de revelar ao juiz a verdade sobre determinado fato. Considerando a perícia, assinale a alternativa correta.
   a) Um processo judicial poderá estar instruído por diversos documentos que as partes considerem importantes para a causa.
   b) Em um processo judicial, somente serão aceitos documentos elaborados por peritos nomeados pelo juiz, jamais serão aceitos documentos produzidos unilateralmente pelo interessado.
   c) O juiz poderá receber uma perícia psicológica ou social, produzida unilateralmente pelo interessado; esses documentos terão força de perícia judicial.
   d) A perícia solicitada pelo juiz não se distingue da perícia produzidas pelas partes do processo.
   e) Existe hierarquia entre as provas apresentadas no processo, assim,

a prova principal terá mais peso na hora da decisão do juiz.
5. Em uma situação de perícia, o indivíduo periciado solicita ao psicólogo-perito que não revele parte do que ele lhe disse durante a entrevista, pois teme que essas informações possam prejudicá-lo. De acordo com o exposto, a atitude adequada do psicólogo-perito diante dessa solicitação é:
a) revelar apenas os dados que o periciando autorizar.
b) juntos, psicólogo-perito e indivíduo a ser periciado, decidem o que deverá ser revelado ou não.
c) manter todos os dados obtidos na perícia protegidos por sigilo profissional.
d) proteger por sigilo os dados irrelevantes para o foco da perícia.
e) constar no parecer apenas os dados obtidos por meio de testes psicológicos.

Referências

BRASIL. *Lei nº 8.069, de 13 de julho de 1990*. Dispõe sobre o Estatuto da Criança e do Adolescente e dá outras providências. Brasília, DF, 1990. Disponível em: <http://www.planalto.gov.br/ccivil_03/Leis/l8069.htm>. Acesso em: 13 ago. 2018.

CONSELHO FEDERAL DE PSICOLOGIA (CFP). *Resolução CFP N.º 007/2003*. Institui o Manual de Elaboração de Documentos Escritos produzidos pelo psicólogo, decorrentes de avaliação psicológica e revoga a Resolução CFP 17/2002. Disponível em: <https://site.cfp.org.br/wp-content/uploads/2003/06/resolucao2003_7.pdf>. Acesso em: 13 ago. 2018.

FORMIGA, N. S. Comprovando a hipótese do compromisso convencional: influência dos pares socionormativos sobre as condutas desviantes em jovens. *Ciência e Profissão*. Brasília, DF, v. 25, nº 4, p. 602-613, 2005.

GRANGEIRO, A. S. M. *Escala de comportamentos antissociais*: construção e evidências de validade. 2014. Dissertação (Mestrado em Psicologia) – Programa de Pós-Graduação em Psicologia, Universidade Federal do Ceará, Fortaleza, 2014.

GROSSI, F. J. et al. Conducta delictiva y ámbito familiar. *Revista Electrónica Iberoamericana de Psicologia Social – REIPS*, v. 1, nº 1, 2000. Disponível em: <http://www.uniovi.es/~Psi/REIPS/v1n1/articulo9.html>. Acesso em: 13 ago. 2018.

HARE, R. D. *Manual escala Hare PCL-R*: critérios para pontuação de psicopatia revisados. Versão brasileira: Hilda Morana. São Paulo: Casa do Psicólogo, 2004.

JUNG, F. H. Avaliação psicológica pericial: áreas e instrumentos. *Revista Especialize On-line IPOG*, Goiânia, Ed. especial, v. 1, nº 008, p. 1-17, set. 2014.

LETOURNEAU, N. L. et al. Socioeconomic status and child development: a meta-analysis. *Journal of Emotional and Behavioral Disorders*, v. 21, nº 3, p. 211-224, Sep. 2013.

LOEBER, R.; STOUTHAMER-LOEBER, M. Development of juvenile aggression and violence: some commom misconceptions and controversies. *American Psychologist*, v. 53, nº 2, p. 242-259, Feb. 1998.

MARINHO, F. C.; GALINKIN, A. L. A história das práticas diante do desvio social de jovens no Brasil: reflexões sobre o ideal de ressocialização. *Pesquisas e Práticas Psicossociais*, São João del-Rei, v. 12, nº 2, p. 280-297, ago. 2017. Disponível em: <http://pepsic.bvsalud.org/scielo.php?script=sci_arttext&pid=S1809-89082017000200004&lng= pt&nrm=iso>. Acesso em: 13 ago. 2018.

MEDEIROS, E. D. et al. Valores humanos, comportamentos antissociais e delitivos: evidências de um modelo explicativo. *Pesquisas e Práticas Psicossociais*, São João del-Rei, v. 12, nº 1, p. 147-163, abr. 2017.

O'RIORDAN, C.; O'CONNELL, M. Predicting adult involvement in crime: personality measures are significant, socio-economic measures are not. *Personality and Individual Differences*, v. 68, p. 98-101, Oct. 2014.

PATTERSON, G. R. Ordely change in stable world: the antisocial trait as a chimera. *Journal of Consulting and Clinical Psychology*, v. 61, nº 6, p. 911-919, Jan. 1993.

ROVINSKI, S. L. R. Avaliação psicológica na área forense: demandas atuais na defesa dos direitos humanos. *Revista da Sociedade de Psicologia do Rio Grande do Sul*, Porto Alegre, v. 5, nº 1, p. 33-41, 2006.

ROVINSKI, S. L. R. *Dano psíquico em mulheres vítimas de violência*. Rio de Janeiro: Lumen, 2004.

SILVA, A. P. S.; ROSSETTI-FERREIRA, M. C. Continuidade/descontinuidade no envolvimento com o crime: uma discussão crítica da literatura na psicologia do desenvolvimento. *Psicologia: Reflexão e Crítica*, Porto Alegre, v. 15, nº 3, p. 573-585, 2002.

SILVA, D. M. P. *Psicologia jurídica no processo civil brasileiro*: a interface da psicologia com direito nas questões de família e infância. São Paulo: Casa do Psicólogo, 2003.

TRINDADE, J. *Manual de psicologia jurídica para operadores de direito*. 6. ed. Porto Alegre: Livraria do Advogado, 2012.

WAISELFISZ, J. J. *Mapa da violência 2013:* mortes matadas por armas de fogo. Rio de Janeiro: Centro Brasileiro de Estudos Latino-Americano, 2013.

Leituras recomendadas

NUNES, L. M. et al. Avaliação psicológica de jovens com comportamentos desviantes. *Análise Psicológica*, Lisboa, v. 33, nº 2, p. 179-193, jun. 2015.

SILVA, A. P. S.; ROSSETTI-FERREIRA, M. C. Infrações praticadas por adolescentes em Ribeirão Preto (SP): 1984-1996. *Revista Brasileira de Ciências Criminais*, 37, 169-190, 2002.

Modelos para a compreensão da delinquência e da sociopatia

Objetivos de aprendizagem

Ao final deste texto, você deve apresentar os seguintes aprendizados:

- Descrever de que forma os modelos psicológico e sociológico explicam a delinquência e a sociopatia.
- Relacionar psicopatologias e situações de conflito com o ordenamento penal.
- Reconhecer as contribuições da Escola de Chicago e da teoria do conflito para a compreensão da delinquência e da sociopatia.

Introdução

Historiadores sociais e antropólogos referem não haver cultura onde não haja registro de violência, de modo que esta parece ser uma característica que perpassa todas as culturas. Na procura por uma explicação para as causas da violência e da delinquência, diversas áreas do conhecimento formularam teorias importantes. Evidenciando o aspecto grave e complexo da busca de compreensão, resolução e prevenção da criminalidade, emerge a necessidade de integração multifatorial das diversas vertentes que abordam esse tema, tais como a sociológica, a antropológica, a psiquiátrica, a psicológica, a religiosa e a biológica.

Neste capítulo, você vai estudar sobre os modelos psicológicos e sociológicos que pretendem explicar a delinquência e a sociopatia. Além disso, você vai estabelecer relações entre as patologias e o ordenamento penal e vai verificar as contribuições da Escola de Chicago e da teoria do conflito para a compreensão da delinquência e da sociopatia.

Delinquência e a sociopatia

Historicamente, a **criminologia científica** justificava o crime como sendo cometido por pessoas com alguma psicopatologia médica ou psicológica, com o foco no indivíduo. Com o passar do tempo, conforme Semedo (2005 apud SOUZA, 2010), percebeu-se a necessidade de considerar outros fatores que viriam a interferir no comportamento desviante, como as influências ambientais, sociais e culturais, dessa vez, externas ao indivíduo.

Na literatura, existem diferentes teorias que tentam explicar a origem da criminalidade. A criminologia estuda a delinquência, que, por sua natureza, é associada ao comportamento desviante, isto é, às ações que transgridem o código penal. Essa ciência, portanto, abrange diversas áreas de conhecimento, como o Direito, a Medicina, a Sociologia, a Psicologia, a Filosofia e a Antropologia, segundo Souza (2010). Alguns dos principais modelos científicos usados na criminologia centram seus estudos nos modelos psicológicos e sociológicos para a ocorrência da delinquência e da sociopatia.

Nos modelos com bases psicológicas, podemos destacar três subáreas, sendo elas referentes ao modelo psicodinâmico (psicanálise criminal), ao modelo psiquiátrico (psicopatologias) e ao modelo psicológico. Já nos modelos com bases sociológicas, podemos identificar algumas teorias, como a ecológica ou da desordem social, a teoria da ação diferencial, a teoria da subcultura delinquente e a teoria da anomia.

Modelos com bases psicológicas

Modelo psicodinâmico (psicanálise criminal)

Segundo Souza (2010), esse modelo propõe uma análise introspectiva na busca de motivos internos ocultos para a delinquência. O modelo psicodinâmico busca uma reflexão sobre os impulsos instintivos agressivos dos indivíduos e defende que, por meio do contato com a cultura, esses indivíduos podem moldar e/ou conter esses impulsos para terem uma convivência pacífica na sociedade. Segundo Carvalho (2008, p. 91):

> [...] a cultura vê a violência como transgressiva aos valores morais civilizados e como conduta inerente ao ser do *homo criminalis*; os discursos de ruptura demonstrarão exatamente o oposto, ou seja, que a violência não é qualidade intrínseca de seres bárbaros, pré-civilizados, que tende a ser suprimida pelo gradual e constante desenvolvimento das ordens sociais (grifo do autor).

Modelos psiquiátricos (psicopatologias)

A relação da psicopatologia com a delinquência surgiu no início do século XIX, na França, quando médicos foram solicitados pelos juízes a desvendarem certos crimes que aconteciam sem uma razão aparente. Esses crimes não se encaixavam nos quadros clássicos de "loucura" da época, e, por isso, os médicos foram solicitados a analisar esses casos, conforme Leal (2008).

Com o passar do tempo, houve a transformação de problemas sociais e morais em problemas médicos. Segundo Souza (2010), muitas expressões foram utilizadas como sinônimos de psicopatia, e, por isso, seu conceito ainda é impreciso. Por exemplo, alguns autores falam sobre a sociopatia, a psicopatia e a personalidade antissocial como sendo sinônimos. No entanto, a sociopatia se caracteriza pelo padrão recorrente de comportamentos socialmente desviantes, enquanto a psicopatia é uma condição mais grave, envolvendo aspectos interpessoais e afetivos, além do comportamento antissocial.

Atualmente, não se considera a doença mental como causa primária da delinquência ou do comportamento antissocial, como em outras épocas da história. Hoje, os modelos psiquiátricos e as psicopatologias delimitam suas competências aos processos mentais patológicos, ao criminoso doente, e deve-se compreender que, dentro da população criminosa, existe um percentual muito pequeno (do ponto de vista estatístico) de indivíduos com algum grau de psicopatia, conforme Souza (2010).

Modelos psicológicos

Nesse modelo, a psicologia manteve seu foco nos estudos da personalidade criminal. Em uma situação de normalidade, a personalidade representa as características dos indivíduos, abrangendo os padrões de comportamentos, pensamentos e sentimentos. A American Psychiatric Association (2013, p. 771) descreve uma situação de perturbação da personalidade como:

> [...] um padrão estável de experiência interna e comportamento que se afasta marcadamente do esperado para o indivíduo numa dada cultura, é invasiva e inflexível, tem início na adolescência ou no início da idade adulta, é estável ao longo do tempo e origina mal-estar ou incapacidade.

Em seu estudo sobre perturbações mentais e violência, Nestor (2002) fala que o risco de violência pode ser compreendido nas dimensões de personalidade referentes ao controle de impulsos, à regulação de afetos, ao narcisismo e ao estilo de personalidade cognitivo paranoide. O baixo controle dos impulsos e da regulação afetiva viriam a aumentar esse risco, estando associadoao abuso de substâncias. Outros estudos relacionam comportamentos desviantes à vulnerabilidade ao estresse e ao déficit no controle emocional.

O transtorno de personalidade antissocial (TPA) é o transformo de personalidade mais conhecido e é confundido, muitas vezes, com a psicopatia; porém, existem algumas diferenças. O indivíduo que possui o TPA é descrito como manipulador, que não segue regras, mentiroso, irritadiço, impulsivo, incapaz de planejar ações de longo prazo, incapaz de sentir remorso, etc. Já no indivíduo com psicopatia, está presente a capacidade de planejar ações complexas sem despertar alguma suspeita; portanto, podem realizar crimes por anos sem ninguém suspeitar de nada, conforme explicam Hauck Filho, Teixeira e Dias (2009).

Modelos com bases sociológicas

Teoria ecológica ou da desorganização social

Essa teoria considera a desorganização social como um elemento influenciador da criminalidade, chamando atenção ao impacto da criminalidade no desenvolvimento urbano. Assim, o meio no qual os indivíduos e/ou o grupo evoluem exerce influência sobre o seu comportamento. De uma maneira geral, essa teoria fala sobre a importância da ordem social, da estabilidade e da integração para um controle em conformidade com as leis. Quando há desordem e má integração, esses podem conduzir ao crime e à delinquência. Essa teoria também revela que, quanto menor a coesão e a solidariedade entre o grupo, a comunidade ou a sociedade, maiores são os índices de criminalidade, conforme Souza (2010).

Teoria da associação diferencial

Essa teoria entende o delito como um comportamento aprendido por meio do contato com indivíduos que praticam esse ato. Seu autor, Edwin H. Sutherland, elaborou nove proposições explicativas de sua teoria etiológico-criminológica do comportamento criminoso, para facilitar a compreensão do seu pensamento:

1. O comportamento criminal é aprendido.
2. O comportamento criminal é aprendido em interação com outras pessoas, em um processo de comunicação.

3. A parte principal da aprendizagem do comportamento criminoso ocorre dentro de grupos pessoais íntimos.
4. Quando o comportamento criminoso é aprendido, a aprendizagem inclui (a) técnicas de cometer o crime, às vezes muito complicadas, às vezes muito simples, e (b) a direção específica de motivos, motivações, racionalizações e atitudes.
5. A direção específica dos motivos é aprendida com as definições dos códigos legais como favoráveis ou desfavoráveis.
6. Uma pessoa se torna delinquente devido ao excesso de definições favoráveis à violação da lei, em detrimentodas definições desfavoráveis à violação da lei.
7. As associações diferenciais podem variar em frequência, duração, prioridade e intensidade.
8. O processo de aprender o comportamento criminal por associação com padrões criminais e anti-criminosos abrangetodos os mecanismos envolvidos em qualquer outro tipo de aprendizado.
9. Embora o comportamento criminoso seja uma expressão de necessidades e valores gerais, ele não é explicado por essas necessidades e valores gerais, porque o comportamento não criminoso é uma expressão das mesmas necessidades e valores.

Teoria da subcultura delinquente

Compreende o crime como decorrente de uma desorganização social e defende que os indivíduos, como participam de diversas subculturas — por exemplo, a colegial ou a vocacional —, podem participar da subcultura da delinquência. Assim, essa desorganização social promoveria a organização diferencial da aprendizagem em um meio social específico. Dessa maneira, essa teoria discute a existência de uma subcultura da violência, levando alguns grupos a naturalizarem e aceitarem essa violência como uma maneira de solução para os conflitos sociais. Além de algumas subculturas valorizarem a violência, elas viriam a excluir indivíduos que não se adaptassem aos padrões esperados pelo grupo, conforme Souza (2010).

Teoria da anomia

Anomia significa ausência de normas. Assim, essa teoria estende a compreensão da ausência de normas às sociedades. Segundo a teoria, os indivíduos procuram atingir os objetivos que são valorizados na sua sociedade, mas as metas impostas por ela não são alcançadas, por não serem realidades objetivas de vida. Quando as metas culturais desejadas e as oportunidades estruturais para seu alcance são limitadas, pode se desenvolver uma tensão. Essa situação seria o motivo para o comportamento delitivo dos indivíduos, ocasionando uma situação de anomia, como explica Souza (2010).

Para reagirem à situação de anomia, os membros de uma sociedade podem agir de quatro formas diferentes, além do conformismo, de acordo com Souza (2010). São elas:

1. Ritualismo: o indivíduo rejeita os objetivos e desiste do sucesso, conformando-se com as normas sociais.
2. Afastamento: o indivíduo rejeita os objetivos e os meios para alcançá-los, deixando de participar ativamente da sociedade e podendo se voltar ao alcoolismo, ao consumo abusivo de drogas, entre outros.
3. Inovação: o indivíduo se mantém comprometido com os objetivos, mas utiliza meios ilegais e reprovados socialmente para obtê-los.
4. Rebelião: seria a tentativa de subversão ao sistema existente, criando objetivos e meios diferentes daqueles estabelecidos socialmente.

Segundo Merton (1968 apud SOUZA, 2010), autor dessa teoria, os comportamentos antissociais são um fenômeno normal e necessário para o equilíbrio e o desenvolvimento sociocultural, desde que sejam mantidas proporções razoáveis.

Psicopatologias e conflito com o ordenamento penal

Existem diversos transtornos mentais que podem ter relação com casos em diferentes áreas jurídicas. O conhecimento dessas condições e de suas manifestações pode facilitar a compreensão dos profissionais envolvidos. Os transtornos que serão listados seguem os critérios do *Manual Diagnóstico e Estatístico de Transtornos Mentais* (DSM-IV) e foram sugeridos por Trindade (2013).

Transtorno de controle de impulsos

A principal característica desse tipo de transtorno é o fracasso em resistir a um impulso ou a uma tentação de executar um ato perigoso para a própria pessoa ou para terceiros. Após cometê-lo, pode ou não haver arrependimento, autorrecriminação ou culpa, e o indivíduo pode ou não sofrer com seus atos. Nesse transtorno, existe grande possibilidade de ocorrer um escape dos impulsos, podendo gerar diversos comportamentos de risco para o sujeito e para a sociedade. Alguns exemplos desse tipo de transtorno são:

- Transtorno explosivo intermitente: episódios distintos de fracasso em resistir a impulsos agressivos, resultando em sérias agressões ou destruição de propriedade.
- Cleptomania: insucesso de resistir ao impulso de subtrair objetos desnecessários para uso.
- Piromania: comportamento incendiário por prazer, com gratificação ou alívio de tensão e ansiedade.
- Jogo patológico: comportamento mal-adaptativo recorrente e persistente relacionado a jogos de azar e apostas. Pode levar o indivíduo à incapacidade de administrar seus bens, podendo ser inclusive interditado, dependendo da situação.
- Tricotilomania: ato de puxar o cabelo, com perda capilar perceptível, trazendo gratificação ou alívio de tensão ou ansiedade. Em geral, não tem qualquerrelação com o meiojurídico.
- Transtorno decontrole de impulsos sem outra especificação: inclui quaisquer outros transtornos de impulsos não descritos nas especificações acima.

Retardo mental

É um prejuízo da inteligência, uma condição de desenvolvimento incompleto da mente caracterizada pelo comprometimento de habilidades para resolver problemas. No Direito é discutida a inimputabilidade e culpabilidade diminuída em condições associadas à delinquência. Além disso, por se tratar de um transtorno cognitivo, nas questões legais, importa saber a capacidade do agente de querer realizar e compreender seu ato. Há vários níveis de comprometimento cognitivo, que pode ser considerado leve, moderado, grave ou profundo.

Transtorno de déficit de atenção/hiperatividade

É um padrão persistente de desatenção, com ou sem hiperatividade, que adquire uma forma de gravidade, desorganização e prejuízo do funcionamento normal. Crianças com esse transtorno são distraídas, não obedecem a regras e não prestam atenção. A sintomatologia clássica inclui desatenção, hiperatividade e impulsividade. Crianças e adolescentes tornam-se mais vulneráveis a comportamentos de risco, como o uso de drogas e a delinquência.

Transtorno desafiador e opositivo

Caracteriza-se por um padrão recorrente de comportamento hostil (agressões verbais), provocador, desafiante (teimosia persistente, resistência a ordens e relutância em negociar com adultos ou com seus pares) e desobediente em relação a figuras de autoridade. Os indivíduos deixam de aceitar a responsabilidade por suas más ações. Crianças com esse transtorno apresentam maior chance de se envolver em conflitos sociais e relacionais, brigas e desavenças, e de desenvolver condutas inadequadas em geral, principalmente comportamentos antissociais e, até mesmo, a delinquência.

Esquizofrenia e transtorno psicótico associado

Condição grave que afeta profundamente o funcionamento mental do indivíduo. Caracteriza-se pela presença de delírios, alucinações, discurso desorganizado e comportamento amplamente desorganizado ou catatônico. Seus sintomas envolvem disfunções cognitivas e emocionais que interferem na percepção, no raciocínio lógico, na linguagem e na comunicação, no controle do comportamento, no afeto, na fluência e produtividade do pensamento, no impulso e na atenção.

A esquizofrenia com características paranoides é a que mais tem relevância para o Direito, já que apresenta os delírios de perseguição. Esses delírios ou alucinações auditivas apresentam certa coerência acerca do tema, com preservação do funcionamento cognitivo e do afeto, geralmente.

Transtorno delirante

Esse transtorno tem grande relevância para o Direito, pois pode ser causa de inimputabilidade ou culpabilidade diminuída. O transtorno delirante é responsável por diversos comportamentos penalmente típicos, de diversas gradações, envolvendo desde uma ameaça de homicídio até o homicídio, de fato. É caracterizado pela presença de delírios (sem outros sintomas que levariam a um diagnóstico de esquizofrenia), irritação ou mau humor e alucinações (relacionadas com a ilusão). Os delírios desse transtorno envolvem situações que poderiam ocorrer na vida real; por isso, o indivíduo, em geral, apresenta um comportamento que não é visivelmente bizarro, como ocorre na esquizofrenia. O transtorno delirante pode ser subdividido em:

- Erotomania: desejo de ser amado por alguém (alguém muito importante ou famoso, por exemplo), podendo o indivíduo tentar entrar em contato com o objeto da sua ilusão. Esse comportamento pode provocar conflitos com a Justiça. O indivíduo deve ser mantido afastado daquele a quem idealiza, para assegurar a integridade física de ambos.
- Delírio de grandeza: delírios grandiosos envolvendo a crença em qualidades extraordinárias (poder, conhecimento, um grande talento), podendo incluir conteúdos políticos ou religiosos.
- Delírio de traição: crença errônea de infidelidade do cônjuge, sem motivo. Esta é uma condição que pode aumentar o risco de confrontos agressivos ou violentos, que podem ter desfecho letal.
- Delírios de perseguição: crença de que está sendo vítima de conspiração, traição, espionagem, envenenamento, assédio, etc. Nesses casos, o indivíduo busca a Justiça para solicitação de providências. Há risco de violência contra os que supostamente estão prejudicando o indivíduo que sofre desse transtorno.
- Delírios somáticos: o indivíduo acredita que tem um defeito físico, partes do corpo mal-formadas, sem evidências médicas.
- Delírios mistos: quando não há predomínio de um tema delirante apenas.
- Delírio inespecífico: quando não se tem clareza da crença dominante ou esta não se encaixa nos delírios acima.

Transtornos mentais relacionados a substâncias

É a presença de sintomas cognitivos, comportamentais e fisiológicos que indicam a utilização da substância pelo indivíduo, mesmo que ele esteja com problemas significativos relacionados à substância. Esses transtornos são associados ao padrão de uso repetido, que resulta em tolerância, abstinência e comportamento compulsivo do consumo da droga. Podem estar relacionados a álcool, opioides, canabioides, sedativos ou hipnóticos, cocaína, estimulantes, alucinógenos, tabaco, solventes voláteis, ou à mistura de mais de uma substância.

Transtornos sexuais

São diversos os transtornos sexuais descritos no DSM-IV. Para fins jurídicos, é importante destacar a parafilia. Ela se caracteriza por anseios, fantasias ou comportamentos sexuais recorrentes e intensos que envolvem objetos, atividades ou situações incomuns e causam sofrimentos clinicamente significativos ou prejuízos no funcionamento social ou ocupacional ou em outras áreas importantes. A pedofilia é um dos tipos mais comuns de parafilias, sendo de difícil identificação dos praticantes e de difícil proteção às vítimas, porque muitas vezes ocorre dentro da própria casa do indivíduo.

Demência

Doença caracterizada por perda das funções cognitivas, incluindo inteligência, aprendizagem, memória, linguagem, orientação, percepção, atenção, concentração, habilidades sociais, etc. Tem importância para o Direito pois, dependendo do grau, pode causar incapacidade do agente e interdição para a prática de atos civis.

Transtornos da personalidade

Os transtornos de personalidade consistem em um padrão persistente de comportamento que se desvia acentuadamente das expectativas da cultura do indivíduo. Quem possui transtorno de personalidade apresenta padrões rígidos e mal-ajustados de relacionamento e de percepção do ambiente e de si mesmo. Esses transtornossão subdivididos em:

- Transtorno de personalidade paranoide: é um padrão de desconfiança e suspeitas invasivas em relação aos outros, cujos motivos são interpretados como malévolos. Ele começa no início da idade adulta e se apresenta em uma variedade de contextos. O indivíduo apresenta características como: suspeitar de estar sendo explorado ou enganado; preocupar-se com dúvidas acerca da lealdade de amigos; relutar em confiar nos outros (medo infundado de que as informações possam ser usadas contra si); interpretar significados ocultos (caráter humilhante ou ameaçador); guardar rancores persistentes; perceber ataques a seu caráter ou reputação que não são visíveis pelos outros e reagir rapidamente com raiva/contra-ataque; ter suspeitas recorrentes quanto à fidelidade do parceiro.

- Transtorno de personalidade esquizoide: consiste em um padrão invasivo de distanciamento das relações sociais e uma faixa restrita de expressão emocional em contextos interpessoais; começa no início da idade adulta e está presente em uma variedade de contextos.
- Transtorno de personalidade esquizotípica: é um padrão invasivo de déficits sociais e interpessoais, marcado por desconforto agudo e reduzida capacidade para relacionamentos íntimos, além de distorções cognitivas ou perceptivas e comportamento excêntrico, que começa no início da idade adulta e está presente em uma variedade de contextos.
- Transtorno da personalidade histriônica: é um padrão invasivo de excessiva emocionalidade e busca de atenção, que começa no início da idade adulta e está presente em uma variedade de contextos.
- Transtorno da personalidade *borderline*: é um padrão invasivo de instabilidade dos relacionamentos interpessoais, autoimagem e afetos e acentuada impulsividade, que começa no início da idade adulta e está presente em uma variedade de contextos. Apresenta características como: esforços frenéticos para evitar um abandono real ou imaginado; padrão de relacionamentos interpessoais instáveis e intensos (alternância entre extremos de idealização e desvalorização); perturbação da identidade — instabilidade acentuada da autoimagem; impulsividade em, pelo menos, duas áreas potencialmente prejudiciais à própria pessoa; recorrência de comportamentos, gestos ou ameaças suicidas ou de comportamento automutilante; instabilidade afetiva devido a uma acentuada reatividade do humor; sentimentos crônicos de vazio; raiva inadequada e intensa ou dificuldade em controlar a raiva; ideação paranoide transitória e relacionada ao estresse ou severos sintomas dissociativos.
- Transtorno da personalidade narcisista: é um padrão invasivo de grandiosidade (em fantasia ou comportamento), necessidade de admiração e falta de empatia, que começa no início da idade adulta e está presente em uma variedade de contextos. Apresenta características como: sentimento grandioso da própria importância (p. ex., exagera realizações, espera ser reconhecido como superior); preocupação com fantasias de ilimitado sucesso, poder, inteligência, beleza; crença de ser "especial" e único e de que somente pode ser compreendido ou deve associar-se a outras pessoas especiais; exigência de admiração excessiva; sentimento de intitulação, ou seja, possui expectativas irracionais de receber um tratamento especialmente favorável ou obediência automática às suas expectativas; é explorador em relacionamentos interpessoais; ausência

de empatia: reluta em identificar-se com os sentimentos e necessidades alheias; frequentemente sente inveja de outras pessoas ou acredita ser alvo de inveja; comportamentos e atitudes arrogantes e insolentes.
- Transtorno da personalidade antissocial: é um padrão invasivo de desrespeito e violação dos direitos dos outros, que ocorre desde os 15 anos. Apresenta características como: fracasso em conformar-se às normas sociais com relação a comportamentos legais, indicado pela execução repetida de atos que constituem motivo de detenção; propensão para enganar, indicada por mentir repetidamente, usar nomes falsos ou ludibriar os outros para obter vantagens pessoais ou prazer; impulsividade ou fracasso em fazer planos para o futuro; irritabilidade e agressividade (repetidas lutas ou agressões físicas); desrespeito irresponsável pela segurança própria ou alheia; irresponsabilidade consistente, indicada por um repetido fracasso em manter um comportamento laboral consistente ou honrar obrigações financeiras; ausência de remorso, indicada por indiferença ou racionalização por ter ferido, maltratado ou roubado outra pessoa.
- Transtorno de personalidade esquiva: é um padrão invasivo de inibição social, sentimentos de inadequação e hipersensibilidade à avaliação negativa, que começa no início da idade adulta e está presente em uma variedade de contextos.
- Transtorno de personalidade dependente: é uma necessidade invasiva e excessiva de ser cuidado, que leva a um comportamento submisso e aderente e a temores de separação, que começa no início da idade adulta e está presente em uma variedade de contextos.
- Transtorno de personalidade obsessivo-compulsiva: é um padrão invasivo de preocupação com organização, perfeccionismo e controle mental e interpessoal, às custas da flexibilidade, abertura e eficiência, que começa no início da idade adulta e está presente em uma variedade de contextos.

Os mais relevantes transtornos de personalidade relacionados com a Justiça são os transtornos de personalidade paranoide, antissocial e *borderline*. O primeiro, devido à inimputabilidade; os outros dois, por estarem relacionados à prática de crimes. Indivíduos com personalidade antissocial não sentem culpa, agem com extrema impulsividade, desconsideram, desrespeitam e lesam os direitos dos outros, sendo responsáveis pelos crimes mais violentos.

> **Link**
>
> Conheça a cartilha do Fundo das Nações Unidas para a Infância intitulada "Em defesa do adolescente", que tem o objetivo de esclarecer a população sobre os direitos das crianças e dos adolescentes que realizam algum ato em não conformidade com a lei, para que sejam conhecidos e respeitados por todos. A cartilha prioriza as questões relativas à medida socioeducativa de internação. Acesse o link ou código a seguir:
>
> https://goo.gl/b8RwBD

Contribuições importantes para a compreensão da delinquência e da sociopatia

A Escola de Chicago surgiu no início do século XX, nos Estados Unidos, e teve como principal característica o empirismo. Buscou empregar suas investigações realizando a análise do desenvolvimento urbano, principalmente em função do contexto da época, já que o país estava na fase da Revolução Industrial e grande parcela da população foi morar nas grandes cidades, acarretando diversas mudanças sociais naquele país, conforme Corral (2015). Essa escola teve a capacidade de interpretar e, até mesmo, solucionar alguns problemas decorrentes dos conflitos sociais que ocorreram em virtude do aumento da população. Seus estudos demonstravam que a população das grandes cidades precisaria desenvolver conjuntos de valores e práticas diferentes dos estabelecidos nas zonas rurais, já que os delitos eram diferentes.

A Escola de Chicago mudou a **perspectiva** sobre a delinquência e a violência nos estudos da criminalidade. Até então, o delito era atribuído a fatores patológicos dos indivíduos a suas dificuldades de inserção na sociedade. A Escola de Chicago foi o berço dos estudos sociológicos da criminologia tradicional, em que foram criadas ou desenvolvidas teorias já descritas neste capítulo, como a teoria ecológica ou da desorganização social, a teoria da associação diferencial, a teoria da subcultura delinquente, entre outras.

A partir desses referenciais teóricos, surgiu, então, a sociologia criminal do conflito, ou criminologia crítica, tornando-se um marco teórico para estudos relacionados à gênese criminal, uma vez que propôs relacionar o fato delitivo com os fenômenos sociais que ocorriam na sociedade. Ou seja, essa ciência alteroua perspectiva determinista para outra, inspirada no delito como produto da sociedade, conforme explica Corral (2015). Para essa teoria, o delito ocorre em razão das diferenças de valores socioculturais dentro de uma sociedade pluralista, e esses conflitos seriam determinantes para a manutenção do sistema e as alterações do desenvolvimento da sociedade.

Para Molina (2008), a teoria do conflito divide-se em teoria do conflito cultural e teoria do conflito social. Essa última é subdividida em teorias do conflito de bases marxistas e não marxistas.

Teoria do conflito cultural

Seus autores propõem que a cultura é contraditória internamente, já que a ausência de alguns valores e a crise das instituições sociais seriam os principais fatores que propiciariam o crime. Outras pesquisas nesse tema defendem que diferentes pautas normativas entre grupos sociais propiciariam os conflitos, já que cada grupo possui valores divergentes, conforme explica Corral (2015).

Teoria do conflito social

Nessa teoria, os autores defendem que o conflito é funcional, tendo em vista que assegura a mudança social, contribuindo também para a manutenção do sistema.

A teoria do conflito com base não marxista acredita que a Justiça Penal não é capaz de resolver os conflitos de maneira pacífica, já que é a expressão de uma sociedade conflitual e, portanto, não é neutra.

A teoria do conflito com base marxista, que se inspira em Marx e Engels, é conhecida como criminologia crítica ou radical. Nela, acredita-seque o delito é produto de uma sociedade capitalista, que polariza a população em classes, sendo que uma se sobressai à outra, e utiliza o Direito e a Justiça Penal como formas de repressão. Assim, o conflito social é o conflito de classes, no qual quem mais se beneficia é a classe dominante, que se utiliza dos sistemas oficiais de repressão para criar e aplicar as leis. Essa estrutura econômica desigual e opressiva viria a produziros problemas sociais do capitalismo, tais como o desemprego, a miséria e o crime. A organização política do poder do Estado, no entanto, diz para a população o contrário, informando que a causa para os problemas sociais do capitalismo é o crime.

As teorias sobre o conflito social foram fundamentais para a elaboração de outra teoria que faz parte da sociologia criminal crítica: o *labelling approach*, ou teoria do etiquetamento ou rotulação social. Essa teoria considera que não existe naturalidade nas definições legais. Sendo assim, seu objeto de estudo se baseia nas instâncias administradoras e/ou criadoras de delinquentes, invertendo a lógica penal ao investigar quem se considera desviado, em vez de quem é criminoso.

Um fenômeno importante nesse contexto é a reação social. Entendendo-se os comportamentos dos indivíduos desviantes como relativamente diferentes do padrão de normalidade da sociedade, segundo Corral (2015), o desvio primário consiste no primeiro passo que leva o indivíduo ao desvio, com posterior punição e reação social, à medida que esse ato se torna público. Já o desvio secundário teria o objetivo de prevenir e reprimir tais práticas desviantes, tendo em vista que existe a sanção pelos órgãos de controle social. Assim, o indivíduo que recorre ao desvio e, portanto, passou pelo desvio secundário, é um indivíduo estruturado em torno do desvio.

Dessa forma, a análise dos comportamentos desviantes, sendo eles primários ou secundários, e da reação social é conhecida como rotulação. Nogueira (2017, p. 49) conceitua etiquetamento ou rotulação social da seguinte maneira:

> [...] consistindo na atribuição ao indivíduo do rótulo de criminoso, sendo o mesmo afastado da sociedade, indo encontrar entre outros delinquentes algum tipo de vínculo afetivo. Este indivíduo acaba por se converter no que dizem que ele é, uma vez que é tratado como *persona non grata* assim ele passa a se enxergar. Este fenômeno de identificação do ser enquanto desviante é denominado *role engulfment* (grifos do autor).

Para conhecer a natureza do objeto e do sujeito na definição dos comportamentos, segundo Corral (2015), os teóricos da rotulação social focam em:

- investigar o impacto da atribuição do *status* de criminoso na identidade do desviante (seria uma preocupação com o desvio secundário);
- investigar os processos de atribuição do *status* criminal (seria a criminalização secundária ou o processo de seleção); e
- investigar o processo de definição de conduta desviada (criminalização primária).

Assim, torna-se possível conhecer e estudar quem detém maior e menor poder na sociedade.

A teoria do etiquetamento contribuiu enormemente quando propôs mudar o foco do questionamento de "por que os indivíduos cometem atos que venham a infringir as leis?" para "por que apenas alguns indivíduos são considerados criminosos e quem legitimou esse julgamento?". Dessa forma, segundo Corral (2015), ocorre a mudança de percepção do comportamento dos indivíduos, uma vez que esse comportamento é relativo, e essa relatividade também é experimentada quando se fala em comportamentos iguais praticados por indivíduos diferentes.

Exercícios

1. Os principais modelos científicos usados na criminologia são os modelos psicológicos e sociológicos. Dentre os modelos descritos abaixo, qual tem base psicológica?
   a) Teoria da anomia.
   b) Psicodinâmico.
   c) Desorganização social.
   d) Teoria da subcultura.
   e) Teoria ecológica.

2. O transtorno da personalidade *borderline* é apresenta que tipo de padrão?
   a) Comportamento difuso, desconfiança e suspeita em relação à motivação da atitude dos outros.
   b) Dependência, submissão, apego e temores de separação.
   c) Distanciamento e isolamento nas relações sociais, com pouca expressão de emoções em contextos interpessoais.
   d) Preocupação com ordenamento, perfeccionismo, controle mental e interpessoal à custa de flexibilidade e eficiência.
   e) Inconstância nas relações interpessoais, na autoimagem, nos afetos e impulsividade relevante.

3. A mãe de Júnior, 8 anos, foi chamada na escola. O menino se recusa a fazer os deveres de casa, afronta os professores e insultou a diretora ao ser punido com a perda do recreio. Quando é surpreendido em alguma falta, Júnior reage com raiva e culpa as outras crianças. A mãe de Júnior relatou que em casa ele resiste a limites e enfrenta sua autoridade. Essa situação sugere qual diagnóstico?
   a) Distúrbio desafiador e de oposição.
   b) Transtorno de Déficit de Atenção e Hiperatividade.
   c) Transtorno de Personalidade Antissocial.
   d) Distúrbio de Estresse Agudo.

e) Transtorno de Personalidade Borderline.

4. Assinale a opção correta em relação ao transtorno de personalidade antissocial.
   a) O indivíduo diagnosticado com transtorno de personalidade antissocial apresenta dificuldade extrema de ser empático e tende a ter autoconceito inflado e arrogante.
   b) O indivíduo diagnosticado com transtorno de personalidade antissocial sente remorso e vergonha após os episódios de raiva extrema, quando percebe os danos causados a terceiros e a si mesmo.
   c) O indivíduo com transtorno de personalidade antissocial é assertivo em sua carreira, capaz de planejar o próprio futuro e de agir de forma controlada.
   d) Ao manifestar comportamento agressivo, o indivíduo com transtorno de personalidade antissocial põe em risco a segurança das pessoas a seu redor, mas permanece atento à preservação da própria segurança.
   e) É possível realizar o diagnóstico desse tipo de transtorno de personalidade em indivíduos com idade a partir de 12 anos.

5. Maria pediu a interdição judicial de seu marido Henrique, alegando que ele passara a comprometer os bens do casal, fazendo gastos supérfluos que ultrapassavam suas possibilidades econômicas, organizando festas com os amigos, pagando jantares e distribuindo gordas gorjetas para os garçons. Esse comportamento descrito no exemplo pode ser um dos sintomas de estados:
   a) ansiosos, próprios do Transtorno de Déficit de Atenção e Hiperatividade.
   b) eufóricos, próprios dos episódios de mania do transtorno bipolar do humor.
   c) delirantes e alucinatórios, próprios do Transtorno Equizoafetivo Misto.
   d) impulsivos, próprios do Transtorno de Personalidade Narcisista.
   e) confusionais, típicos do abuso de substâncias entorpecentes.

Referências

AMERICAN PSYCHIATRIC ASSOCIATION (APA). *Manual de diagnósticos e estatística de perturbações mentais*: (DSM-IV-TR). rev. Porto Alegre: Artmed, 2013.

CARVALHO, S. Criminologia e psicanálise: possibilidades de aproximação. *Revista de Estudos Criminais*, Porto Alegre, v.8, nº 29, abr./jun. 2008.

CORRAL, E. V. *Teoria do etiquetamento social*: do estigma aos aspectos seletivos do sistema penal. 2015. 61 f. Trabalho de Conclusão de Curso (Especialista em Direito Penal e Política Criminal: Sistema Constitucional e Direitos Humanos) – Programa de Pós-Graduação em Direito Penal da Universidade Federal do Rio Grande do Sul, Porto Alegre, 2015.

HAUCK FILHO, N.; TEIXEIRA, M. A. P.; DIAS, A. C. G. Psicopatia: o construto e sua avaliação. *Avaliação Psicológica*, Porto Alegre, v. 8, nº 3, p. 337-346, dez. 2009. Disponível em: <http://pepsic.bvsalud.org/scielo.php?script=sci_arttext&pid=S1677-04712009000300006&lng=pt&nrm=iso>. Acesso em: 6 ago. 2018.

LEAL, L. M. Psicologia jurídica: história, ramificações e áreas de atuação. *Diversa*, ano 1, nº 2, p. 171-185, jul./dez. 2008.

MOLINA., A. G. P. Criminologia: introdução a seus fundamentos teóricos, introdução às bases criminológicas da lei 9.099/95. In: GOMES, L. F.; CUNHA, R. S. (Coord.). *Lei dos juizados especiais criminais*. 6. ed. reform., atual. e ampl. São Paulo: RT, 2008. p. 303-367.

NESTOR, P. G. Mental disorder and violence: personality dimensions and clinical features. *The American Journal of Psychiatry*, v. 159, n. 12, p. 1973-1978, Dec. 2002.

NOGUEIRA, M. A. *Lineamento histórico da criminologia crítica a partir de algumas escolas de pensamento*. 2017. 85 f. Monografia (Graduação) – Faculdade de Ciências Jurídicas e Sociais, Centro Universitário de Brasília, Brasília, 2017.

SOUZA, M. G. T. C. *Processos psicológicos do homicídio*. 2010. 119 f. Dissertação (Mestrado em Psicologia) – Programa de Pós-Graduação em Psicologia Cognitiva da Universidade Federal de Pernambuco, Departamento de Psicologia, Universidade Federal de Pernambuco, Recife, 2010.

TRINDADE, J. *Manual de psicologia jurídica para operadores de direito*. 6. ed. Porto Alegre: Livraria do Advogado, 2013.

Leitura recomendada

LIMA, J. A. Teorias sociológicas sobre a criminalidade: análise comparativa de três teorias complementares. *Semina: Ciências Sociais e Humanas*, Londrina, v. 38, nº 2, p. 215-232, jul./dez. 2017.

Comportamento desviante e intervenção familiar

Objetivos de aprendizagem

Ao final deste texto, você deve apresentar os seguintes aprendizados:

- Reconhecer diferentes abordagens para prevenção do comportamento desviante.
- Identificar fatores de risco e de proteção para o comportamento desviante.
- Explicar relações entre comportamento desviante e intervenção familiar.

Introdução

A psicologia jurídica é um campo do saber que pode auxiliar o processo de trabalho no campo jurídico, de forma geral. Pode-se dizer que essa área da Psicologia auxilia na busca pela verdade de um testemunho, por exemplo, ou na produção de diagnósticos, ou ainda na predição de condutas e, de uma maneira mais geral, na compreensão dos aspectos psicológicos envolvidos nos casos discutidos no meio legal. Ou seja, de uma forma ampla, pode-se dizer que a psicologia jurídica é uma ciência que apoia o juiz no sentido de subsidiar a sua tomada de decisão, trazendo outro olhar para esse meio e fazendo com que a decisão seja a mais assertiva possível, conforme explicam Gonçalves e Brandão (2018).

Neste capítulo, você vai estudar sobre o papel e a importância da família na intervenção de um comportamento desviante, entendido como uma conduta transgressora, que abrange comportamentos de risco, como o não respeito a normas e regras, conforme expõe Formiga (2011). Para isso, você vai explorar as diferentes abordagens que podem ser utilizadas na prevenção desses comportamentos e os fatores que estão envolvidos, aumentando ou diminuindo as chances de que tais comportamentos ocorram. Por fim, você vai perceber como a intervenção familiar pode impactar nesse tipo de conduta, conhecimento que tem fundamental importância para a atuação do psicólogo jurídico, tanto pela complexidade quanto pela necessidade do olhar psicológico no apoio aos procedimentos legais.

As diferentes abordagens para a prevenção do comportamento desviante

Neste tópico, você vai aprender sobre diferentes abordagens de prevenção dos comportamentos desviantes, com o foco principal nas possíveis ações dentro do contexto familiar e, também, de maneira combinada, dentro do contexto escolar. Esses dois contextos foram escolhidas devido à sua importância para o desenvolvimento humano, conforme explica Bronfenbrenner (2011).

Para iniciar esse assunto e para compreender melhor a importância da prevenção de comportamentos desviantes, você deve saber que existem autores, como Lebovici, Diatkine e Soulé (1985), que defendem que há uma linha muito tênue entre formas mais graves de psicopatias e desvios mais simples de comportamento, sendo que esses últimos muitas vezes funcionam como uma porta de entrada para transgressões mais graves. Dessa forma, conforme Benavente (2002), acredita-se que disfunções graves podem ser impedidas quando são tomadas medidas preventivas, geralmente mais simples.

> **Fique atento**
>
> Você vai perceber que muitas vezes, na literatura, termos como "comportamento desviante", "conduta desviante" e "comportamento delinquente" aparecem como sinônimos. Entretanto, é importante destacar que se considera delinquente, especificamente, quem cometeu um ato de violação à lei criminal. Grande parte dos estudos sobre essa temática se dedicam à análise de comportamentos relacionados ao uso de drogas e ao crime na adolescência.

O comportamento desviante, assim como qualquer outro tipo de comportamento, depende da interação de aspectos biopsicossociais, ou seja, aspectos biológicos combinados aos aspectos do ambiente. Vale destacar que, quando falamos em ambiente, você deve entendê-lo de forma ampliada, abarcando toda a vivência da pessoa em questão, incluindo aspectos da sua história de vida, da sua posição econômica e social, das suas interações familiares, dos meios nos quais convive, do momento histórico em que ela está inserida, entre outros fatores, conforme expõe Bronfenbrenner (2011). É importante que essa dimensão da origem dos comportamentos desviantes fique clara para você, visto que ela é fundamental para o delineamento de ações preventivas, como afirma Benavente (2002).

> **Fique atento**
>
> Quando falamos em **prevenção** você deve entender que esta é, sempre, uma atitude antecipatória. Ou seja, é uma ação frente à uma previsão de futuro que, no caso, é negativa.

Isso posto, você pode estar pensando sobre formas de prevenir o comportamento desviante. Para isso, deve-se ter em vista que, como ele é resultado de um conjunto de variáveis, a prevenção também deve abarcar uma variedade de fatores, não apenas a pessoa que manifesta esses comportamentos. Em meio a todos os aspectos que estão relacionados, a família ganha especial atenção de muitos estudiosos do assunto. Isso ocorre pelo fato de que a família pode ser considerada uma estrutura de ajuda e suporte mútuo, tanto no que diz respeito ao material quanto ao emocional, conforme explica Formiga (2005). Nesse sentido, a família pode ocupar um lugar de fator de risco ou de proteção, conforme você vai ver mais adiante.

Nesse momento, vamos tratar em específico da abordagem preventiva do comportamento desviante na família, pois entende-se que o bom relacionamento afetivo e a boa comunicação entre pais e filhos podem produzir relações familiares que satisfaçam às necessidades dos seus membros, contribuindo, assim, para a prevenção de futuros comportamentos desviantes, conforme expõe Formiga (2005).

Vale destacar que, quando se fala em prevenção, fala-se na construção de condições favoráveis para o desenvolvimento saudável de uma maneira geral, e não necessariamente em ações pontuais. Ou seja, é importante que você entenda que a prevenção de comportamentos desviantes, principalmente no que tange à abordagem no contexto familiar, está relacionada à presença de diversos fatores de proteção no desenvolvimento de crianças, adolescentes e também de adultos.

Para que fique mais claro, pode-se citar, entre esses fatores de proteção, a importância do relacionamento entre pais e filhos pautado na mútua confiança, no diálogo e no acompanhamento da rotina por parte dos pais/responsáveis, em especial quando se trata de adolescentes, conforme explica Silva (2017). Além disso, outra estratégia interessante é a utilização de membros da família que podem ser bons exemplos e servir como inspiração para comportamentos desejáveis, como é o caso de irmãos mais velhos com condutas desejáveis, primos e até mesmo os próprios pais.

> **Fique atento**
>
> Medidas preventivas de comportamentos desviantes devem ser pensadas a partir da infância.

Além da abordagem no contexto familiar, destaca-se também a abordagem preventiva no contexto escolar como um importante aliado. Para analisar esse contexto, é importante que você não o considere de forma isolada, mas sim de forma conjunta, pensando também no contexto familiar e em tantos outros contextos dos quais a pessoa faz parte. A escola, quando possibilita uma vivência que vai além do ensino e aprendizagem de conhecimentos específicos, quando oportuniza um clima favorável para o sucesso escolar e para os relacionamentos interpessoais positivos, além de proporcionar o convívio com regras, normas e costumes escolares, possibilita que o jovem que ali se desenvolve possa assumir comportamentos socialmente desejáveis. Ou seja, a escola, quando oportuniza vivências saudáveis, também pode servir como uma aliada na prevenção de comportamentos desviantes, principalmente quando combina relações entre professores, jovens e pais, como afirma Formiga (2005).

De uma maneira geral, de acordo com Carvalho (2011), as melhores abordagens preventivas para comportamentos indesejáveis na adolescência envolvem ter amigos com um comportamento convencional, ter uma família estável, com um adequado controle paterno, ter expectativas positivas em relação ao futuro e não ter amigos delinquentes.

> **Saiba mais**
>
> **O comportamento desviante relacionado ao uso de drogas**
> Na atualidade, há estudos que estão desconstruindo a ideia de que a abordagem preventiva, que tem como fundamento a proibição do uso de drogas, é a mais eficaz. Sendo assim, esses estudiosos defendem que a prática mais indicada seria a redução das vulnerabilidades que provocam o uso nocivo e abusivo de drogas. Dessa forma, não seria a autoridade (no papel do pai ou do professor, por exemplo) que proibiria o uso de drogas, mas, sim, o próprio adolescente, que optaria por não usá-las a partir de uma intensa reflexão. Nesse cenário, o papel dessas autoridades seria o de provocar essa reflexão, tornando o jovem o protagonista no processo de decisão, conforme explica Sodelli (2010).

Portanto, com base no exposto, é importante que você compreenda que, quando falamos em comportamentos desviantes, estamos falando em algo complexo, multifatorial; por isso, a prevenção desses comportamentos também tem essas mesmas características. Em resumo, podemos citar como estratégias de prevenção o bom relacionamento e o diálogo com a família e uma vivência favorável no ambiente escolar. A seguir, você vai conhecer fatores de risco e proteção que podem ser relacionados com o comportamento desviante.

Os fatores de risco e proteção para os comportamentos desviantes

Compreender os fatores de risco e proteção para os comportamentos desviantes complementa o entendimento das formas de intervenção nessas condutas, além de favorecer a compreensão de suas origens e de suas possíveis consequências. Por isso, a partir de agora, você vai estudar em detalhes esses fatores.

Muitas vezes, você verá que um mesmo fator pode atuar como fator de risco ou de proteção, dependendo de como ele está configurado no contexto da pessoa em questão. Para essa análise, teremos como base o comportamento desviante expresso por adolescentes, visto que esta é uma faixa etária que costuma ser foco da maior parte dos estudos sobre essa temática.

> **Fique atento**
>
> **Fatores de risco** são fatores que estão associados ao aumento da probabilidade de determinado comportamento indesejável ocorrer. Já os fatores de proteção são aspectos que diminuem essa probabilidade, ou seja, protegem a pessoa daquele comportamento ou situação negativa. Além disso, os fatores de proteção podem agir nos fatores de risco, como moderadores; por isso, é importante analisar de forma conjunta ambos os fatores, em cada caso.

Fatores de risco

Existe uma série de fatores que favorecem o aparecimento de comportamentos desviantes. Muitos estudos já levantaram esse ponto (HUSS, 2009; SILVA, 2017; OLIVEIRA, BITTENCOURT, CARMO, 2008), conforme você verá a seguir.

- **Fatores individuais**: características de comportamento, como temperamento, agressividade, impulsividade ou falta de empatia, costumam atuar como fatores de risco para comportamentos desviantes e, até mesmo, delinquentes.
- **Fatores escolares**: características como baixo rendimento escolar, histórico de pouco aproveitamento de atividades extras e frequência nas atividades curriculares, expulsão ou suspensão ou ainda falta de vínculo com professores e colegas costumam ser fatores do contexto escolar que aumentam as chances de que o jovem em questão desenvolva comportamentos indesejáveis. Além desses, observa-se também que a falta de perspectivas de futuro (planos e sonhos) também pode atuar como fator de risco para esse tipo de comportamento.
- **Fatores socioeconômicos**: esses fatores estão relacionados à realidade socioeconômica em que a pessoa em questão está inserida. Ou seja, são aspectos macros/amplos, relativos à realidade contextual em que a pessoa vive. Aqui podem ser considerados pontos relacionados à comunidade que ela frequenta (ou bairro) e às condições que essa comunidade oferece, como o acesso aos serviços de promoção de saúde

(como esportes), qualidade de vida, desenvolvimento e oportunidades de estudo e ingresso profissional. Por outro lado, também devem ser consideradas as oportunidades que esse contexto oferece de contato com situações socialmente indesejáveis; por exemplo, uma comunidade com um alto índice de criminalidade pode atuar como um fator de risco para os adolescentes que ali se desenvolvem. Além disso, muitas condições socioeconômicas menos favoráveis resultam, por exemplo, no desejo de adquirir algo que o jovem não tem como arcar com o valor financeiro, o que pode levar a comportamentos relacionados ao crime/roubo.

- **Fatores relacionado aos grupos de pares**: a adolescência é caracterizada pela aproximação dos pares e distanciamento da família. Por essa razão, a influência dos pares nesse momento tem um papel bastante expressivo. Quando o convívio com os pares proporciona oportunidade ou incentivo à transgressão, esses pares podem atuar como fatores de risco.
- **Fatores familiares**: fatores como negligência familiar, comportamentos aditivos na família ou vínculos enfraquecidos entre os membros podem atuar como um importante fator de risco para os comportamentos desviantes. Esse fator é considerado um dos mais importantes e complexos, por isso merece a sua atenção especial.

Além dos pontos supracitados, existem alguns aspectos específicos que você deve conhecer. Por exemplo, há pesquisas que mostram que a não monitorização das atividades (o que, vale destacar, é diferente de uma conduta rígida, sem um clima amistoso de relacionamento) pode atuar como um fator de risco para os comportamentos desviantes. Isso ocorre porque, quando o jovem se sente em um ambiente pouco seguro, em uma relação que não apresenta características de confiança mútua, tende a conversar menos com a família, o que, como já vimos, atua de forma negativa nessa questão, como expõe Carvalho (2011).

Outro ponto que tende a ser crítico é a prática não assertiva da disciplina por parte dos pais ou a existência de pessoas na família com condutas antissociais e dificuldades econômicas ou profissionais. Esses pontos aparecem como potencialmente perigosos para o desenvolvimento de comportamentos desviantes, principalmente quando se trata de crianças e adolescentes, conforme Moreira (2013).

Há evidências que também demonstram relação entre comportamentos desviantes e condutas familiares desviantes. Isso ocorre, por exemplo, quando um membro da família faz parte de uma *gangue* e integra outro membro a esse grupo, ou ainda, de maneira mais simples, quando um membro facilita o acesso a situações com potencial risco ao outro membro, devido à sua proximidade com essas situações, como expõem Loeber e Dishion (1983).

> **Link**
>
> Quer saber mais sobre isso? Quer conhecer os estudos que deram origem a essas ideias? No *link* a seguir você pode acessar na íntegra o texto *Análise comparativa entre as histórias de vida de jovens delinquentes e de jovens "normativos": serão assim tão diferentes?*
> Essa é uma dissertação de mestrado que compara a história de vida de adolescentes tidos como "normativos" e adolescentes delinquentes, com o objetivo de entender o que os distingue. É uma leitura bastante interessante para quem quer aprofundar os conhecimentos acerca dos fatores envolvidos no desenvolvimento desse tipo de comportamento.
>
> https://goo.gl/1ruDT6

Fatores de proteção

Os fatores de proteção, de acordo com Habigzang et al. (2006), são fatores que atuam na redução da probabilidade de que determinada pessoa desenvolva comportamentos desviantes. Novamente, você vai ver a família como um importante fator associado a esses comportamentos. Dessa forma, fica evidente a importância de destinar ações voltadas à família nos processos de intervenção dos comportamentos desviantes. Essas são as formas mais promissoras de intervenção.

Para analisar os fatores de proteção, é importante ter em mente que fatores de risco e proteção atuam de forma conjunta no contexto da pessoa em questão. Por essa razão, eles não devem ser analisados de forma isolada, principalmente porque fatores de proteção podem modular fatores de risco, assim como fatores de risco podem modular fatores de proteção. Ou seja, um impacta no outro, e isso pode alterar os efeitos desses fatores na realidade de cada pessoa.

Posto isso, observa-se que a relação entre pares pode atuar como um fator de proteção para o comportamento desviante. Quando a pessoa tem a oportunidade de vivenciar relações positivas, há menor chance de desenvolver comportamentos desviantes. Ou seja, pode-se dizer que, quanto mais fortes os laços que a pessoa desenvolve com a sociedade de maneira geral (incluindo família, amigos e demais interações), menor a chance de que ela desenvolva comportamentos socialmente indesejáveis, ponto de vista defendido por vários autores (HUSS, 2009; SILVA, 2017; OLIVEIRA, BITTENCOURT e CARMO, 2008).

Alguns exemplos de comportamentos que podem atuar como fatores de proteção para o comportamento desviante, compilados por Silva (2017), são listados abaixo:

- diálogo entre pais e filhos (relações construídas com base na confiança mútua);
- monitorização parental (relacionado ao acompanhamento parental, não à rigidez excessiva);
- existência de redes sociais de apoio (por exemplo, a interação entre escola e família, de forma que o adolescente se sinta seguro, benquisto e reconhecido);
- competências interpessoais (que auxiliam no sucesso acadêmico, por exemplo, e no bem-estar psicológico);
- relações interpessoais de qualidade (interação com pares que oportunizam ou incentivam atividades que favoreçam o desenvolvimento saudável desse adolescente, a confiança mútua e a autoestima);
- sentimento de valor pessoal, eficácia e auto regulação (muito promovido a partir de relações interpessoais saudáveis).

Em síntese, você pode ver que os maiores aliados na diminuição das chances de se desenvolver comportamentos socialmente indesejáveis estão relacionados ao meio e às relações que a pessoa desenvolve. Ter amigos, desenvolver laços próximos com eles, ter uma família estável, com relações adequadas e desenvolver expectativas positivas de futuro são aspectos que contribuem muito nesse processo, como defendem Huss (2009), Carvalho (2011), Silva (2017) e Oliveira, Bittencourt e Carmo (2008).

> **Exemplo**
>
> Como vimos, um comportamento desviante recorrente na fase da adolescência é o uso e abuso de drogas. Nesse sentido, é importante que você conheça alguns fatores de risco e proteção relacionados a essa temática.
>
> Fatores de risco:
> - a comunidade em que o jovem vive (se possibilita fácil acesso às drogas);
> - o incentivo/pressão dos amigos (pares);
> - os hábitos e costumes da família (como a utilização de drogas dentro da família).
>
> Fatores de proteção:
> - o diálogo familiar (clima de confiança mútua entre pais e filhos);
> - famílias estruturadas (com valores morais e exemplos de comportamento que o jovem pode seguir);
> - atividades socioeducativas (participação em esportes ou atividades de desenvolvimento profissional).
>
> *Fonte:* Oliveira, Bittencourt e Carmo (2008).

A relação entre a intervenção familiar e os comportamentos desviantes

Conforme você viu ao longo do capítulo, a família tem um papel importante tanto na prevenção quanto no possível aumento das chances de desenvolvimento de comportamentos desviantes, podendo atuar como aliada nesse processo de prevenção (quando se configura de forma a ser um fator de proteção) ou de forma negativa (quando se configura de forma a atuar como um fator de risco).

Esse lugar central da família no processo de intervenção pode ser relacionado, principalmente, com o fato de a família ser o primeiro grupo social do qual a pessoa faz parte. Por isso, ela tem influência na forma como cada membro experiencia o mundo, em diferentes sentidos. A família é responsável (mesmo que não de forma exclusiva) pela transmissão de valores éticos, pela manutenção da moral e pela transmissão da cultura de uma forma geral. Sendo assim, conforme Formiga (2005), ela pode fazer com que as chances de que um de seus membros desempenhar comportamentos socialmente valorizados sejam maiores ou, por outro lado, menores.

> **Fique atento**
>
> Nem sempre a problemática dos comportamentos desviantes teve como enfoque a intervenção a partir da educação e da valorização da família. Essas mudanças de enfoque foram ocorrendo a partir do século XX, quando as intervenções na pessoa "problema" (como internação, em caso de questões relacionadas ao uso de drogas, por exemplo, tratando a questão de forma unicamente médica) e as formas repressoras e intervencionistas (tratando a questão como um problema jurídico) deram lugar aos trabalhos de prevenção.

Muitas vezes, o papel central da família como responsável por pontos importantes do desenvolvimento vem sendo colocado em cheque diante das mudanças que a instituição familiar vem sofrendo ao longo dos anos. Nesse sentido, é importante destacar que a família é, e deve ser, uma instituição flexível, visto que ela se adapta ao meio e ao momento histórico e cultural em que está inserida. A instituição familiar tem a característica de adaptação às diferentes mudanças pelas quais passa e, mesmo em configurações distintas (como famílias monoparentais, famílias de relações homoafetivas, entre tantas outras formas), preserva a sua característica base: a de servir como lugar de proteção, de socialização e também de estabelecimento de vínculos entre os membros, conforme explica Hintz (2001).

Além dessas mudanças estruturais no contexto familiar, vale destacar as mudanças que a contemporaneidade e o sistema capitalista trazem para a instituição familiar. Se observa que hoje a família tem um sentido bem diferente do que tinha anteriormente; os papéis dentro da família já não são mais fixos como eram, e o que é esperado de cada um dos membros também não é mais rígido como costumava ser. Essas mudanças no sentido e no papel da família, tanto para a sociedade de maneira geral quanto para os seus membros integrantes, acompanharam as transformações históricas, principalmente as transformações nas relações. Hoje, as relações são muito mais informais, rápidas e dinâmicas, muito influenciadas pela era digital e a virtualidade das interações. O mesmo ocorre com as relações familiares: pode-se dizer que hoje se olha muito mais para fora (influências externas à família) do que se olhava há tempos atrás, fazendo com que haja um maior impacto de fatores externos à família no desenvolvimento de seus membros. Ou seja, pode-se dizer que a família, enquanto instituição, está mais enfraquecida do que em tempos passados, passando a se configurar de maneira mais informal, como afirma Bittar (2007).

Entretanto, mesmo diante dessas modificações, observa-se que a família ainda se configura como um importante agente no desenvolvimento dos seus membros, impactando na forma como cada um percebe o mundo, principalmente porque, mesmo diante de tantas mudanças, em geral, a família se configura como o contexto mais próximo, em que há uma maior frequência e intensidade de interações próximas e duradouras, o que, de acordo com muitas teorias, é determinante para o desenvolvimento, conforme expõe Bronfenbrenner (2011).

Exatamente devido a essa relevância das relações familiares no desenvolvimento de seus membros é que a intervenção familiar se faz tão importante. A esse ponto do estudo, vale destacar que se entende por intervenção a intercessão ou mediação em uma situação adversa, com o intuito de melhorá-la. A intervenção da família tem como base a escuta e a comunicação de uma maneira ampla e deve levar em conta aspectos específicos da configuração familiar. Um deles é a concepção de família pelos membros, que muitas vezes se estende para além de grupos consanguíneos e unidades domésticas, abarcando esferas mais amplas, inclusive temporalmente, já que se deve considerar também o impacto transgeracional, que possibilita projeções futuras ou resgates de situações passadas. É essa família, considerada pela pessoa, que tem o poder de intervir nas ações indesejáveis, conforme afirma Formiga (2005).

> **Fique atento**
>
> Mesmo diante da suposta crise que a instituição familiar vem passando nos últimos anos, principalmente no que diz respeito à visão da sociedade sobre seu papel social e a sua influência no comportamento dos seus membros, a família ainda apresenta uma grande influência nas atitudes, na personalidade, na motivação e nos valores das pessoas que fazem parte dela. Por isso, continua sendo interesse de estudo e intervenção, conforme expõe Formiga (2011).

Considerando os aspectos acima mencionados, pode-se dizer que um momento importante e até mesmo crítico do desenvolvimento familiar é a chegada à adolescência de um de seus membros. Essa fase se constitui como um momento de ruptura, em que o adolescente começa a fazer a passagem da infância (caracterizada pela intensa dependência) para a vida adulta (caracterizada pelo ganho de autonomia). Esse momento de vida, em geral, é marcado pelo intenso questionamento dos valores repassados pela família e pela aproximação dos valores e normas utilizados pelos pares, na busca pela aceitação social, como afirmam Pratta e Santos (2007).

Esse ganho de autonomia, próprio da adolescência, pode ser caracterizado como a capacidade do sujeito de tomar suas próprias decisões, pensando e agindo por si mesmo. O desenvolvimento dessa habilidade, assim como das habilidades de maneira geral, sofre influência do meio em que o jovem se desenvolve (lembrando que esse meio sempre deve ser entendido por você de uma forma ampliada, abarcando também o contexto social e psicológico). Entende-se que o maior desafio desse processo pode estar relacionado à ambivalência desse momento, em que o jovem mantém o desejo de preservar a ligação com a família, porém, ao mesmo tempo, deseja ser independente, o que muitas vezes se configura como vontades concorrentes, como explica Wagner (2009).

Saiba mais

Você sabia que a Organização Mundial da Saúde reconhece que pessoas que pertencem a uma família bem estruturada, bem informada, em que os membros têm qualidade de vida, vivem de forma harmônica e recebem informações sobre os riscos do uso de drogas têm menores chances de usarem drogas de forma abusiva?

É importante lembrar, nesse momento do estudo, que esse pensamento, por parte do adolescente, de que há necessidade de ganho de independência e autonomia, vai de encontro com o que Sodelli (2010) expõe acerca da utilização de práticas proibitivas como medidas preventivas de comportamentos desviantes. Quando você entende que a adolescência é caracterizada por essa ruptura na dependência do jovem com relação à família, fica claro que medidas preventivas com caráter proibitivo tendem a não ser realmente eficazes. Já medidas de orientação, com base no diálogo e no incentivo à reflexão, com o intuito de levar o jovem a tomar suas próprias decisões (ou seja, baseado no princípio da autonomia), levando em conta a conscientização e o incentivo à busca por práticas mais saudáveis e positivas, tendem a ser mais eficazes.

A partir do exposto, pode-se observar o quanto as relações familiares têm impacto em todo o processo de desenvolvimento de uma pessoa, em diferentes fases do ciclo vital, incluindo, por consequência, o processo de desenvolvimento de comportamentos desviantes. Sendo assim, a intervenção das relações familiares está presente e continua forte mesmo nesse período de ruptura, próprio da adolescência, sendo os adultos essenciais nesse processo, por servirem como modelo de comportamento.

Ao longo de todo o capítulo você aprendeu sobre a intervenção familiar na temática do comportamento desviante. A essa altura, já deve estar claro que a família pode atuar tanto de forma positiva quanto de forma negativa quando se trata desses comportamentos. Vale destacar que a família, apesar de todas as mudanças pelas quais vem passando, continua sendo fundamental nesse processo, por isso as intervenções e medidas preventivas precisam tomar esse entendimento como base. Ou seja, para prevenir comportamentos desviantes é necessário que a intervenção seja feita de maneira ampliada, não levando em conta apenas a pessoa que pratica o ato. As intervenções que são focadas na família e, em específico, nos pais, encontram-se entre as formas mais promissoras de prevenção de comportamentos indesejáveis, conforme afirma Henriques (2014).

Por fim, vale destacar que o papel da Psicologia nessa questão vai muito no sentido de sensibilizar o meio jurídico, de maneira geral, quanto a essa percepção ampliada do ser humano e de seus comportamentos e, também, no sentido de atuar junto à família para que esta perceba a importância do seu papel. É fundamental que a família tenha esse entendimento, compreendendo que suas formas de funcionamento afetam crianças, jovens e também adultos que convivem em seu ambiente familiar, e que alguns fatores dessa convivência podem estar agindo de forma negativa, contribuindo para o aparecimento de comportamentos desviantes. Isso é importante para que a família possa atuar nesse funcionamento, evitando ou modificando condutas que podem aumentar a chance de desenvolvimento desse tipo de comportamento, bem como valorizando e maximizando formas que podem diminuir essas chances, agindo como um fator de proteção para os seus membros, conforme defendem Huss (2009), Silva (2017) e Oliveira, Bittencourt e Carmo (2008).

Exercícios

1. Existem formas de prevenção do comportamento desviante. No caso específico do comportamento desviante na adolescência, assinale a alternativa correta:
   a) O comportamento desviante é multifatorial, e a prevenção também deve ser pensada dessa forma. As ações realizadas no contexto familiar, apesar de fundamentais, podem não ser suficientes para a prevenção de comportamentos desviantes.
   b) Na contemporaneidade a família tem recebido muita influência externa, enfraquecendo-a. Por essa razão, observa-se que medidas preventivas que partem da escola parecem ser mais eficazes.
   c) A família tem um papel bastante importante na intervenção de comportamentos desviantes na adolescência. A conduta parental rígida costuma ter efeitos bastante positivos na prevenção desse tipo de comportamento.
   d) O período da adolescência é marcado, tipicamente, pela ruptura com o sistema familiar. Para intervir de maneira eficaz na prevenção de comportamentos desviantes, é importante que a família esteja ciente dessa característica da adolescência, a fim de evitá-la.
   e) O relacionamento familiar é um importante aliado na prevenção de comportamentos desviantes. Famílias com relacionamento próximo e de afeto não desenvolvem problemas relacionados a comportamento desviante.

2. Sobre os fatores de risco para os comportamentos desviantes, assinale a alternativa correta:
   a) Fatores individuais como agressividade, impulsividade e falta de empatia são considerados de risco, pois aumentam as chances de que comportamentos desejáveis sejam desenvolvidos.
   b) Fatores de risco são fatores que aumentam as chances de que determinado comportamento indesejável ocorra. Nesse sentido, o relacionamento próximo com familiares é um importante fator de risco.
   c) Um importante fator de risco para o desenvolvimento de comportamentos desviantes é a relação do jovem com os amigos.
   d) Os fatores de risco e a proteção podem ser alterados de acordo com o contexto. Nesse sentido, as relações familiares podem atuar como um fator de risco ou de proteção, dependendo do caso.
   e) O acompanhamento e a monitoração da rotina do adolescente é um fator de risco para os comportamentos desviantes, visto que o adolescente precisa se sentir seguro com a família.

3. Sobre os fatores de proteção contra os comportamentos desviantes, assinale a alternativa correta:
   a) Fatores de proteção são aqueles que aumentam as chances de que determinado comportamento indesejável ocorra.
   b) O relacionamento próximo com familiares tende a ser um importante fator de proteção para comportamentos desviantes.
   c) As amizades influenciam bastante as condutas dos jovens, por isso são consideradas fatores de risco.
   d) As relações estabelecidas na escola são importantes para o desenvolvimento dos adolescentes, mas não costumam ter efeito protetivo contra comportamentos desviantes.
   e) O bairro em que a pessoa vive tem pouca influência no desenvolvimento de comportamentos desviantes, não sendo considerado fator de risco e nem de proteção.

4. Sobre o papel da escola na prevenção de comportamentos desviantes, assinale a alternativa correta:
   a) A abordagem preventiva de comportamentos desviantes no contexto escolar costuma ter efeitos bastante restritos.
   b) Ter um bom rendimento escolar, se sentir respeitado e reconhecido nesse contexto são aspectos que podem atuar de maneira preventiva contra comportamentos desviantes.
   c) O relacionamento conturbado com professores tem pouco impacto no desenvolvimento de comportamentos desviantes.
   d) O desrespeito a regras no contexto escolar não é considerado um comportamento desviante.
   e) As amizades desenvolvidas na escola são tipicamente negativas, favorecendo o desenvolvimento de comportamentos desviantes.

5. Sobre o papel da família na intervenção de comportamentos desviantes, assinale a alternativa correta:
   a) Ainda que a família, como instituição, esteja passando por transformações, o que se observa é que esse contexto permanece fundamental para o desenvolvimento de seus membros, podendo intervir de forma bastante importante nos comportamentos desviantes.
   b) O contexto familiar, na atualidade, perdeu sua força de intervenção em comportamentos desviantes, principalmente pela virtualidade e ao dinamismo das relações.
   c) Quando se fala em intervenção em comportamentos desviantes, é importante que o foco das ações se concentre na pessoa que comete os atos.
   d) A família é a responsável pela transmissão de valores para seus membros. Por isso, quando algum membro desenvolve comportamentos desviante a família é a responsável.
   e) As relações familiares são importantes na intervenção de comportamentos desviantes. Na adolescência, porém, essas relações costumam perder força.

Referências

BENAVENTE, R. Delinquência juvenil: da disfunção social à psicopatologia. *Análise Psicológica*, Lisboa, v. 20, n. 4, p. 637-645, nov. 2002.

BITTAR, E. C. B. Família, sociedade e educação: um ensaio sobre individualismo, amor líquido e cultura pós-moderna. *Revista da Faculdade de Direito*, Universidade de São Paulo, São Paulo, v. 102, p. 591-610, jan. 2007.

BRONFENBRENNER, U. *Bioecologia do desenvolvimento humano*: tornando os seres humanos mais humanos. Porto Alegre: Artmed, 2011.

CARVALHO, A. F. N. *Análise dos fatores que levam os jovens a delinquir*. 2011. 107f. Dissertação (Mestrado em Psicologia Jurídica) – Universidade Fernando Pessoa, Porto, 2011.

FORMIGA, N. S. Comprovando a hipótese do compromisso convencional: influência dos pares socionormativos sobre as condutas desviantes em jovens. *Psicologia Ciência e Profissão*, Brasília, v. 25, n. 4, p. 602-613, 2005.

FORMIGA, N. S. Valoração da família e condutas desviantes: testagem de um modelo teórico. *Psico*, v. 42, n. 3, p. 383-392, 2011.

GONÇALVES, H. S.; BRANDÃO, E. P. (Org.). *Psicologia jurídica no Brasil*. Rio de Janeiro: Nau, 2018.

HABIGZANG, L. F. et al. Fatores de risco e proteção na rede de atendimento a crianças e adolescentes vítimas de violência sexual. *Psicologia Reflexão e Crítica*, Porto Alegre. v. 19, n. 3, p. 379-386, 2006.

HENRIQUES, B. M. Comportamento antissocial na infância e adolescência. *International Journal of Developmental and Educational Psychology*, v. 4, n. 1, p. 83-92, 2014.

HINTZ, H. C. Novos tempos, novas famílias? Da modernidade à pós-modernidade. *Pensando Famílias*, v. 3, n. 1, p. 8-19, 2001.

HUSS, M. T. *Psicologia Forense*: pesquisa, prática clínica e aplicações. Porto Alegre: Artmed, 2009.

LEBOVICI, S.; DIATKINE, R.; SOULÉ, M. *Traité de psychiatrie de l'enfant et de l'adolescent*. Paris: Presses Universitaires de France, 1985.

LOEBER, R.; DISHION, T. Early predictors of male delinquency: a review. *Psychological Bulletin*, v. 94, n. 1, p. 68, 1983.

MOREIRA, S. F. F. *A relação entre a ausência de suporte afetivo e a delinquência*. 2013. 42f. Trabalho de Conclusão de Curso (Grau de Licenciatura em Criminologia) – Faculdade de Ciências Sociais e Humanas da Universidade Fernando Pessoa, Porto, 2013.

OLIVEIRA, E. B.; BITTENCOURT, L. P.; CARMO, A. C. A importância da família na prevenção do uso de drogas entre crianças e adolescentes: papel materno. *SMAD, Revista Eletrônica Saúde Mental Álcool e Drogas*, Ribeirão Preto, v. 4, n. 2, ago. 2008.

PRATTA, E. M. M.; SANTOS, M. A. Família e adolescência: a influência do contexto familiar no desenvolvimento psicológico de seus membros. *Psicologia em Estudo*, Maringá, v. 12, n. 2, p. 247-256, ago. 2007.

SILVA, J. P. O. *Análise comparativa entre as histórias de vida de jovens delinquentes e de jovens "normativos"*: serão assim tão diferentes? 2017. 46f. Dissertação (Mestrado em Psicologia Clínica e da Saúde) – Universidade Lusófona do Porto, Porto, 2017.

SODELLI, M. A abordagem proibicionista em desconstrução: compreensão fenomenológica existencial do uso de drogas. *Ciência & Saúde Coletiva*, Rio de Janeiro, v. 15, n. 3, p. 637-644, maio 2010.

WAGNER, A. *Desafios psicossociais da família contemporânea*: pesquisas e reflexões. Porto Alegre: Artmed, 2009.

Leitura recomendada

VITARO, F. et al. Disruptive behavior, peer association, and conduct disorder: testing the developmental links through early intervention. *Development and Psychopathology*, v. 11, n. 2, p. 287-304, 1999.

Violência familiar e conjugal: os maus-tratos como sintoma

Objetivos de aprendizagem

Ao final deste texto, você deve apresentar os seguintes aprendizados:

- Definir violência intrafamiliar.
- Identificar fatores que contribuem para a prática da violência familiar e conjugal.
- Reconhecer diferentes práticas profissionais frente aos maus-tratos identificados em mulheres, crianças e adolescentes.

Introdução

A violência é um dos grandes problemas de saúde pública na atualidade. É um tema complexo e carente de discussão. Uma das definições mais aceitas pelos estudiosos é a de que a violência diz respeito a uma ação proposital direcionada a uma pessoa, grupo ou a si mesmo (próprio autor), com o intuito de causar prejuízos físicos, psicológicos, sociais e/ou morais. A temática da violência por si só já desperta o interesse de diversas áreas e, quando se trata da violência no contexto familiar, esse interesse é ainda maior, principalmente nas áreas do Direito e da Psicologia. Isso se deve à relevância do tema, uma vez que a família é o primeiro núcleo social do qual a pessoa faz parte e que as relações que ali se estabelecem costumam ser as mais próximas e duradouras que a pessoa tem e terá. Essa configuração da família contribui para que os fatos que ocorrem em seu contexto tenham um impacto de curto, médio e longo prazo na vida das pessoas, de uma maneira global.

A partir dessa compreensão, neste capítulo, você vai estudar o conceito de violência intrafamiliar, os fatores que impactam esse fenômeno e as diferentes práticas profissionais que podem ser adotadas.

Principais características da violência intrafamiliar

De acordo com a publicação intitulada *Violência intrafamiliar — orientações para a prática em serviço* (BRASIL, 2002), este é um problema que afeta a sociedade como um todo, atingindo, principalmente, mulheres, crianças, adolescentes, idosos e portadores de deficiência.

De acordo com Cesca (2004) e o Ministério da Saúde (BRASIL, 2002), pode ser considerada **violência intrafamiliar** toda e qualquer ação, ou mesmo omissão, de um membro da família, que impacte de forma negativa no bem-estar e na integridade física e psicológica ou na liberdade e no desenvolvimento pleno de outro membro. Uma característica importante da violência intrafamiliar é que ela pode ser cometida dentro ou fora do ambiente familiar concreto (a casa, em geral). Ou seja, ela envolve as relações familiares, incluindo também pessoas sem laços consanguíneos. Tem-se como base a compreensão de família como um grupo de pessoas que desenvolve vínculos afetivos, de consanguinidade ou de convivência.

Fique atento

Quando falamos em violência intrafamiliar, deve-se considerar toda e qualquer relação de abuso praticada por um membro da família contra outro. Essa relação não necessariamente precisa ocorrer em um ambiente específico (como a casa da família), nem por pessoas com laços consanguíneos, bastando a existência de vínculo afetivo ou convivência.

Esse tipo de violência pode se manifestar de diferentes formas. O Ministério da Saúde (BRASIL, 2002) divide violência intrafamiliar nos seguintes tipos:

- **Violência física**: quando uma pessoa (em uma relação de poder) causa ou tenta causar dano à outra por meio de força física ou algum tipo de arma.
  - Exemplos: socos, empurrões, chutes, queimaduras, amarrar, arrastar, obrigar a tomar drogas ou medicamentos, tirar à força de casa ou largar em ambientes desconhecidos, entre outros.

- **Violência sexual**: quando uma pessoa (em uma relação de poder), por meio da força física, coerção ou intimidação, obriga outra ao ato sexual ou a interações sexuais de maneira ampla.
  - Exemplos: estupro, carícias indesejadas, sexo forçado no casamento, abuso sexual infantil, uso de linguagem erotizada, masturbação forçada, abuso incestuoso, assédio sexual, entre outros.
- **Violência psicológica**: quando uma pessoa (em relação de poder) causa dano à autoestima, à identidade ou ao desenvolvimento de outra pessoa por meio de uma ação proposital ou de uma omissão.
  - Exemplos: humilhação, negligência, chantagem, ridicularização, ameaças, manipulação afetiva, omissão de carinho, entre outros.

> **Saiba mais**
>
> A violência psicológica resulta em marcas profundas no desenvolvimento de quem a sofre, podendo comprometer a vida dessa pessoa de forma global.
>
> Um tipo importante de violência psicológica é a negligência, principalmente por afetar de forma mais direta crianças e adolescentes. A negligência se configura quando pais (ou responsáveis) não promovem os cuidados básicos necessários para o desenvolvimento de um de seus dependentes, como cuidados relacionados à saúde, à nutrição, à higiene pessoal, à educação, à vestimenta e à sustentação emocional.
>
> Para ser configurada como negligência, é importante que essa falha não esteja relacionada às condições de vida da família que fogem ao controle, como o caso de famílias em pobreza extrema, por exemplo. Em geral, a negligência aparece com maior frequência em famílias jovens, em que a criança está doente e é mantida pela mãe. Além disso, as estatísticas mostram que a uniparentalidade tende a aumentar em 220% o risco de negligência (OLIVEIRA et al., 1999).

- **Violência econômica ou financeira**: quando uma pessoa (em relação de poder) afeta a saúde emocional e a sobrevivência financeira de outra.
  - Exemplos: roubo, não pagamento de pensão alimentícia, recusa ao pagamento de gastos básicos da família, destruição de bens de outro membro da família ou uso de recursos econômicos de pessoa idosa, incapaz ou tutelada.

> **Fique atento**
>
> É importante que você saiba diferenciar violência familiar e violência doméstica. Violência intrafamiliar diz respeito ao contexto familiar, envolvendo vínculos afetivos, de consanguinidade ou de convivência. Já a violência doméstica é mais abrangente, incluindo pessoas que convivem no espaço físico familiar, mas que não fazem parte da família (como empregados, amigos, prestadores de serviço ou visitantes eventuais), conforme afirmam Day et al. (2003).
> Por isso, fique atento para não confundir: o critério essencial para a definição de uma violência doméstica é o ambiente no qual ela ocorre; já a violência intrafamiliar tem como critério essencial a relação familiar estabelecida entre autor e vítima. Sendo assim, a violência intrafamiliar, quando ocorre no contexto doméstico, é um tipo de violência doméstica. Da mesma forma, a violência doméstica, quando ocorre entre membros de uma mesma família, é um tipo de violência intrafamiliar.

Ao analisar a literatura, facilmente você verá que a maior parte dos estudos que tratam da violência intrafamiliar tem o homem como perpetrador. Porém, é importante destacar que há casos em que a mulher é a perpetradora, ainda que em menor escala, conforme afirma Huss (2009). Em geral, casos relacionados a abusos físicos e/ou sexuais estão mais ligados aos homens; já a violência física e a negligência são, muitas vezes, cometidas por mulheres (BRASIL, 2002). Quanto às vítimas, sabe-se que qualquer membro da família pode sofrer violência intrafamiliar, porém, as mulheres costumam ser vítimas frequentes, conforme você verá no tópico a seguir.

A violência conjugal contra a mulher

Um ponto importante que você deve ter em mente é que, mesmo que a violência familiar possa ter diversas vítimas, a mulher costuma ser a mais afetada, tendo como seu principal agressor seu parceiro íntimo (marido, namorado ou amante). Entende-se como violência contra a mulher todo e qualquer ato agressivo desferido contra a mulher, tendo como base a sua condição de gênero, podendo causar danos nas esferas social, psicológica, sexual, entre outros (WHO, 2015 apud MORAES, 2017, p. 20). O feminicídio (homicídio contra mulheres em função do gênero) é a sua forma mais grave de ocorrência.

A violência contra a mulher é um problema cada vez mais discutido e, ainda que não seja um fenômeno recente, tem-se identificado uma maior preocupação por parte da sociedade quanto à sua gravidade e seriedade nos últimos 50 anos. No contexto brasileiro, uma das primeiras pesquisas que denunciaram a gravidade da violência sofrida por mulheres foi realizada pela Fundação Perseu Abramo, em 2001, e indicou que 43% delas já sofreram algum tipo de violência sexista e, em 70% dos casos, esse ato foi perpetrado por seus parceiros ou ex-parceiros conjugais. Outro dado alarmante que essa mesma pesquisa indicou é a estimativa de que, a cada 15 segundos, uma mulher é espancada no país ((FUNDAÇÃO PERSEU ABRAMO, 2001 apud GUIMARÃES; PEDROZA, 2015, p. 257).

A partir desse cenário, em 2006, foi criada no Brasil a **Lei Maria da Penha** (Lei nº. 11.340, de 7 de agosto de 2006) (BRASIL, 2006), com o objetivo de coibir a violência doméstica e familiar contra a mulher. Para a efetivação de suas medidas, foram criados também os juizados de violência doméstica e familiar contra a mulher. Essa lei especificou os tipos de violência causados contra a mulher, que são: violência física, violência psicológica, violência sexual, violência moral e violência patrimonial. Os tipos se assemelham com os que você estudou anteriormente neste capítulo, sendo que a diferença essencial é que eles ocorrem em função do gênero da vítima (BRASIL, 2006).

Saiba mais

Você sabia que autores de feminicídio podem receber penas que variam entre 13 e 30 anos de reclusão? E que, além disso, se a vítima estava em período gestacional ou até três meses após o parto, essa pena tem possibilidade de acréscimo de um terço até metade do seu período de reclusão?

Fatores envolvidos na prática da violência familiar e conjugal

Algumas famílias possuem condições particulares e/ou coletivas que aumentam o risco de que episódios de violência intrafamiliar ocorram. É importante que o profissional da área de interface entre a Psicologia e o Direito conheça essas características, não só para a identificação de possíveis casos, mas também para a intervenção e a elaboração de medidas preventivas.

É importante ter em mente que um comportamento violento não ocorre de forma automática. Existem muitas razões que o antecedem e uma variedade de fatores que o influenciam (psicológicos, sociais e biológicos). Um dos papéis do psicólogo jurídico é fazer a avaliação de risco para casos de violência familiar e doméstica. Para estar apto a fazer essa avaliação, é importante que o psicólogo conheça alguns aspectos peculiares desse tipo de violência. A seguir, você verá alguns fatores que contribuem para a prática de violência familiar, doméstica e conjugal, conforme expõem Huss (2009), Brasil (2002), Pires e Miyazaki (2005):

- **Fatores demográficos:**
    - A idade do perpetrador costuma ser um fator de risco, sendo que, quanto mais jovem, maior o risco de violência doméstica.
    - A condição socioeconômica também costuma ser um fator de risco: condições socioeconômicas mais baixas estão mais relacionadas à violência doméstica e, inclusive, aos casos mais graves de agressão física.
    - A etnia também pode ser considerada um fator de risco, ainda que as estatísticas demonstrem que há casos de violência em todos os grupos étnicos. Foi identificado que a prevalência de violência doméstica é mais alta em grupos afro-americanos, hispânicos e em não brancos de maneira geral.
- **Fatores históricos:**
    - Outra variável que contribui para a prática de violência é o histórico de exposição à violência doméstica na infância. Percebe-se que, de maneira geral, homens que se desenvolvem em ambientes em que há violência têm maiores chances de se tornarem autores.
- **Fatores psicológicos:**
    - A expressão da raiva e a hostilidade costumam estar associadas aos comportamentos violentos.
    - O uso e o abuso de substâncias também costumam contribuir para a existência de casos de violência; nos dias em que o perpetrador faz uso da substância (por exemplo, do álcool), as chances de que ocorram episódios violentos aumentam em até oito vezes.
    - A depressão também aparece como uma característica psicológica associada à ocorrência de violência; há estudos que demonstram que homens mais violentos têm maior risco de sofrer de depressão.
- **Fatores referentes às relações familiares:**
    - Em famílias com disparidade na distribuição de poder (por exemplo, relacionado ao gênero) ou, por outro lado, sem nenhuma diferen-

ciação de papéis, existem maiores riscos de ocorrência de violência intrafamiliar.
- Em famílias com nível de tensão elevado e constante, em que o diálogo é difícil e há descontrole e agressividade entre os membros, existem maiores chances de ocorrência de violência doméstica.
- Famílias com pouca interação externa e com baixo nível de autonomia entre os membros são consideradas potencialmente críticas.
- Famílias em situação de crise (como desemprego, separação, luto, entre outras) também têm maiores chances de desenvolver situações de violência intrafamiliar.
- **Fatores referentes às relações conjugais:**
  - Casais com indicativos de violência no início da relação, como o desapego, ou objetivos perversos para a relação, como o objetivo de ganho financeiro, costumam ter maior risco para violência conjugal.
  - Quando há o fechamento da relação apenas no casal (casal com dificuldade de lidar com outras pessoas), existe um fator de potencial risco para a ocorrência de violência conjugal.
  - Quando o casal tem baixa capacidade de negociação em relação aos conflitos da convivência conjugal, existe um fator contribuinte para a ocorrência de episódios violentos.
  - Algumas características dos parceiros também costumam contribuir para a violência conjugal, como baixa autoestima ou pouca autonomia de um (ou de ambos), sentimento de posse (gerando ciúme exagerado) e alcoolismo e/ou uso e abuso de drogas.
- **Fatores de risco para a violência contra crianças:**
  - Crianças oriundas de gravidez indesejada, de gestações com mães depressivas e sem acompanhamento pré-natal costumam sofrer maior violência.
  - Pais ou mães com múltiplos parceiros também têm maior chance de desenvolverem comportamentos violentos contra seus filhos.
  - Expectativas muito altas em relação à criança também podem funcionar como fator de risco para a violência.
  - O estilo parental muito rigoroso também tende a contribuir para a ocorrência de violência, assim como pais ciumentos ou possessivos em relação aos filhos.
  - Também é visto que crianças separadas da mãe ao nascer (por doença ou prematuridade, por exemplo) têm maiores chances de serem vítimas de violência intrafamiliar, assim como crianças com malformações congênitas, doenças crônicas e anormalidade físicas.

- **Fatores de risco para a violência contra idosos:**
  - Ter diversas doenças ao mesmo tempo tende a ser um fator de risco para a violência intrafamiliar em idosos, assim como os déficits cognitivos.
  - A dependência física e/ou mental também pode contribuir para a ocorrência de episódios violentos, assim como a incontinência urinária/fecal e as alterações no sono.
  - Outro ponto que costuma contribuir para a ocorrência de violência é quando o idoso precisa de muitos cuidados, não conseguindo realizar suas atividades rotineiras de maneira independente (como usar o banheiro, alimentar-se, entre outras).
- **Fatores de risco para a violência contra pessoas com deficiências:**
  - Pessoas com maiores comprometimentos físicos ou mentais e reduzida autonomia costumam estar mais suscetíveis a episódios violentos.
  - Pessoas com maior hiperatividade e dispersão também costumam estar entre as vítimas, tratando-se de pessoas com deficiência no contexto intrafamiliar.

A violência intrafamiliar é um problema dinâmico e sistêmico. Não pode ser considerada um fenômeno individual, mas sim a manifestação de um fenômeno interacional. Muitas vezes a violência intrafamiliar é compreendida como um sintoma. Isso é importante para que se pense em ações preventivas e de intervenção que abarquem características sistêmicas e que atuem diretamente nas relações que se estabelecem dentro da família, como defende Sánchez (2001).

Link

Quer conhecer uma forma de avaliação da violência conjugal bastante utilizada? Acesse o *link* a seguir e conheça a adaptação transcultural para o Brasil da Escala de Tática de Conflito (CTS2), que foi desenvolvida nos Estados Unidos por Straus, Hamby, Boney-Mccoy e Sugarman em 1996 e, atualmente, é um instrumento bastante popular para esse fim no Brasil e no mundo.

https://goo.gl/868DcK

Práticas profissionais frente aos maus-tratos de mulheres, crianças e adolescentes

Em geral, os casos de maus-tratos com evidências físicas são diagnosticados e atendidos por profissionais da saúde. Vale destacar que, quando o dano não é visível, o profissional deve prestar atenção e suspeitar de possíveis casos sempre que encontre lesões sem explicação, sendo que a suspeita e a denúncia dessa suspeita são práticas fundamentais para afastar a vítima do agressor, conforme afirmam Pires e Miyazaki (2005). Ou seja, entende-se que os profissionais da saúde estão em uma posição privilegiada e estratégica para fazer a detecção de possíveis casos de violência contra mulheres, crianças, adolescentes, idosos e deficientes.

> **Fique atento**
>
> De acordo com a Sociedade Brasileira de Pediatria, maus-tratos ocorrem quando uma pessoa em condição superior de poder (como idade, força, posição social, entre outras) comete um ato, ou mesmo uma omissão, que cause dano físico, psicológico ou sexual à outra (SOCIEDADE BRASILEIRA DE PEDIATRIA, 2001).

No Brasil, a legislação proposta pelo Estatuto da Criança e do Adolescente (Lei nº. 8.069, de 13 de julho de 1990) (BRASIL, 1990) sobre maus-tratos a crianças e adolescentes adota o padrão americano, em que a notificação de casos suspeitos ou confirmados e o encaminhamento deles para organismos competentes é obrigatória para os profissionais, podendo acarretar punições a que não o fizer. Da mesma forma, a partir da Lei nº. 10.778, de 24 de novembro de 2003 (BRASIL, 2003), a notificação também se tornou obrigatória para casos em que for identificada violência contra a mulher (suspeita ou confirmada) em serviços de saúde públicos e privados. Entretanto, a realidade do Brasil é diferente da americana; aqui há escassez de profissionais, de regulamentos que definam procedimentos técnicos sobre as medidas que devem ser tomadas e também de meios legais de proteção para os profissionais que fazem as notificações, o que dificulta todo o processo e faz com que a subnotificação seja um fato, como afirmam Gonçalves e Ferreira (2002) e Azambuja (2005).

Ainda de acordo com Gonçalves e Ferreira (2002), apesar do conhecimento da obrigatoriedade da notificação, há algumas necessidades emergenciais de esclarecimento para que ela ocorra da forma mais coerente com a realidade possível, como:

a) necessidade de explicitação do que se compreende por maus-tratos e quais situações exatamente devem ser notificadas — é visto que os profissionais sabem da obrigatoriedade da notificação, mas ainda têm dúvidas sobre o que deve ser notificado;
b) necessidade de explicitação da compreensão de suspeita — como não há orientações claras, na prática, a notificação de suspeitas fica a critério do profissional, o que pode aumentar ou diminuir as notificações;
c) necessidade de discussão das consequências do ato de notificar, problematizando a questão da justiça e das consequências às famílias.

Fique atento

O Conselho Federal de Psicologia permite a quebra de sigilo em casos em que é necessário notificar uma situação de violência suspeita ou confirmada.

Apesar dessas dificuldades na realidade brasileira, é importante que você conheça algumas práticas consideradas adequadas para o manejo de situações de violência familiar, segundo Hasse e Vieira (2014):

- a realização de atendimentos rotineiros;
- a solicitação de que o companheiro saia do consultório em situações em que há suspeita de violência;
- a avaliação de necessidade de exames complementares;
- a escuta atenta e qualificada da situação (o que permite a identificação de possíveis casos);
- o registro no prontuário e a notificação aos órgãos competentes de possíveis casos (como conselho tutelar, delegacia da mulher, entre outros); e
- a orientação da potencial vítima, objetivando a preservação de sua segurança e o rompimento da situação violenta.

Vale destacar ainda que, quando o profissional realiza apenas uma dessas práticas, tal conduta é considerada insuficiente para o manejo de situações de violência, sendo necessário pelo menos a realização de mais de uma prática. Hasse e Vieira (2014) também elencaram como **práticas inadequadas**:

- responsabilizar a vítima pela situação;
- chamar a polícia;
- buscar confirmar a situação;
- orientar para que a vítima converse com o perpetrador;
- elaborar laudo pericial; e
- encaminhar a vítima para um órgão inexistente ou fazer um encaminhamento genérico, sem clareza no direcionamento.

Em complementariedade às práticas citadas acima, o Ministério da Saúde (BRASIL, 2002) destaca mais alguns pontos no manejo dos profissionais frente a situações de maus-tratos. A orientação é que os profissionais fiquem atentos a todo momento na busca por possíveis casos de violência, mesmo que não haja evidência aparente. Essa busca pode ser feita por meio da observação, da realização de perguntas diretas e indiretas a respeito, da aproximação com a família (para que esta se sinta mais à vontade para relatar algum fato), entre outros. Outra prática importante dos profissionais é a orientação e o suporte à vítima, para que ela possa compreender a situação que está vivendo e consiga analisar as possíveis soluções. Além disso, tratando-se em específico do suporte que deve ser proporcionado, é importante que se inclua a rede de serviços especializados (área de saúde, social, de segurança e justiça) e também da comunidade (grupos de mulheres, grupos familiares, grupos religiosos, entre outros).

> **Fique atento**
>
> Veja a seguir alguns cuidados éticos que devem ser tomados na prática profissional em situações de violência contra mulheres, crianças e adolescentes:
>
> - **Sigilo e segurança**: em casos em que a notificação é necessária, é importante explicar para a família o papel dos profissionais da saúde, destacando que, apesar de a denúncia ser necessária, o sigilo será mantido.
> - **A intervenção não pode provocar maiores danos aos envolvidos**: é fundamental que o profissional mantenha uma atitude compreensiva e não julgue os comportamentos dos envolvidos. Além disso é importante que se evite que os envolvidos sejam interrogados diversas vezes, por diferentes profissionais, tendo em vista o princípio do menor dano para um caso que essencialmente já causa tantos problemas.
> - **Respeitar as decisões e o ritmo de cada pessoa**: é importante que o profissional tenha clareza de que cada pessoa lida de uma forma com situações de violência. É necessário esperar o tempo de reação da pessoa, sem apressá-la a tomar decisões ou a seguir caminhos que a equipe considera mais apropriados. Os profissionais de saúde devem respeitar o tempo e as decisões da pessoa.
>
> Fonte: Ministério da Saúde (BRASIL, 2002).

Analisando a realidade atual, percebe-se que nem os instrumentos jurídicos, nem o sistema de proteção ou o sistema punitivo estão conseguindo diminuir as taxas de violência no contexto intrafamiliar. Há duas hipóteses que podem ajudar na compreensão dessa realidade. A primeira fala de uma certa **herança cultural**, em que se acreditava que a intervenção junto às famílias violava a privacidade e o direito ao pátrio poder (BRASIL, 2002). E, como segunda hipótese, acredita-se que esse cenário pode estar relacionado à **falta de formação** do serviço de saúde para o atendimento de casos de violência. De acordo com o estudo desenvolvido por Hasse e Vieira (2014), apenas 27% dos profissionais de saúde relataram ter tido alguma capacitação sobre o tema, o que é um dado preocupante.

Em síntese, percebe-se que, devido às já mencionadas características dos serviços de atendimento no Brasil, em geral, as práticas profissionais têm sido pontuais, não abrangendo as características sistêmica, social e relacional, entre outras envolvidas no processo. Entretanto, observa-se que há um movimento do Ministério da Saúde direcionado à busca por novas formas de ação para esses casos, mais compatíveis com a sua complexidade, abarcando ações mais sistêmicas, que entendam os maus-tratos e a violência familiar como sintomas de famílias que precisam de ajuda (BRASIL, 2002).

Exercícios

1. Sobre a compreensão de violência intrafamiliar, assinale a alternativa correta:
a) Uma característica definidora da violência intrafamiliar é a relação familiar consanguínea entre agressor e vítima.
b) É considerado violência intrafamiliar todo e qualquer ato, incluindo omissão, que prejudique física, moral ou psicologicamente outra pessoa que vive no mesmo ambiente domiciliar.
c) É considerado violência intrafamiliar todo e qualquer ato, incluindo omissão, intencional, que prejudique física, moral ou psicologicamente outra pessoa que vive no mesmo ambiente domiciliar.
d) É considerado violência intrafamiliar todo e qualquer ato, incluindo omissão, de um membro da família, que prejudique o bem estar e a integridade física, psicológica ou a liberdade e o desenvolvimento pleno de outro membro.
e) Uma característica definidora da violência intrafamiliar é o ambiente em que ela ocorre.

2. Sobre os fatores que contribuem para a ocorrência de violência familiar em crianças, assinale a alternativa correta:
a) Fatos que ocorreram previamente ao nascimento das crianças não devem ser considerados, pois podem contaminar impressões e desviar a atenção.
b) Expectativas demasiadamente altas em relação ao desempenho escolar, acadêmico e à perspectiva de futuro da criança são fator de proteção contra a violência intrafamiliar na infância.
c) O estilo parental muito liberal é um fator de proteção contra a violência intrafamiliar em crianças, pois estilos parentais muito rigorosos costumam ter o efeito contrário.
d) A idade dos pais não interfere na ocorrência de violência familiar em crianças.
e) Gravidez indesejada pode ser um fator que contribui para a ocorrência de violência intrafamiliar contra crianças.

3. Sobre a mulher, no contexto da violência familiar e doméstica, assinale a alternativa correta:
a) É visto que, tratando-se da violência contra a mulher, o pai/responsável tem sido o principal perpetrador.
b) O feminicídio é o homicídio contra mulheres, independentemente da razão, e é considerado o caso mais grave de violência contra a mulher.
c) A violência contra a mulher tem sido muito discutida em diferentes esferas da sociedade por se tratar de um problema recente.
d) Entende-se por violência contra a mulher todo e qualquer ato agressivo contra a mulher em função de seu gênero.

e) Para que a mulher tenha direito a acionar a Lei Maria da Penha é necessário que a violência seja provada, com evidências físicas.

4. No Brasil, existem dificuldades associadas à prática dos profissionais que atendem casos de violência, suspeita e confirmada. Sobre esse assunto, assinale a alternativa correta:
   a) Em casos confirmados, ou suspeitos, de violência contra crianças, adolescentes e mulheres, a notificação aos órgãos competentes é obrigatória para profissionais da saúde.
   b) Quando há suspeita de maus tratos em crianças e adolescentes é necessário que os profissionais encaminhem a notificação aos órgãos competentes. Essa é uma orientação do ECA. Já em casos de violência contra a mulher, a notificação não é obrigatória.
   c) Profissionais de psicologia não devem fazer notificações sobre suspeita de maus tratos em mulheres, em razão do ao sigilo ético.
   d) Práticas profissionais como orientação da vítima, aconselhando-a a falar com o seu agressor, é uma prática considerada adequada.
   e) Em casos confirmados de violência contra a mulher é obrigatório que o profissional de saúde chame a polícia.

5. Sobre a violência conjugal, assinale a alternativa correta:
   a) Para que a incidência de violência conjugal diminua é importante que os conflitos de convivência entre o casal não ocorram.
   b) Em casos de violência conjugal é importante que se analise todo o período de relacionamento do casal, sendo que, de acordo com algumas pesquisas, pode-se dizer que o histórico de cada um dos membros não interfere na forma como eles se relacionam.
   c) Uma estratégia que pode ser utilizada no manejo de casais para evitar a violência conjugal é o treino da capacidade para negociação em casos de conflito.
   d) Famílias com pouca interação externa tendem a ter menos problemas de violência conjugal.
   e) O abuso de drogas costuma ser um fator de risco para violência intrafamiliar; em casos de violência conjugal, no entanto, esse fator tem pouca relevância.

Referências

AZAMBUJA, M. P. R. Violência doméstica: reflexões sobre o agir profissional. *Psicologia Cienc. Prof.*, Brasília ,v. 25, nº. 1, p. 4-13, mar. 2005.

BRASIL. *Lei nº 8.069, de 13 de julho de 1990*. Dispõe sobre o Estatuto da Criança e do Adolescente e dá outras providências. Disponível em: <http://www.planalto.gov.br/ccivil_03/Leis/l8069.htm>. Acesso em: 25 jun. 2018.

BRASIL. *Lei nº 10.778, de 24 de novembro de 2003*. Estabelece a notificação compulsória, no território nacional, do caso de violência contra a mulher que for atendida em serviços de saúde públicos ou privados. Disponível em: <http://www.planalto.gov.br/ccivil_03/Leis/2003/L10.778.htm>. Acesso em: 25 jun. 2018.

BRASIL. *Lei nº 11.340, de 7 de agosto de 2006*. Lei Maria da Penha. Cria mecanismos para coibir a violência doméstica e familiar contra a mulher, nos termos do § 8º do art. 226 da Constituição Federal, da Convenção sobre a eliminação de todas as formas de discriminação contra as mulheres e da Convenção Interamericana para prevenir, punir e erradicar a violência contra a mulher; dispõe sobre a criação dos Juizados de Violência Doméstica e Familiar contra a mulher; altera o Código de Processo Penal, o Código Penal e a Lei de Execução Penal; e dá outras providências. Disponível em: <http://www.planalto.gov.br/ccivil_03/_ato2004-2006/2006/lei/l11340.htm>. Acesso em: 25 jun. 2018.

BRASIL. Ministério da Saúde. Secretaria de Políticas de Saúde. *Violência intrafamiliar*: orientações para prática em serviço. Brasília: Ministério da Saúde, 2002. (Cadernos de atenção básica; nº. 8). (Normas e manuais técnicos; nº. 131).

CESCA, T. B. O papel do psicólogo jurídico na violência intrafamiliar: possíveis articulações. *Psicologia & Sociedade*, Porto Alegre, v. 16, nº. 3, p. 41-46, dez. 2004.

DAY, V. P. et al. Violência doméstica e suas diferentes manifestações. *Revista de Psiquiatria do Rio Grande do Sul*, Porto Alegre, v. 25, supl 1, p. 9-21, abr. 2003.

GONCALVES, H. S.; FERREIRA, A. L. A notificação da violência intrafamiliar contra crianças e adolescentes por profissionais de saúde. *Cad. Saúde Pública*, Rio de Janeiro ,v. 18, nº. 1, p. 315-319, fev. 2002 .

GUIMARÃES, M. C.; PEDROZA, R. L. S. Violência contra a mulher: problematizando definições teóricas, filosóficas e jurídicas. *Psicologia & Sociedade,* Belo Horizonte ,v. 27, nº. 2, p. 256-266, ago. 2015.

HASSE, M.; VIEIRA, E. M. Como os profissionais de saúde atendem mulheres em situação de violência? Uma análise triangulada de dados. *Saúde em Debate*, Rio de Janeiro, v. 38, nº. 102, p. 482-493, jul./set. 2014.

HUSS, M. T. *Psicologia Forense*: pesquisa, prática clínica e aplicações. Porto Alegre: Artmed, 2009.

MORAES, C. L.; HASSELMANN, M. H.; REICHENHEIM, M. E. Adaptação transcultural para o português do instrumento "Revised Conflict Tactics Scales (CTS2)" utilizado para identificar violência entre casais. *Cadernos de Saúde Pública*, Rio de Janeiro, v. 18, nº. 1, p. 163-176, fev. 2002.

MORAES, M. S. B. *Homens autores de violência conjugal*: caracterização biopsicossocial e a relação com a vítima, o tipo de agressão praticada e suas consequências processuais. 2017. 124 f. Dissertação (Mestrado em Teoria e Pesquisa do comportamento) – Universidade Federal do Pará. Núcleo de Teoria e Pesquisa do Comportamento, Belém-Pará, 2017.

OLIVEIRA, M. S. et al. Violência contra crianças e adolescentes na Grande Porto Alegre – Parte A: apenas boas intenções não bastam. In: Associação de Apoio à Criança e ao Adolescente – Amencar (Org.). Porto Alegre: Amencar, 1999. p. 71-86.

PIRES, A. L. D.; MIYAZAKI, M. C. O. S. Maus-tratos contra crianças e adolescentes: revisão da literatura para profissionais da saúde. *Arquivos de Ciência da Saúde*, São José do Rio Preto/SP, v. 12, nº. 1, p. 42-9, 2005.

SÁNCHEZ, J. A. W. *Violencia intrafamiliar*: causas biológicas, psicológicas, comunicacionales e interaccionales. México: Plaza y Valdés, 2001.

SOCIEDADE BRASILEIRA DE PEDIATRIA (SBP). *Guia de atuação frente a maus-tratos na infância e na adolescência*: orientações para pediatras e demais profissionais que trabalham com crianças e adolescentes. 2. ed. Rio de Janeiro: SBP/FIOCRUZ/MJ, 2001.

Leituras recomendadas

CAMPOS, C. H. Feminicídio no Brasil: uma análise crítico-feminista. *Sistema Penal e Violência*, Porto Alegre, v. 7, nº. 1, p. 103-115, 2015.

HASSELMANN, M. H.; REICHENHEIM, M. E. Adaptação transcultural da versão em português da Conflict Tactics Scales Form R (CTS-1), usada para aferir violência no casal: equivalências semântica e de mensuração. *Cadernos Saúde Pública*, Rio de Janeiro, v. 19, n. 4, p. 1083-1093, jul./ago. 2003.

WORLD HEALTH ORGANIZATION (WHO). *Global Tuberculosis Control*: WHO report 2001. Geneva, Switzerland, WHO/CDS/TB, 2001.

UNIDADE 3

Exame psicológico de vítimas e agressores

Objetivos de aprendizagem

Ao final deste texto, você deve apresentar os seguintes aprendizados:

- Definir princípios básicos em psicometria: diferentes estratégias de diagnóstico e avaliação psicológica.
- Explicar a avaliação forense do criminoso e sua implicação para os operadores do direito.
- Identificar práticas e instrumentos de avaliação psicológica para vítimas de diferentes tipos de violência.

Introdução

A avaliação psicológica pode ser compreendida como um processo amplo de investigação de fenômenos psicológicos, com o objetivo de prover informações pertinentes a tomadas de decisão, a partir de demandas e finalidades distintas e em diferentes contextos de atuação do(a) psicólogo(a). No contexto forense, a avaliação psicológica busca responder a uma demanda jurídica específica, a partir da interpretação dos dados psicológicos obtidos no processo avaliativo, de forma a fazerem sentido para a questão legal. Mais especificamente, no contexto jurídico-criminal, são realizadas avaliações de vítimas de diferentes tipos de violência e de acusados de crimes, com o objetivo de responder demandas provenientes do sistema penal.

Neste capítulo, você vai estudar os fundamentos e principais características do processo de avaliação psicológica, o que inclui princípios básicos de psicometria e diagnóstico psicológico. Também vai conhecer os principais fundamentos e procedimentos de exame psicológico no contexto jurídico-criminal, que engloba avaliações forenses de criminosos, bem como de vítimas de violência.

Princípios básicos em psicometria

Conforme o Conselho Federal de Psicologia (2018), a **avaliação psicológica** pode ser definida como um processo estruturado de investigação de fenômenos psicológicos, o qual é composto de métodos, técnicas e instrumentos, com o intuito de prover informações pertinentes a tomadas de decisão em âmbito individual, grupal ou institucional com base em demandas, condições e finalidades específicas, sendo constituída como uma prática exclusiva do profissional de Psicologia.

Com o desenvolvimento da ciência psicológica, evidenciam-se mudanças importantes e avanços na área de avaliação, vislumbrando-se o crescimento da demanda por essa prática em diferentes contextos de atuação do (a) psicólogo (a). Nesse cenário, destaca-se o papel das resoluções e das normativas técnicas do CFP, órgão responsável por regulamentar, orientar e fiscalizar o exercício profissional do (a) psicólogo(a) no Brasil. Desse modo, no âmbito das **normas técnicas e éticas** envolvidas na área de avaliação, enfatiza-se a Resolução nº. 9, de 25 de abril de 2018 (CONSELHO FEDERAL DE PSICOLOGIA, 2018), a qual estabelece diretrizes para a realização de avaliação psicológica no exercício profissional da psicóloga e do psicólogo e regulamenta o Sistema de Avaliação de Testes Psicológicos (Satepsi).

Ainda no que tange à regulamentação na área de avaliação psicológica, outro importante documento é a Resolução nº. 7, de 14 de junho de 2003 (CONSELHO FEDERAL DE PSICOLOGIA, 2003), a qual instituiu o *Manual de Elaboração de Documentos Escritos*, com o objetivo de orientar os profissionais de Psicologia quanto a aspectos técnicos e éticos na escrita de documentos provenientes da prática avaliativa.

> **Fique atento**
>
> Lembre-se de sempre conferir as resoluções atualizadas do CFP sobre práticas e áreas de atuação do(a) psicólogo(a).

Compete ao profissional da Psicologia planejar e realizar o processo avaliativo, sempre com base em princípios técnicos, científicos e teóricos. O **planejamento da avaliação psicológica** deve considerar como elementos: o contexto da avaliação; os propósitos desta e os construtos psicológicos a serem investigados; a adequação das características dos instrumentos e das técnicas aos indivíduos avaliados; as condições técnicas e metodológicas dos instrumentos de avaliação e do processo avaliativo como um todo, bem como outras características pertinentes, conforme o caso.

A partir do planejamento da avaliação, deve-se definir a **metodologia** a ser utilizada, a qual pode incluir diferentes técnicas e instrumentos psicológicos. Um processo de avaliação psicológica inclui o uso de **entrevistas** com diferentes propósitos, como entrevista psicológica, de anamnese, lúdica diagnóstica, entre outras. O processo também pode incluir o uso de diversos tipos de **documentos**, provenientes de fontes variadas, considerando-se os objetivos e a demanda da avaliação. Outro método importante de avaliação se constitui em **técnicas de observação de comportamento**, que podem ser realizadas em diferentes contextos e situações. Ainda, e não menos importantes, a avaliação pode incluir o uso de **testes psicológicos**, instrumentos de uso exclusivo do(a) psicólogo(a).

Cabe enfatizar que avaliação psicológica é diferente de testagem psicológica. O uso de testes psicológicos se constitui como uma importante fonte de coleta de informações no âmbito da avaliação psicológica, mas esta consiste em um processo mais amplo e também mais complexo (BORSA, 2016; HUTZ; BANDEIRA, TRENTINI, 2015; CONSELHO FEDERAL DE PSICOLOGIA, 2013). Assim, enquanto a avaliação envolve a integração de informações oriundas de diferentes fontes (testes, entrevistas, documentos, entre outras), a testagem psicológica se caracteriza como uma etapa da avaliação, por meio do uso de testes psicológicos de diferentes tipos.

Exemplo

A avaliação psicológica pode ser realizada em diferentes áreas de atuação da Psicologia, como no contexto clínico, em que os objetivos da avaliação geralmente são concernentes à demanda de um diagnóstico psicológico. Chamado de **psicodiagnóstico**, utiliza diferentes técnicas e instrumentos, segundo os objetivos e os fenômenos psicológicos a serem avaliados. Entre esses métodos, destacam-se as diversas modalidades de entrevista psicológica e testes psicológicos.

No que tange aos instrumentos e testes psicológicos, é importante destacar alguns princípios psicométricos básicos. A **psicometria**, conforme Pasquali (2009), se fundamenta na teoria da medida em ciências para explicar o sentido das respostas dadas pelos sujeitos a uma série de tarefas, chamadas de **itens**, e propor técnicas e instrumentos de medida de diferentes processos mentais. Constitui-se, desse modo, como interface entre sistemas teóricos distintos: a matemática (medida) e a ciência empírica (Psicologia).

A área da **testagem psicológica**, mais especificamente a psicometria, engloba os processos de aplicação, construção, adaptação, validação e normatização dos instrumentos psicológicos, de acordo com Hutz, Bandeira e Trentini (2015). Diversos motivos sustentam e explicam o uso da quantificação em Psicologia, e boa parte das práticas psicológicas se fundamenta em conhecimentos de pesquisas que se valeram de instrumentos psicométricos.

Na psicometria, os dois parâmetros considerados mais importantes de legitimidade de uma medida ou de um teste são a validade e a precisão, como afirmam Hutz, Bandeira e Trentini (2015) e Pasquali (2009), sendo considerado importante também o processo de construção e análise dos itens. Ainda segundo Pasquali (2009), a **validade** está relacionada ao aspecto que a medida deve possuir de ser congruente com a propriedade medida dos objetos; ou seja, o teste deve medir o que propõe medir. Já a **precisão**, também conhecida como fidedignidade ou confiabilidade, se refere à característica que o teste deve possuir de medir sem erros; isto é, o mesmo teste, medindo os mesmos sujeitos em ocasiões diferentes, ou testes equivalentes, medindo os mesmos sujeitos na mesma ocasião, produzem resultados idênticos.

Um **teste psicológico** tem por objetivo identificar, descrever, mensurar e qualificar características psicológicas, por meio de diversos procedimentos sistemáticos de observação e descrição do comportamento humano, acordados pela comunidade científica da Psicologia. Os testes psicológicos podem ser, entre outros: escalas, inventários, questionários e métodos projetivos/expressivos (CONSELHO FEDERAL DE PSICOLOGIA, 2018). No Brasil, os testes psicológicos, para serem usados pelo(a) psicólogo(a), devem ser aprovados pelo CFP, por meio do Satepsi.

> **Fique atento**
>
> É considerada falta ética, conforme o Código de Ética Profissional da psicóloga e do psicólogo, a utilização de testes psicológicos com parecer desfavorável ou que constem na lista de Testes Psicológicos Não Avaliados no *site* do Satepsi, salvo para os casos de pesquisa conforme a legislação vigente e de ensino com objetivo formativo e histórico na Psicologia (Resolução 009/2018) (CONSELHO FEDERAL DE PSICOLOGIA, 2018). Assim, antes de utilizar qualquer teste, lembre-se de sempre conferir se o mesmo se encontra favorável no site do Satepsi. Acesse o site no *link* abaixo ou código ao lado.
>
> https://goo.gl/rzC2hc

A avaliação forense do criminoso

Psicologia e Direito, mesmo se constituindo em disciplinas distintas, possuem em comum o interesse pelo **comportamento humano**, como afirma Rovinski (2013). Da relação existente entre esses dois campos de conhecimento e de atuação é que surge a área da Psicologia Jurídica, a qual se constitui como campo teórico e prático da Psicologia, em interface com o Direito e o sistema de justiça.

A **psicologia forense**, por sua vez e de modo específico, pode ser caracterizada como uma área que utiliza contribuições da Psicologia para responder aos questionamentos formulados pela Justiça, cooperando com a administração da mesma, atuando no contexto judicial, sendo seus limites estabelecidos pelos requerimentos da lei e pelo campo de conhecimento da Psicologia. Assim, conforme destaca Rovinski (2013), o(a) psicólogo(a) que for atuar nessa área deve possuir conhecimentos não apenas da ciência psicológica, mas também do sistema judiciário.

No contexto forense, a avaliação psicológica está direcionada a responder a uma demanda jurídica específica e deve ser realizada com o uso de técnicas e instrumentos psicológicos cientificamente comprovados. No âmbito judicial, essa avaliação é chamada de **perícia psicológica forense** e tem características e fundamentos específicos quanto ao processo avaliativo. O profissional de Psicologia, no que tange à avaliação pericial, pode atuar de dois modos principais: como **perito** nomeado pelo juiz para realizar a avaliação psicológica, ou como **assistente técnico** escolhido pelas partes com o intuito de apoiá-las no objetivo de garantir os direitos do cliente nas questões relacionadas à perícia. O Quadro 1 apresenta uma comparação dessas duas funções.

Quadro 1. Comparação entre perito e assistente técnico

Perito	Assistente técnico
De confiança do juiz – sujeito a impedimento e suspeição	De confiança da parte – não sujeito a impedimento e suspeição
Auxilia o juiz em suas decisões, conforme os objetivos da perícia	Auxilia a parte naquilo que considerar pertinente, conforme os limites éticos
Examina e verifica os fatores intervenientes a uma questão legal específica	Elabora quesitos a serem respondidos pelo perito e analisa os procedimentos e os resultados do trabalho deste
Documento: laudo psicológico	Documento: parecer crítico

Fonte: Adaptado de Rovinski (2013).

Assim, no contexto forense e, mais especificamente, no processo judicial, a perícia – psicológica e outras – constitui um meio de prova, junto às provas documentais e testemunhais. Quanto à perícia psicológica, ou seja, a avaliação psicológica no contexto forense, Rovinski (2013) explica que se dirige, geralmente, a eventos definidos de forma mais restrita ou a interações de condições não clínicas, relativas a uma demanda do sistema de justiça cível ou criminal. Dessa forma, o objetivo primordial do processo avaliativo será sempre responder a uma questão legal expressa pelo juiz ou por outros operadores do direito, por meio do entendimento dos fenômenos psicológicos relativos ao caso.

Para alcançar os objetivos da avaliação psicológica, a avaliação forense deve englobar diferentes etapas, quais sejam: levantamento dos objetivos da avaliação e particularidades do indivíduo ou grupo a ser avaliado, por meio da leitura dos autos processuais e outros documentos disponíveis ao profissional; coleta de informações pelos meios escolhidos (entrevistas, dinâmicas, observações e testes); integração das informações e desenvolvimento das hipóteses iniciais; e indicação das respostas à situação que motivou o processo de avaliação e comunicação cuidadosa dos resultados, por meio de um documento escrito denominado **laudo psicológico**.

> **Saiba mais**
>
> Para saber mais acerca das normas técnicas e éticas quanto à atuação do profissional de Psicologia na área jurídica, não deixe de conferir a Resolução CFP nº. 008, de 30 de junho de 2010 (CONSELHO FEDERAL DE PSICOLOGIA, 2010), a qual dispõe sobre a atuação do(a) psicólogo(a) como perito(a) e assistente técnico no Poder Judiciário. Acesse o *link* abaixo e confira a resolução.
>
> https://goo.gl/eDkThi

No **contexto jurídico-criminal**, a avaliação forense pode ser requisitada por diferentes motivos e conforme variadas demandas. Na esfera criminal, o foco das avaliações e das demais práticas da Psicologia Jurídica geralmente recai sobre o comportamento do criminoso e os consequentes impactos psicológicos para as vítimas dessas ações criminais. Nesse contexto, a avaliação psicológica se caracteriza como uma importante atividade do(a) psicólogo(a), a qual tem crescido e sido discutida significativamente no cenário nacional e internacional nos últimos anos.

O psicólogo pode realizar a avaliação psicológica tanto da vítima, como do acusado de um crime. As avaliações da Psicologia podem ocorrer em diferentes estágios da ação criminal: na fase de **inquérito policial**, ou seja, de investigação dos crimes; na fase do **processo penal**; e na fase de **execução da pena**.

No cenário brasileiro, a avaliação do acusado de um crime não é comum em casos gerais, e o requerimento de avaliação de criminosos na fase investigativa ou processual penal não constitui prática corrente, sendo instituída nessa fase a prática da perícia psicológica em casos de verificação de **imputabilidade penal** e de exames criminológicos no contexto da execução penal. Quando se trata de avaliação psicológica de agressores e de acusados de diferentes tipos de crime, a avaliação psicológica é mais frequentemente identificada no âmbito da execução da pena, conforme prevê a Lei nº. 7.210, de 11 de julho 1984 (BRASIL, 1984), a chamada **Lei de Execução Penal** (LEP). São previstas avaliações psíquicas, contudo não relativas à Psicologia estritamente, para sujeitos cumprindo tanto medidas privativas de liberdade como medidas de segurança, conforme o caso.

Os **exames criminológicos** previstos na LEP não possuem aprovação do CFP do modo como são propostos, pois se propõem à **previsão de comportamento criminoso**, com base em exames psicológicos, o que é considerado inexecutável dentro dos princípios científicos e técnicos da Psicologia. A Resolução CFP n°. 012, de 25 de maio de 2011, que regulamentava a atuação do(a) psicólogo(a) no âmbito do sistema prisional, foi suspensa pelo Ministério Público, estabelecendo que o exame criminológico não pode ser considerado uma prática da Psicologia, pois estaria mais afeito às ciências criminológicas. Assim, em substituição à resolução suspensa, foi construído um parecer técnico sobre a atuação do(a) psicólogo(a) no âmbito do sistema prisional, com base em argumentos, legislações, teorias e no Código de Ética (CONSELHO FEDERAL DE PSICOLOGIA, 2016).

O exame criminológico tem sido objeto de crítica por parte da Psicologia e do CFP, pois entende-se que não é uma prática da Psicologia e viola o código de ética profissional, não podendo ser compreendido como uma prática de avaliação psicológica. A Lei n°. 10.792, de 1° de dezembro de 2003 (BRASIL, 2003), extinguiu a obrigatoriedade do exame criminológico; contudo, o mesmo pode ser solicitado, sendo legalmente uma excepcionalidade. Nesse contexto, o CFP enfatiza que o exame criminológico não deve ser realizado, especialmente por profissionais da Psicologia (CONSELHO FEDERAL DE PSICOLOGIA, 2016).

Avaliação psicológica de vítimas de violência

No contexto jurídico-criminal brasileiro, a **avaliação psicológica de vítimas** de diferentes tipos de violência e de crimes se constitui como prática corrente e importante no âmbito do sistema de justiça penal. No entanto, na maioria dos casos e dos processos criminais, essa avaliação é realizada somente em casos específicos, especialmente relacionada à necessidade de prova pericial.

Na fase de investigação policial, o(a) psicólogo(a) pode atuar como perito(a) criminal, efetuando a avaliação psicológica de vítimas de diferentes tipos de violência. No contexto brasileiro, são mais comuns no estágio do inquérito policial as avaliações de crianças e adolescentes vítimas de abuso sexual, visto que se refere a um tipo de crime que dificilmente dispõe de outros meios de prova, especialmente de evidências físicas, sendo a avaliação psicológica relevante para auxiliar na identificação de evidências psíquicas quanto a uma possível vivência traumática de violência.

> **Saiba mais**
>
> As perícias psicológicas nas situações de suspeita de abuso sexual contra crianças e adolescentes constituem uma das principais demandas de avaliação na área de Psicologia Jurídica. Conforme destacam diferentes autores (ROVINSKI, 2014; GAVA, PELISOLI, DELL'AGLIO, 2013), a atuação demandada ao profissional de Psicologia possui como foco confirmar a ocorrência da violência, como prova no processo, no lugar de avaliar os impactos sofridos pela criança ou adolescente diante da experiência traumática. Contudo, destaca-se que o trabalho pericial deve ocorrer dentro das limitações técnicas e, consequentemente, éticas do trabalho do(a) perito(a) psicólogo(a). Devido aos limites da ciência psicológica, o profissional da área estaria inabilitado a afirmar ou negar categoricamente a ocorrência do abuso ou mesmo de outras formas de violência.
>
> Desse modo, nas avaliações de suspeita de abuso sexual infanto-juvenil, cabe ao profissional avaliador ter conhecimento das técnicas e estratégias atualmente utilizadas e realizar uma avaliação abrangente e compreensiva, baseando-se não em fatores isolados, mas na integração de diferentes fontes de informação. Conforme Gava, Pelisoli e Dell'aglio (2013), os dados indicam que não há uma uniformidade, na atualidade, sobre o modo como esse tipo de perícia deve ser realizada.
>
> Sendo assim, é importante que o(a) psicólogo(a) que atue com avaliações periciais em situações de abuso sexual contra crianças e adolescentes esteja em constante atualização, capacitação e supervisão, para que possa dispor de variadas estratégias para tentar abarcar a complexidade da avaliação e, na medida do possível, tentar aproximar-se da verdade sobre os fatos.

Cabe referir que, no Brasil, é incomum a realização de avaliação psicológica a partir de outras demandas nesse estágio de investigação criminal. Além disso, é importante destacar que as perícias psicológicas nessa fase pré-processual são organizadas de modos variados nos diferentes estados brasileiros, pois se referem a avaliações que ocorrem no estágio de investigação da Polícia Civil, uma instituição estadual.

No âmbito judicial, o profissional de Psicologia também pode atuar na avaliação de idosos, mulheres, adolescentes e crianças vítimas de **violência doméstica**, pessoas vítimas de **acidentes de trânsito** ou **acidentes de trabalho**, entre muitos outros casos.

Podem ser requisitadas, no âmbito do sistema judiciário, perícias psicológicas de **dano psíquico** em vítimas de violência, bem como avaliações quanto a **sintomas e transtornos mentais**. Nesse sentido, é importante destacar que, nessas avaliações, o(a) psicólogo(a) deve atentar não apenas ao diagnóstico psicológico, mas se este está relacionado à vivência da violência que é foco do processo. Isso porque, em avaliações forenses com fins diagnósticos de vítimas de crime, o transtorno diagnosticado deve estar associado à experiência violenta vivida.

Para realizar os exames psicológicos na área jurídico-criminal, o(a) psicólogo(a) pode utilizar diferentes técnicas e instrumentos psicológicos, conforme os objetivos da avaliação. Um processo de avaliação psicológica no contexto forense inclui o uso de entrevistas, as quais são consideradas o principal instrumento de avaliação do(a) psicólogo(a), e outros métodos importantes, como documentos – principalmente os documentos presentes no processo – e testes psicológicos. O profissional de Psicologia dispõe de diferentes tipos de testagem com diferentes objetivos, os quais devem ser escolhidos conforme as demandas da avaliação e os fenômenos psicológicos a serem investigados.

No que tange à testagem psicológica, cabe referir que há poucos instrumentos específicos para o contexto forense validados no Brasil. Isso dificulta a atuação do(a) psicólogo(a) nessa área, visto que é preciso dispor de diferentes técnicas e instrumentos psicológicos para a realização de uma avaliação de modo pertinente e eficaz. Desse modo, o profissional que atua com avaliações no âmbito jurídico usa diversas técnicas e testes desenvolvidos para o contexto clínico, o que exige a adaptação, dentro dos limites e normativas técnicas, dos procedimentos.

Para finalizar, é importante enfatizar os desafios das avaliações psicológicas realizadas no contexto jurídico-criminal, como os curtos prazos para a realização dos procedimentos avaliativos e elaboração do laudo, bem como a ausência de normativas específicas para os diferentes casos e o próprio déficit de instrumentos psicológicos específicos para esse fim. Também, cabe aqui destacar a importância de se realizar uma avaliação psicológica com fundamentos científicos e técnicas da ciência psicológica, bem como a relevância da conduta ética por parte do psicólogo e da psicóloga na prática de avaliações forenses.

Exercícios

1. A avaliação psicológica é definida pelo Conselho Federal de Psicologia (CFP) como um processo estruturado de investigação de fenômenos psicológicos, composto de métodos, técnicas e instrumentos, com o objetivo de prover informações à tomada de decisão, no âmbito individual, grupal ou institucional, com base em demandas, condições e finalidades específicas. Com base nessa definição, avalie as afirmações a seguir:
   I. O psicólogo tem a prerrogativa de decidir a metodologia empregada na avaliação psicológica, desde que devidamente fundamentados em referencial da ciência psicológica e nas normativas vigentes do CFP.
   II. Na realização da avaliação, no que tange aos métodos, técnicas e instrumentos psicológicos, são fontes fundamentais de informação as entrevistas psicológicas, os testes psicológicos aprovados pelo CFP e protocolos ou registros de observação de comportamentos.
   III. A recomendação para o uso específico dos testes deve ser buscada nos estudos que foram feitos com esse instrumento, principalmente nos estudos de validade, de precisão e de padronização.
   É correto o que se afirma em:
   a) I, apenas.
   b) I e II, apenas.
   c) I e III, apenas.
   d) II e III, apenas.
   e) I, II e III.

2. A construção de um teste psicológico é composta por diferentes processos, sendo três deles primordiais em psicometria. Marque a alternativa que apresente as três etapas psicométricas da construção de um teste psicológico:
   a) Análise dos itens – validade – fidedignidade.
   b) Análise fatorial – análise dos itens – validade.
   c) Análise dos itens – fidedignidade – análise fatorial.
   d) Validade – medida psicométrica – fidedignidade.
   e) Análise dos itens – medida psicométrica – análise fatorial.

3. As avaliações que o psicólogo realiza no contexto forense têm como objetivo auxiliar o juiz a formar a sua convicção. Essas avaliações envolvem ações em diferentes âmbitos do Judiciário, inclusive nas varas criminais, e seu resultado é traduzido em um documento chamado laudo. Para o Direito, esse tipo de trabalho recebe um nome específico, que é:
   a) psicoterapia breve.
   b) prova documental.
   c) prova pericial.
   d) prova testemunhal.
   e) psicodiagnóstico.

4. Sobre a prática da perícia psicológica forense, é correto afirmar:
   I. Refere-se a uma avaliação psicológica realizada no contexto forense, direcionada a responder demanda jurídica específica, e deve ser realizada com o uso de instrumentos psicológicos cientificamente comprovados.

II. Tem como objetivo trazer aos autos processuais a subjetividade das partes e traduzir os dados psicológicos levantados no processo avaliativo, de forma a fazerem sentido para a questão legal.

III. Para o planejamento da avaliação, não se deve ler o processo judicial ou informações sobre caso, bem como não se pode identificar previamente a demanda, para evitar contaminação, por parte do perito, que interfira em sua imparcialidade.

É correto o que se afirma em:
a) I, apenas.
b) I e II, apenas.
c) I e III, apenas.
d) II e III, apenas.
e) I, II e II.

5. As avaliações psicológicas de vítimas de violência, realizadas no contexto jurídico-criminal, podem ser realizadas tanto na fase de _____, de caráter investigativo e prévio à ação penal, quanto, posteriormente, na fase de _____, dependendo do motivo do exame. Assinale a alternativa cujas palavras completam, correta e respectivamente, as lacunas da frase acima:
a) Processo penal – execução penal.
b) Inquérito policial – execução penal.
c) Execução penal – investigação policial.
d) Inquérito policial – processo penal.
e) Processo penal – investigação policial.

Referências

BORSA, J. C. Considerações sobre a formação e a prática em avaliação psicológica no Brasil. *Temas em Psicologia*, v. 24, n. 1, p. 131-143, 2016.

BRASIL. *Lei nº 7.210, de 11 de julho de 1984*. Institui a Lei de Execução Penal. Disponível em: <http://www.planalto.gov.br/ccivil_03/Leis/l7210.htm>. Acesso em: 05 jun. 2018.

BRASIL. *Lei nº 10.792, de 1 de dezembro de 2003*. Altera a Lei nº 7.210, de 11 de junho de 1984 - Lei de Execução Penal e o Decreto-Lei nº 3.689, de 3 de outubro de 1941 - Código de Processo Penal e dá outras providências. Disponível em: <http://www.planalto.gov.br/ccivil_03/Leis/2003/L10.792.htm>. Acesso em: 05 jun. 2018.

CONSELHO FEDERAL DE PSICOLOGIA. Cartilha Avaliação Psicológica. Brasília, DF: CFP, 2013.

CONSELHO FEDERAL DE PSICOLOGIA. O trabalho do (a) psicólogo(a) no sistema prisional: problematizações, ética e orientações. Brasília: CFP, 2016.

CONSELHO FEDERAL DE PSICOLOGIA. *Resolução CFP 007/2003b*. Institui o Manual de Elaboração de Documentos Escritos produzidos pelo psicólogo, decorrentes de avaliação psicológica e revoga a Resolução CFP º 17/2002. Disponível em: <https://site.cfp.org.br/wp-content/uploads/2003/06/resolucao2003_7.pdf>. Acesso em: 05 jun. 2018.

CONSELHO FEDERAL DE PSICOLOGIA. *Resolução CFP 008/2010*. Dispõe sobre a atuação do psicólogo como perito e assistente técnico no Poder Judiciário. Disponível em: <https://site.cfp.org.br/wp-content/uploads/2010/07/resolucao2010_008.pdf.>. Acesso em: 05 jun. 2018.

CONSELHO FEDERAL DE PSICOLOGIA. *Resolução CFP 009/2018*. Estabelece diretrizes para a realização de Avaliação Psicológica no exercício profissional da psicóloga e do psicólogo, regulamenta o Sistema de Avaliação de Testes Psicológicos - SATEPSI e revoga as Resoluções nº 002/2003, nº 006/2004 e nº 005/2012 e Notas Técnicas nº 01/2017 e 02/2017. Disponível em: <http://satepsi.cfp.org.br/docs/Resolu%C3%A7%C3%A3o-CFP-n%C2%BA-09-2018-com-anexo.pdf>. Acesso em: 05 jun. 2018.

CONSELHO FEDERAL DE PSICOLOGIA. *Resolução CFP 012/2011*. Regulamenta a atuação da(o) psicóloga(o) no âmbito do sistema prisional. Disponível em: <https://site.cfp.org.br/wp-content/uploads/2011/06/resolucao_012-11.pdf>. Acesso em: 05 jun. 2018.

GAVA, L.; PELISOLI, C.; DELL'AGLIO, D. D. A perícia psicológica em casos de suspeita de abuso sexual infanto-juvenil. *Avaliação Psicológica*, v. 12, n. 2, p. 137-145, ago. 2013.

HUTZ, C. S.; BANDEIRA, D. R.; TRENTINI, C. M. (Ed.) *Psicometria*. Porto Alegre: Artmed, 2015.

PASQUALI, L. Psicometria. *Revista Esc. Enferm*, São Paulo, v. 43, nº spe, p. 992-999, dez. 2009.

ROVINSKI, S. L. R. *Avaliação psicológica forense em situações de suspeita de abuso sexual em crianças*: possibilidades e riscos. Prâksis, v. 2, p. 19-25, 2014.

ROVINSKI, S.L.R. *Fundamentos da perícia psicológica forense*. 3. ed. São Paulo: Vetor, 2013.

VASCONCELLOS, S. J. L.; LAGO, V. de M. *A Psicologia jurídica e suas interfaces*: um panorama atual. Santa Maria: Ed. da UFSM, 2016.

Leituras recomendadas

CONSELHO FEDERAL DE PSICOLOGIA. *Resolução CFP 002/2003*. Define e regulamenta o uso, a elaboração e a comercialização de testes psicológicos e revoga a Resolução CFP nº 025/2001. <Disponível em: https://site.cfp.org.br/wp-content/uploads/2012/05/resoluxo022003.pdf>. Acesso em: 05 jun. 2018.

HUSS, M. T. *Psicologia forense*: pesquisa, prática clínica e aplicações. Porto Alegre: Artmed, 2011.

LAGO, V. de M. et. al. Um breve histórico da Psicologia Jurídica no Brasil e seus campos de atuação. *Estudos de Psicologia*, Campinas, v. 26, n. 4, p. 483-491, out./dez. 2009.

SHINE, S. (Org.). *Avaliação psicológica e lei*: adoção, vitimização, separação conjugal, dano psíquico e outros temas. São Paulo: Casa do Psicólogo, 2005.

Perfil psicológico no contexto da psicologia jurídica

Objetivos de aprendizagem

Ao final deste texto, você deve apresentar os seguintes aprendizados:

- Relacionar perfil psicológico e perfil criminal.
- Compreender o processo de elaboração do perfil psicológico e comportamental de criminosos.
- Analisar o perfil psicológico de agressores e vítimas.

Introdução

A psicologia jurídica pode ser caracterizada como uma área de interface entre a Psicologia e o Direito. Mesmo constituindo-se como campos de conhecimento e de atuação distintas, Psicologia e Direito possuem em comum o interesse pelo comportamento humano, sendo relevante para ambas as áreas, em diferentes níveis e com objetivos diversos, o entendimento de emoções, ações e características psicológicas de pessoas, grupos e instituições. No contexto jurídico, a necessidade de identificar e compreender essas características varia conforme a área e as demandas do Direito, mas configura-se como importante objeto de aporte da ciência psicológica à área jurídica.

Nesse cenário, insere-se a proposição do **perfil psicológico**, o qual se refere à investigação e à identificação, conforme diferentes demandas e objetivos, de características psicológicas e traços de personalidade e de comportamentos de indivíduos. No contexto jurídico e, mais especificamente, na área criminal, o foco do interesse recai principalmente sobre o perfil psicológico de pessoas envolvidas em crimes, denominado **perfil criminal** ou ***criminal profiling***.

Neste capítulo, você vai estudar os fundamentos do perfil psicológico e do perfil criminal no âmbito da psicologia jurídica. Vai conhecer e compreender processos de elaboração de perfis psicológicos de indivíduos autores de crimes, bem como diferentes perspectivas teóricas e práticas sobre perfil psicológico de agressores e de vítimas de violência.

Do perfil psicológico ao perfil criminal

O termo **perfil psicológico** é originário do termo em inglês *psychological profiling*. Os fundamentos e princípios da proposição do perfil (*profiling*) em Psicologia se referem à prática de identificar e reconhecer características psicológicas e traços de personalidade, bem como comportamentos, intenções e sentimentos de pessoas, em diferentes contextos.

Nesse sentido, a prática de traçar perfis de pessoas, grupos e instituições pode ser realizada em diferentes âmbitos e áreas de atuação da Psicologia. Por exemplo, na área organizacional, muitas empresas propõem definir o perfil psicológico que almejam para determinados cargos em processos de seleção de pessoal, com o objetivo de buscar candidatos que correspondam ao perfil da empresa e do cargo, a partir de suas características psicológicas e de personalidade.

No **contexto jurídico**, a prática de identificar, conhecer e desenvolver perfis psicológicos se constitui como uma das áreas de atuação do(a) **psicólogo(a) jurídico(a)**. Considerando as diferentes áreas do Direito, podem-se vislumbrar diversas demandas advindas do campo jurídico e forense para o entendimento e desenvolvimento de perfis psicológicos. Contudo, o desenvolvimento desses perfis, no âmbito jurídico, ocorre principalmente no contexto criminal.

Conforme Bloom (2012), existem diferentes definições para o termo e a prática do *profiling*, como é denominado na ciência psicológica. O desenvolvimento de perfis envolve tentativas de previsão, identificação e entendimento de características pessoais e de comportamentos. No desenvolvimento de um perfil psicológico, busca-se compreender características psíquicas e, consequentemente, possíveis ações do indivíduo considerando essas características. Nesse sentido, entende-se que é possível realizar o perfil psicológico de qualquer pessoa e conforme diferentes objetivos.

No que tange ao âmbito criminal, a prática de *psychological profiling* é conhecida como ***criminal profiling***, termo cunhado pelo *Federal Bureau of Investigation* (FBI) nos EUA; essa prática também é chamada de *offender profiling*. No Brasil, foi proposto o termo **perfil criminal**, tradução feita a partir do termo em inglês *criminal profiling*.

A técnica de perfil criminal se insere como ênfase da área da **psicologia investigativa**, conforme Lino e Matsunaga (2018) e Silveira (2013), a qual se refere a uma disciplina da Psicologia e, mais especificamente, da psicologia jurídica, no âmbito da psicologia criminal, de contributos da ciência psicológica à apuração de crimes. Sendo assim, constitui-se como um campo de conhecimento, de pesquisas e de práticas relacionadas a investigações de âmbito criminal. Trata-se de uma disciplina recente no contexto da Psicologia, tendo iniciado, conforme Silveira (2013), com estudos sobre a realização de perfis criminais, mas, na atualidade, engloba diferentes práticas psicológicas investigativas.

Desde o princípio do desenvolvimento da Psicologia científica, são realizadas pesquisas sobre fatores psicológicos envolvidos em crimes. Contudo, considera-se que a proposição do FBI, na década de 1950, de uma unidade de análise comportamental (*behavioral science unit*) e a criação, posteriormente, do Centro Nacional de Análise de Crimes Violentos (National Center for the Analysis of Violent Crimes), foram marcos importantes no desenvolvimento da área chamada de **psicologia criminal**. O método de analisar características psíquicas e comportamentais de sujeitos criminosos surgiu com agentes do FBI, os quais iniciaram estudos empíricos, por meio de entrevistas com assassinos famosos da época, para compreender o comportamento humano relativo a crimes de homicídio e características de personalidade, como afirmam Silveira (2013) e Canter (2004).

Nesse sentido, foi proposta, na década de 1980, pelo psicólogo David Canter, na Inglaterra, a vertente posteriormente chamada de psicologia investigativa (do inglês *investigative psychology*), método científico de estudo do comportamento em crimes violentos. Canter identificou limitações nas definições de perfis criminais, devido à falta de rigor científico, propondo um método a partir de estudos mais rigorosos. Canter (2004) destaca, assim, a importância do material policial para o campo da Psicologia.

Para Canter e Youngs (2009), todo crime se configura em uma série de comportamentos que remetem à personalidade do autor. Desse modo, essas ações do indivíduo podem fornecer indícios sobre os traços de personalidade e as demais características psicológicas do criminoso, sendo esse o foco do perfil criminal. Partindo desse entendimento, a psicologia investigativa propõe desenvolver princípios para a elaboração de um perfil criminal, a partir de observações, pesquisas empíricas, dados de casos e conhecimentos teóricos e técnicos, com vistas a tornar a elaboração de perfis psicológicos criminais um procedimento com rigor científico.

Existem diferentes definições e proposições de autores sobre perfil criminal na literatura científica e também em referências técnicas da área criminal. Conforme Simas (2012), essa técnica pode ser compreendida como um processo de inferir características psicológicas de indivíduo(s) por meio da análise do comportamento manifestado na cena do crime. Sendo assim, trata-se de uma técnica investigativa, baseada, principalmente, no conhecimento da Psicologia e da Psiquiatria, constituindo-se, portanto, como um campo multidisciplinar.

Para Canter e Youngs (2009), o conhecimento da ciência psicológica possibilita inferir acerca dessas características psicossociais e de personalidade a partir do ato criminal. A cena do crime pode apresentar indícios físicos observáveis, os quais são resultados de ações do(a) agressor(a) e da vítima. Assim, indícios como o método usado no crime, os objetos deixados e encontrados no local do crime e as características da própria vítima podem ser usados para investigar e inferir sobre o **perfil psicológico do ofensor**. Além disso, pode-se realizar o **perfil psicológico de vítimas de crimes** a partir desses indícios encontrados e de diferentes fatores relativos ao crime examinado.

No Brasil, a realização de perfis criminais consiste em uma prática ainda pouco difundida, sendo possível encontrar poucos estudos científicos sobre a temática no contexto brasileiro, e não se constituindo esta como prática corrente do profissional de Psicologia nos diferentes níveis de ação e instituições jurídicas. Contudo, vislumbra-se um crescimento de interesse, pesquisas e desenvolvimento de práticas de perfil criminal no país, já tendo o mesmo sido utilizado em investigações, como afirma Silveira (2013). Nesse sentido, é importante destacar a necessidade de mais estudos científicos sobre o tema no âmbito nacional, com vistas a avaliar sua aplicabilidade como recurso investigativo e como prova no processo judicial.

Link

Federal Bureau of Investigation (FBI)
O FBI é uma unidade de polícia do Departamento de Justiça dos Estados Unidos que atua tanto como uma polícia de investigação quanto como um serviço de inteligência interna. O FBI tem jurisdição investigativa sobre as violações de diversas categorias de crimes federais. Ele possui uma **unidade de ciência do comportamento** (*Behavioral Science Unit*), na qual se desenvolvem pesquisas e técnicas na área do comportamento humano relacionado a crimes.

> Confira textos, manuais e casos reais sobre perfis criminais no site do Federal Bureau of Investigation (FBI), disponível no *link* abaixo ou no código ao lado.
>
> https://goo.gl/4tSRh

A elaboração do perfil psicológico e comportamental de criminosos

Compreender o **comportamento criminal** se constitui em um desafio no contexto jurídico-criminal, sendo relevante para discernir padrões de conduta que possam fornecer pistas para a resolução de investigações policiais. Nesse sentido, a ciência psicológica busca proporcionar subsídios teóricos e técnicos que contribuam em investigações de crimes. Muitos psicólogos têm podido ajudar as autoridades policiais, sugerindo algum sentido de padrões criminais que emergem a partir da análise da informação reunida pelos investigadores e aconselhando-os acerca do significado que algumas dessas ações de indivíduos criminosos possam ter em termos da sua história pessoal e de sua personalidade. Nesse contexto é que se insere a prática do perfil criminal, como afirma Simas (2012).

O **perfil criminal** pode ser caracterizado como um processo de análise comportamental e de outras características psicológicas, o qual propõe auxiliar investigadores e outros profissionais do campo jurídico-criminal a conhecerem o perfil psicológico de sujeitos criminosos. Geralmente, realiza-se o perfil criminal quando se desconhece o autor do crime, visto que esse processo visa a reconhecer suas características psicológicas e comportamentais com o principal intuito de desvendar a autoria do delito. Desse modo, essa prática pode contribuir para criar uma lista ou reduzir o número de suspeitos, por exemplo.

O processo de perfil criminal inclui **perfis vitimológicos**, ou seja, com o foco no perfil psicológico da(s) vítima(s), e envolve também **análises motivacionais** para o comportamento do criminoso. Sendo assim, o **perfilador** (do termo em inglês *profiler*), ou seja, o profissional que desenvolve o perfil criminal, não realiza somente a identificação do ofensor, mas desempenha também o papel de consultor na investigação criminal, auxiliando no entendimento e na resolução de casos. O perfil pode ser muito útil também para orientar interrogatórios realizados por agentes policiais, assim como em casos de negociação de reféns.

Nesse sentido, é importante enfatizar que a utilidade do perfil criminal está circunscrita a casos que demandem essa prática, pois nem todos os delitos possibilitam ou requerem esse tipo de análise. Conforme Simas (2012), essa análise refere-se a uma técnica para crimes específicos, mais graves, como é o caso do homicídio. São considerados critérios pertinentes para se constituir a **demanda por perfis criminais**: cometimento de um crime violento; ausência de vestígios forenses conclusivos; indicativos de psicopatologia por parte do ofensor na prática do crime; ou quando os outros indícios de investigação já foram analisados e se revelaram inconclusivos.

Ainda de acordo com Simas (2012), constituem **pressupostos fundamentais na técnica de perfil criminal**:

- o *profiling* se refere ao processo pelo qual se tenta estabelecer o perfil psicossocial de um agressor a partir do estudo de toda a informação disponível acerca do(s) seu(s) crime(s), o que inclui o estudo da cena do(s) crime(s), da(s) vítima(s) e das perícias forenses já realizadas;
- no cerne dessa técnica está o entendimento de que se podem deduzir as características de um(a) agressor(a) a partir das características das suas ações;
- esse método é mais utilizado em crimes nos quais a polícia tem poucas pistas e/ou não sabe que tipo de suspeito deve investigar ou procurar;
- a prática da técnica de análise comportamental envolve a interface entre raciocínio indutivo e raciocínio dedutivo sobre a informação reunida, utilizando um método de análise indutivo-dedutivo;
- essa técnica tem sido utilizada principalmente na investigação de crimes de violência e de homicídio, especialmente em casos de crimes em série;
- no que tange ao profissional que realizará o perfil, este deve tentar saber o máximo possível acerca do delito, usar seu conhecimento e sua experiência para ponderar as possíveis motivações para o crime e, por fim, a partir desses elementos, traçar um perfil do autor do crime.

Sendo assim, para a elaboração de perfis criminais, constituem práticas do profissional a realização da avaliação psicológica e social do agressor (chamada aqui de **avaliação psicossocial**) e da avaliação psicológica dos objetos encontrados, bem como a consultoria com agentes e autoridades policiais acerca das melhores estratégias de entrevistas dos suspeitos e outras atividades relacionadas, conforme Simas (2012).

Quanto ao processo de elaboração do perfil criminal, este pode envolver diversos **instrumentos de avaliação e de análise**. Entre os instrumentos mais utilizados, estão: avaliação da cena do crime, autópsia psicológica da(s) vítima(s), análise grafológica de documentos e de cartas, entrevistas com diferentes pessoas envolvidas, perfil geográfico e reconstrução do crime.

> **Saiba mais**
>
> **Autópsia psicológica**
> Segundo Werlang (2012), o termo "autópsia psicológica" foi cunhado por Shneidman no final da década de 1950, tendo sido proposto como um procedimento para assessorar médicos forenses a classificar, com maior precisão, o registro de suicídio no certificado do óbito. Trata-se de um processo de avaliação complexa, que visa a compreender os aspectos psicológicos envolvidos em uma morte específica. Sendo assim, a autópsia psicológica se refere a uma estratégia utilizada para delinear as características psicológicas de vítimas de morte violenta, podendo ser usada durante o curso de uma investigação de morte com vistas a auxiliar na determinação do modo como ocorreu o óbito.

Segundo Bloom (2012), alguns dos eventos associados a uma demanda para criação de perfil podem ser psicológicos, **internos aos indivíduos** e não diretamente observáveis e inferidos, como pensamentos, intenções e emoções. Outros eventos internos podem ser de natureza física ou biológica, como dinâmica estrutural neuroanatômica, hormônios e processos neurofisiológicos diversos. Ainda, outros eventos são **externos à pessoa**, observáveis e comportamentais, relativos ao contexto.

São considerados **objetivos da técnica de perfil criminal**, conforme Turvey (2012) e Canter e Youngs (2009):

- estabelecer um tipo psicológico geral do autor – ou seja, não se trata de um método para se identificar um indivíduo ou sua personalidade, mas as características possíveis desse sujeito ou um tipo geral de personalidade em que o autor do crime se enquadre, o que poderá contribuir para a identificação desse indivíduo;
- restringir a lista de suspeitos, visto que, considerando-se o perfil psicossocial do autor, pode-se enfocar a investigação de suspeitos que se

encaixem nas características do perfil, reduzindo o tempo e os recursos na resolução do caso;
- relacionar casos com as mesmas características, possibilitando resolver outros casos;
- fornecer dados que auxiliem as entrevistas de policiais e operadores do Direito com autor(es) e/ou vítima(s);
- predizer comportamentos do autor, sendo a previsão uma das proposições do perfil criminal.

Análise do perfil psicológico de agressores e de vítimas

No que tange ao estudo do crime e dos ofensores, bem como dos fenômenos sociais e comportamentais relacionados, Simas (2012) destaca duas perspectivas: a idiográfica e a nomotética. A **perspectiva idiográfica** se refere ao estudo do caso concreto, ou seja, sua ênfase recai sobre casos específicos, examinando indivíduos e as suas características atuais e reais, com ênfase nas características e comportamentos particulares dos indivíduos. Por outro lado, a **perspectiva nomotética** se refere ao estudo a um nível abstrato, por meio da análise de grupos e de leis mais gerais. Uma crítica a esse tipo de estudo é que pode produzir generalizações a partir de vieses pessoais dos investigadores e, por isso, podem ser uma referência pouco confiável em termos de perfis psicológicos individuais. Contudo, a autora citada enfatiza que os estudos nomotéticos são pertinentes quando se pretende definir e compreender um grupo como um todo, ou como processo inicial de teorização do caso.

Nesse sentido, Turvey (2012) distingue dois **tipos de perfis criminais**: o **perfil idiográfico**, o qual resulta da análise de um caso em que são conhecidos os fatos concretos, sendo útil para compreender as características, as dinâmicas e a relação entre a cena do crime, o ofensor e a vítima; e o **perfil nomotético**, o qual resulta do estudo de grupos de ofensores e representa tendências e possibilidades teóricas. O autor refere que as abordagens atuais na prática do *profiling* priorizam os métodos nomotéticos; por exemplo, o caso das tipologias desenvolvidas pelo FBI.

Pode-se distinguir ainda o método dedutivo e o método indutivo. O **método dedutivo**, relativo ao perfil idiográfico, permite que teorias criminológicas, psicológicas e sociológicas e a experiência investigativa sobre o comportamento criminal promovam as premissas necessárias para que o profissional deduza as informações sobre a autoria do crime de modo individual, conforme o caso, como afirma Turvey (2012). Constituem **técnicas de metodologia dedutiva**, conforme Simas (2012):

- análise de pistas comportamentais (*behavioral evidence analysis*), caracterizada como um método de investigação criminal dedutivo que requer a análise e a interpretação particulares de indícios físicos e características da cena do crime e da vitimologia;
- estudos de avaliação do *profiling*, com o objetivo de medir a eficácia dos perfis psicológicos na área criminal.

Já o **método indutivo**, relativo ao perfil nomotético, diz respeito à aplicação de previsões, baseadas em informação de outros casos, a um caso específico, e inclui as seguintes **técnicas de metodologia indutiva**, conforme Simas (2012):

- análise da investigação criminal ou análise da cena do local do crime (*criminal investigative analysis*), em que o profissional procura pistas comportamentais na cena do crime ou, no caso de um homicídio, pistas contidas nos resultados da autópsia psicológica, sendo um dos métodos de base propostos pelo FBI;
- avaliação diagnóstica (*diagnostic evaluation*), técnica baseada sobretudo em diagnósticos clínicos acerca das motivações do ofensor, realizada principalmente por profissionais da Psicologia;
- psicologia investigativa (*investigative psychology*), abordagem mais científica do perfil criminal, desenvolvida por David Canter, que se propõe a compreender as causas do crime em geral;
- perfil geográfico (*geographic profiling* ou *geoprofiling*), método nomotético utilizado para determinar a provável área geográfica da residência do ofensor, do seu local de trabalho ou outros pontos de interesse.

> **Exemplo**
>
> Como exemplo de estudos de avaliação do *profiling*, do método dedutivo, podemos citar como exemplo um estudo realizado por Copson (1995), que analisou 184 investigações em que o *criminal profiling* tinha sido utilizado na Grã-Bretanha. Os resultados indicam que o *profiling* foi usado não só para obter um perfil preditivo, mas também para melhor compreender os comportamentos dos criminosos. O perfil criminal foi útil para resolver apenas 14,1% dos casos e abriu novas possibilidades de investigação em apenas 16,3%; 82,6% dos investigadores consideraram que o *profiling* avançou concretamente a investigação; e o *profiling* foi considerado mais útil para avançar a compreensão do crime e do criminoso (60,9%) do que para identificar suspeitos (apenas 2,7%).

Para analisar o perfil psicológico de ofensores, deve-se considerar que as ações durante o crime são resultado de características psíquicas e de traços de personalidade, de escolhas e de impulsos individuais relativos ao comportamento usual do indivíduo. Nesse sentido, o **comportamento durante o crime** pode ser usado para inferir o repertório comportamental usual do indivíduo, bem como sentimentos, intenções e características pessoais. Como o comportamento reflete a personalidade, e esta a realidade social, emocional, cognitiva e de vivências do indivíduo, torna-se pertinente conhecer mais sobre o sujeito a partir da sua conduta criminal, sendo esse o princípio do perfil criminal.

No que tange ao perfil psicológico de vítimas, este é designado como perfil vitimológico, o qual objetiva identificar e analisar o perfil da(s) vítima(s) do crime examinado ou de crimes similares. O desenvolvimento do perfil vitimológico envolve a avaliação de aspectos como questões motivacionais para a escolha da vítima e relação desta com o ofensor, entre outros fatores. Conforme Gonçalves (2016), Kosovski (2014) e Cárdenas (2011), o estudo das vítimas de violência é o foco da área conhecida como **vitimologia**. Gonçalves (2016) destaca a vitimologia enquanto área do conhecimento autônoma da **criminologia**, a qual não é restrita ao estudo da vítima do crime, abrangendo o estudo do conjunto das vítimas em diferentes contextos.

Simas (2012) destaca que o perfil criminal deve ser encarado como mais uma técnica investigativa à disposição do investigador para tentar identificar os ofensores. Nesse sentido, as análises de padrões criminais, as pesquisas sobre vitimologia e as práticas de perfis psicológicos podem ser considerados como processos de estudo e compreensão do crime, com ênfase na psicologia criminal.

Quanto à técnica do perfil criminal, é importante enfatizar a necessidade do desenvolvimento de mais pesquisas empíricas e outros estudos para se avaliar a confiabilidade e a eficácia do método, bem como o desenvolvimento de técnicas padronizadas e baseadas em práticas éticas que o conhecimento científico proporciona. Conforme destaca Bloom (2012), decisões importantes podem ser tomadas a partir de perfis psicológicos, por isso essa prática exige preparação, conhecimento teórico e técnico e cuidado ético por parte do profissional de Psicologia.

Exercícios

1. No âmbito da psicologia jurídica, o desenvolvimento de perfis psicológicos no contexto criminal é denominado:
   a) Perfil comportamental.
   b) Avaliação criminal.
   c) Perfil psíquico.
   d) Perícia criminal.
   e) Perfil criminal.

2. A disciplina da psicologia jurídica, e mais especificamente a psicologia criminal, campo de conhecimento, pesquisas e práticas relacionadas a investigações de âmbito criminal proposta pelo psicólogo David Canter, é chamada de:
   a) Psicologia investigativa.
   b) Psicologia do testemunho.
   c) Psicologia forense.
   d) Criminologia.
   e) Psicologia judiciária.

3. O processo de elaboração do perfil criminal pode envolver diferentes instrumentos e técnicas. Entre eles, estão:
   I. Avaliação da cena do crime.
   II. Autópsia psicológica da(s) vítima(s).
   III. Análise grafológica de documentos e de cartas.
   Quais estão corretas?
   a) I, apenas.
   b) I e II, apenas.
   c) I e III, apenas.
   d) II e III, apenas.
   e) I, II e III.

4. Quanto às abordagens de perfil criminal, pode-se distinguir entre perfil dedutivo e perfil indutivo. Sobre o método dedutivo, é correto afirmar:
   a) Refere-se ao perfil nomotético, relativo à aplicação de previsões, baseadas em informação de outros casos, a um caso específico.
   b) Inclui técnicas como análise da investigação criminal e avaliação diagnóstica.
   c) Esse método inclui a abordagem da psicologia Investigativa, que propõe compreender as causas do crime em geral.
   d) O método inclui somente as técnicas de perfil

geográfico e análise de pistas comportamentais.
e) Refere-se ao perfil idiográfico, relativo à análise dos padrões comportamentais identificáveis na(s) ocorrência(s) de uma investigação, com o fim de formar teorias e opiniões acerca desse mesmo caso.

5. São técnicas da metodologia indutiva:

I. Análise de pistas comportamentais.
II. Análise da investigação criminal.
III. Avaliação diagnóstica.
IV. Psicologia investigativa.

Quais estão corretas?
a) I, apenas.
b) I e II, apenas.
c) II e III, apenas.
d) III e IV, apenas.
e) II, III e IV, apenas.

Referências

BLOOM, R. *Foundations of psychological profiling*: terrorism, espionage and deception. New York: CRC Press, 2012.

CANTER, D. V. Offender profiling and investigative psychology. *Journal of Investigative Pscyhology and Offender Profiling*, v. 1, n. 1, p. 1-15, jan. 2004.

CANTER, D. V.; YOUNGS, D. *Investigative psychology*: offender profiling and the analysis of criminal action. Chicheste: John Wiley & Sons, 2009.

CÁRDENAS, A. E. M. La Victimología como estudio: redescubrimiento de la victíma para el processo penal. *Revista Prolegómenos – Derechosy Valores*, Bogotá, n. 27, v. 14, p. 27-42, jan./jun. 2011.

COPSON, G. *Coals to newcastle?*: part 1: a study of offender profiling. London: Home Office, Police Research Group, 1995.

GONÇALVES, V. C. Violência contra a mulher: contribuições da vitimologia. *Sistema Penal e Violência*, Porto Alegre, v. 8, n. 1, p. 38-52, jan.-jun. 2016.

KOSOVSKI, E. Histórico e escopo da vitimologia. In: KOSOVSKI, E.; PIEDADE JR., H.; ROITMAN, R. (Org.). *Estudos de Vitimologia*. Rio de Janeiro: Letra Capital, 2014, p. 27-34.

LINO, D.; MATSUNAGA, L. H. Perfil criminal geográfico: novas perspectivas comportamentais para investigação de crimes violentos no Brasil. *Revista Brasileira de Criminalística*, Brasília, DF, v. 7, n. 1, p. 7-16, 2018.

SILVEIRA, L. M. *Elaboração de perfil psicológico de autores de homicídios através da avaliação da cena do crime*. 2013. Dissertação (Mestrado em Ciências Criminais) - Programa de Pós-Graduação em Ciências Criminais, Pontifícia Universidade Católica do Rio Grande do Sul, Porto Alegre: PUCRS, 2013.

SIMAS, T. K. *Profiling criminal*: introdução à análise comportamental no contexto investigativo. Lisboa: Rei dos Livros, 2012.

TURVEY, B. E. *Criminal Profiling*: an introduction to behavioral evidence analysis. 4. ed. San Diego CA: Academic Press, 2012.

WERLANG. B. S. G. Autópsia psicológica, importante estratégia de avaliação retrospectiva. *Ciência e Saúde Coletiva*, Rio de Janeiro, v. 17, n. 8, p. 1955-1957, ago. 2012.

Transtornos de personalidade *borderline* e antissocial

Objetivos de aprendizagem

Ao final deste texto, você deve apresentar os seguintes aprendizados:

- Definir transtornos de personalidade e seu diagnóstico, de acordo com o DSM-5.
- Relacionar os transtornos de personalidade *borderline* e antissocial com o perfil comportamental de criminosos.
- Relacionar crimes sexuais com transtornos mentais.

Introdução

No âmbito da psicologia jurídica, a área que propõe estudar a associação entre transtornos mentais e comportamento violento é conhecida como psicopatologia forense. O principal objeto de estudo dessa área é a relação entre transtornos mentais variados — como os transtornos da personalidade e os transtornos parafílicos — e crimes, sendo essa relação complexa e multifacetada.

Os transtornos da personalidade podem ser caracterizados como um padrão persistente de experiência interna e comportamento que se desvia intensamente das expectativas da cultura do indivíduo, tendo seu início na adolescência ou no começo da fase adulta e sendo estável ao longo do tempo, com decorrente prejuízo ou sofrimento. Vislumbram-se diversos transtornos da personalidade, conforme o *Manual Diagnóstico e Estatístico de Transtornos Mentais*, 5. ed. (DSM-5).

Neste capítulo, você vai estudar os transtornos da personalidade e parafílicos, tendo como foco os transtornos da personalidade *borderline* e antissocial, bem como a relação desses transtornos com alguns crimes e o perfil psicológico de criminosos.

Transtornos da personalidade e diagnóstico

No decorrer da história médica e psiquiátrica, surgiram diferentes termos para designar os padrões não adaptativos da personalidade e das dimensões afetivas, comportamentais e sociais. Assim, havia uma variação acentuada quanto a descrições de sintomas e diagnósticos, a qual dificultava o delineamento das intervenções e do prognóstico dos indivíduos com transtornos mentais. A imprecisão e a divergência entre especialistas para classificar um quadro clínico foi uma das premissas que levaram a Associação Americana de Psiquiatria (APA) e a Organização Mundial da Saúde (OMS) a desenvolverem critérios para diagnosticar os distúrbios mentais. O *Manual Diagnóstico e Estatístico de Transtornos Mentais* (DSM), criado pela APA, e a *Classificação Internacional de Doenças* (CID), criada pela OMS, foram propostos com o intuito de catalogar uma série de transtornos mentais identificados e clinicamente descritos (APA, 2018; BLASHFIELD et al., 2014; ALVARENGA et al., 2009).

O DSM *é* uma classificação de transtornos mentais e critérios associados e foi elaborado para facilitar o estabelecimento de diagnósticos mais confiáveis desses transtornos. O manual teve várias revisões nos últimos 60 anos, tornando-se uma referência para a prática clínica, na área da saúde mental, e no diagnóstico de transtornos mentais em diferentes contextos (APA, 2015).

A atual edição (DSM-5) foi publicada a partir de extenso processo de revisão dos critérios diagnósticos e da classificação dos transtornos, tendo havido acréscimo e supressão de alguns transtornos em relação à versão anterior.

Conforme o DSM-5:

> um transtorno da personalidade é um padrão persistente de experiência interna e comportamento que se desvia acentuadamente das expectativas da cultura do indivíduo, é difuso e inflexível, começa na adolescência ou no início da fase adulta, é estável ao longo do tempo e leva a sofrimento ou prejuízo (APA, 2015, p. 1008).

Entre os transtornos da personalidade propostos no DSM-5, estão: transtorno da personalidade paranoide; transtorno da personalidade esquizoide; transtorno da personalidade esquizotípica; transtorno da personalidade antissocial; transtorno da personalidade *borderline*; transtorno da personalidade histriônica; transtorno da personalidade narcisista; transtorno da personalidade evitativa; transtorno da personalidade dependente; transtorno da personalidade obsessivo-compulsiva, entre outros (APA, 2015).

A abordagem atual dos transtornos da personalidade está presente na Seção II do manual ("Critérios diagnósticos e códigos"). Um modelo alternativo,

porém, desenvolvido especialmente para o DSM-5, é apresentado na Seção III ("Instrumentos de avaliação e modelos emergentes"). O Conselho de Diretores da APA optou pela inclusão desses dois modelos no DSM-5 com o intuito de preservar a continuidade da prática clínica atual e, ao mesmo tempo, apresentar uma nova abordagem dos transtornos da personalidade, que visa a abarcar pontos considerados frágeis na abordagem atual. Assim, nesse modelo alternativo do DSM-5, "os transtornos da personalidade são caracterizados por prejuízos no funcionamento da personalidade e por traços de personalidade patológicos" (APA, 2015, p. 1. 166), sendo que os diagnósticos específicos de transtorno da personalidade derivados desse modelo englobam os transtornos da personalidade antissocial, evitativa, *borderline*, narcisista, obsessivo-
-compulsiva e esquizotípica. O Quadro 1 apresenta os critérios diagnósticos de transtorno da personalidade, com base na APA (2015).

Quadro 1. Critérios diagnósticos de transtorno da personalidade

Critérios
A. Um padrão persistente de experiência interna e comportamento que se desvia acentuadamente das expectativas da cultura do indivíduo. Esse padrão manifesta-se em duas (ou mais) das seguintes áreas: 1. Cognição (i.e., formas de perceber e interpretar a si mesmo, outras pessoas e eventos).   2. Afetividade (i.e., variação, intensidade, labilidade e adequação da resposta emocional).   3. Funcionamento interpessoal.   4. Controle de impulsos.   B. O padrão persistente é inflexível e abrange uma faixa ampla de situações pessoais e sociais.   C. O padrão persistente provoca sofrimento clinicamente significativo e prejuízo no funcionamento social, profissional ou em outras áreas importantes da vida do indivíduo.   D. O padrão é estável e de longa duração, e seu surgimento ocorre pelo menos a partir da adolescência ou do início da fase adulta.   E. O padrão persistente não é mais bem explicado como uma manifestação ou consequência de outro transtorno mental.   F. O padrão persistente não é atribuível aos efeitos fisiológicos de uma substância (p. ex., droga de abuso, medicamento) ou a outra condição médica (p. ex., traumatismo craniencefálico).

Fonte: Adaptado de American Psychiatric Association (APA, 2015, p. 1010).

Perfil psicológico e comportamental de criminosos

Neste tópico, o foco recai sobre os transtornos da personalidade *borderline* e antissocial, os quais estão presentes nas Seções II e III do DSM-5. No manual, os transtornos da personalidade estão reunidos em três grupos, com base em semelhanças descritivas. Os transtornos da personalidade antissocial e *borderline* estão inclusos no Grupo B, o qual também inclui os transtornos da personalidade histriônica e narcisista. Conforme o DSM-5, indivíduos com esses transtornos costumam parecer dramáticos, emotivos ou erráticos (APA, 2015).

Transtorno da personalidade antissocial

Em relação ao transtorno da personalidade antissocial (TPAS), a característica essencial desse transtorno, conforme o DSM-5, "é um padrão difuso de indiferença e violação dos direitos dos outros, o qual surge na infância ou no início da adolescência e continua na vida adulta" (APA, 2015, p. 1029). Para se estabelecer o diagnóstico, o indivíduo deve ter no mínimo 18 anos de idade e deve ter apresentado sintomas de transtorno da conduta antes dos 15 anos, sendo que o padrão de comportamento antissocial continua até a vida adulta.

> **Saiba mais**
>
> O **transtorno da conduta** envolve um padrão repetitivo e persistente de comportamento no qual são violados os direitos básicos dos outros e/ou as principais normas ou regras sociais apropriadas à idade do indivíduo. Os comportamentos característicos do transtorno da conduta se encaixam em quatro categorias: agressão a pessoas e animais; destruição de propriedade; fraude ou roubo; ou grave violação a regras (APA, 2015).

Ainda conforme critérios do DSM-5, indivíduos com transtorno da personalidade antissocial não conseguem ajustar-se às **normas sociais** referentes a comportamentos considerados lícitos, podendo realizar atos que são considerados crimes. Pessoas com esse transtorno desrespeitam os desejos, direitos ou sentimentos dos outros e com frequência enganam e manipulam para obter ganho ou prazer pessoal. Além disso, podem mentir frequentemente, bem como trapacear e cometer atos contrários a regras sociais. Também se observa, em indivíduos com TPAS, um **padrão de impulsividade**, o qual pode ser manifestado por fracasso em fazer planos para o futuro, sendo que as decisões são tomadas sem análise e sem consideração em relação às consequências para si ou para outros (APA, 2015).

Indivíduos com TPAS tendem a ser **irritáveis e agressivos** e podem envolver-se seguidamente em brigas ou cometer atos de agressão física. Nesse sentido, demonstram também descaso pela própria segurança ou pela de outros, bem como tendem a ser irresponsáveis. Pessoas com o transtorno demonstram **pouco remorso** pelas consequências de suas atitudes, mostrando-se indiferentes quando ferem, maltratam ou prejudicam alguém, racionalizando de modo superficial essas situações (APA, 2015). O Quadro 2 apresenta os critérios diagnósticos do transtorno da personalidade antissocial, de acordo com a APA (2015).

Quadro 2. Critérios diagnósticos de transtorno da personalidade antissocial

Critérios diagnósticos

A. Um padrão difuso de desconsideração e violação dos direitos das outras pessoas que ocorre desde os 15 anos de idade, conforme indicado por três (ou mais) dos seguintes:

1. Fracasso em ajustar-se às normas sociais relativas a comportamentos legais, conforme indicado pela repetição de atos que constituem motivos de detenção.
2. Tendência à falsidade, conforme indicado por mentiras repetidas, uso de nomes falsos ou de trapaça para ganho ou prazer pessoal.
3. Impulsividade ou fracasso em fazer planos para o futuro.
4. Irritabilidade e agressividade, conforme indicado por repetidas lutas corporais ou agressões físicas.
5. Descaso pela segurança de si ou de outros.
6. Irresponsabilidade reiterada, conforme indicado por falha repetida em manter uma conduta consistente no trabalho ou honrar obrigações financeiras.
7. Ausência de remorso, conforme indicado pela indiferença ou racionalização em relação a ter ferido, maltratado ou roubado outras pessoas.

B. O indivíduo tem no mínimo 18 anos de idade.

C. Há evidências de transtorno da conduta com surgimento anterior aos 15 anos de idade.

D. A ocorrência de comportamento antissocial não se dá exclusivamente durante o curso de esquizofrenia ou transtorno bipolar.

Fonte: Adaptado de American Psychiatric Association (APA, 2015, p. 1029).

Transtorno da personalidade *borderline*

No que tange ao transtorno da personalidade *borderline* (TPB), a característica essencial desse transtorno "é um padrão difuso de instabilidade das relações interpessoais, da autoimagem e de afetos e de impulsividade acentuada que surge no começo da vida adulta e está presente em vários contextos" (APA, 2015, p. 1036). Sendo assim, indivíduos com esse transtorno tentam de diversos modos evitar abandono real ou imaginário, visto que a percepção de uma separação ou rejeição iminente ou a perda de estrutura externa podem levar a mudanças na autoimagem, no afeto, na cognição e no comportamento. São pessoas sensíveis às circunstâncias ambientais, que vivenciam medos intensos de abandono e, consequentemente, experimentam raiva inadequada mesmo diante de uma separação de curto prazo.

Tais medos de abandono do indivíduo com TPB têm relação com uma intolerância a ficar só e necessidade de ter outras pessoas por perto. Os esforços para evitar o abandono podem incluir ações impulsivas, tais como automutilação e/ou comportamentos suicidas. Desse modo, apresentam um padrão de relacionamentos instável e intenso e podem idealizar cuidadores ou companheiros potenciais em um primeiro ou segundo encontro, exigir ficar muito tempo juntos e partilhar os detalhes pessoais mais íntimos logo no início de um relacionamento. Contudo, esses sujeitos podem mudar da idealização à desvalorização de modo rápido, sentindo que a outra pessoa não se importa e/ou não está "presente" o suficiente. Nesse sentido, indivíduos com personalidade *borderline* estão propensos a mudanças efêmeras na sua forma de enxergar os outros. Em geral, essas mudanças refletem desilusão com um cuidador cujas qualidades de dedicação haviam sido idealizadas ou cuja rejeição ou abandono era previsto.

No transtorno da personalidade *borderline*, pode ocorrer uma perturbação da identidade, caracterizada por instabilidade acentuada e persistente da imagem ou da percepção de si mesmo. Nesse sentido, são características do transtorno as mudanças súbitas na autoimagem, marcadas por metas, valores e objetivos vocacionais inconstantes. Também podem ocorrer mudanças súbitas de opiniões e de planos sobre diferentes aspectos da vida do sujeito, como carreira profissional, valores e tipos de amigos, entre outros (APA, 2015).

Outra característica do TPB é a impulsividade, que se apresenta em pelo menos duas áreas potencialmente autodestrutivas, conforme o DSM-5. Esses atos autodestrutivos, tais como comportamentos de automutilação e/ou ameaças suicidas, são geralmente precipitados por ameaças de separação ou rejeição ou por expectativas de que o indivíduo assuma maiores responsabilidades.

Nesse sentido, pessoas com o transtorno podem demonstrar *instabilidade afetiva*. Podem ser perturbados por sentimentos crônicos de vazio e frequentemente expressam raiva inadequada e intensa ou têm dificuldades em controlá-la. Tais expressões de raiva costumam ser seguidas de vergonha e culpa, contribuindo para um sentimento negativo sobre si. Durante períodos de estresse extremo, podem ocorrer ideação paranoide ou sintomas dissociativos transitórios. Os sintomas, no transtorno da personalidade *borderline*, tendem a ser passageiros, durando de minutos a horas, e o retorno da dedicação do cuidador pode resultar em remissão dos sintomas (APA, 2015). O Quadro 3 apresenta os critérios diagnósticos do transtorno da personalidade *borderline*, conforme a APA (2015).

Quadro 3. Critérios diagnósticos de transtorno da personalidade borderline

Critérios diagnósticos

Um padrão difuso de instabilidade das relações interpessoais, da autoimagem e dos afetos e de impulsividade acentuada que surge no início da vida adulta e está presente em vários contextos, conforme indicado por cinco (ou mais) dos seguintes:

1. Esforços desesperados para evitar abandono real ou imaginado. (Nota: não incluir comportamento suicida ou de automutilação, coberto pelo Critério 5.)
2. Um padrão de relacionamentos interpessoais instáveis e intensos, caracterizado pela alternância entre extremos de idealização e desvalorização.
3. Perturbação da identidade: instabilidade acentuada e persistente da autoimagem ou da percepção de si mesmo.
4. Impulsividade em pelo menos duas áreas potencialmente autodestrutivas (p. ex., gastos, sexo, abuso de substância, direção irresponsável, compulsão alimentar). (Nota: não incluir comportamento suicida ou de automutilação, coberto pelo Critério 5.)
5. Recorrência de comportamento, gestos ou ameaças suicidas ou de comportamento automutilante.
6. Instabilidade afetiva devido a uma acentuada reatividade de humor (p. ex., disforia episódica, irritabilidade ou ansiedade intensa, com duração geralmente de poucas horas e, apenas raramente, de mais de alguns dias).
7. Sentimentos crônicos de vazio.
8. Raiva intensa e inapropriada ou dificuldade em controlá-la (p. ex., mostras frequentes de irritação, raiva constante, brigas físicas recorrentes).
9. Ideação paranoide transitória associada a estresse ou sintomas dissociativos intensos.

Fonte: Adaptado de American Psychiatric Association (APA, 2015, p. 1035).

O comportamento crimininal

No que tange às demandas do contexto forense e ao uso do DSM, embora o objetivo principal do manual seja o de auxiliar profissionais da área clínica e de saúde mental na condução da avaliação, no entendimento do caso e no planejamento do tratamento, o DSM também é usado como referência, no contexto jurídico, para avaliar as consequências forenses de transtornos mentais. Sendo assim, os diagnósticos e as informações diagnósticas dos transtornos podem auxiliar os operadores do Direito em suas deliberações (APA, 2015).

Contudo, conforme se destaca no próprio manual, "o uso do DSM-5 deve envolver o conhecimento dos riscos e limitações no âmbito forense" (APA, 2015, p. 104). Assim, deve-se ter cuidado para que as informações diagnósticas não sejam usadas de forma indevida ou compreendidas erroneamente no que tange às categorias, aos critérios e às descrições do DSM-5, quando estas são consideradas para fins forenses. Isso pode ocorrer porque nem sempre haverá consenso entre as informações contidas em um diagnóstico clínico e as questões de interesse da justiça.

Diversos transtornos mentais constituem foco de interesse do Direito e, mais especificamente, do Direito Penal e das ciências criminais em geral, devido à corrente associação entre alguns transtornos mentais e o comportamento criminal. Nesse contexto, o(a) psicólogo(a) pode contribuir com pesquisas científicas, por exemplo, com o objetivo de conhecer e identificar a relação entre certos transtornos mentais e comportamentos violentos, bem como, conforme destacam Lago et al. (2009), com a atuação junto a indivíduos com transtornos mentais que cometeram algum delito. No Brasil, esses sujeitos recebem medida de segurança e são encaminhados para os institutos psiquiátricos forenses, responsáveis pela realização de perícias oficiais na área criminal e pelo atendimento psiquiátrico à rede penitenciária.

Neste tópico, a ênfase incide sobre os transtornos da personalidade antissocial e *borderline*. Destes, o TPAS é um dos principais transtornos estudados na área jurídica e criminal, devido às características do próprio transtorno, visto que o mesmo é constituído por critérios diagnósticos relativos a comportamentos criminais, por exemplo, "fracasso em ajustar-se às normas sociais relativas a comportamentos legais, conforme indicado pela repetição de atos que constituem motivos de detenção" (APA, 2015, p. 1029).

Diversos estudos objetivam identificar e relacionar traços e comportamentos antissociais a comportamentos violentos e criminais em diferentes contextos (NEWBURY-HELPS et al., 2017; EDENS et al., 2015; entre outros). Conforme o DSM-5, em sua Seção III, "as características típicas do transtorno da personalidade antissocial são falha em se adequar a um comportamento lícito e ético e falta de preocupação com os outros, acompanhada de desonestidade, irresponsabilidade, manipulação e/ou exposição a riscos" (APA, 2015, p. 1.170). Considerando essas características, pode-se perceber a associação entre o TPAS e o perfil psicológico e comportamental de criminosos, visto que o transtorno é caracterizado por comportamentos ilícitos e de desrespeito a normas. Cabe referir também a variação desses comportamentos violentos e criminais no que tange ao transtorno, pois esses comportamentos podem resultar em crimes de menor potencial ofensivo até crimes classificados como hediondos.

No que se refere ao transtorno da personalidade *borderline* (TPB), são mais escassos os estudos sobre a associação desse transtorno ao perfil psicológico e comportamental de criminosos. Há pesquisas que relacionam o TPB em comorbidade com o TPAS a comportamentos violentos e criminais. Como exemplo, podemos citar o estudo realizado por Robitaille et al. (2017), em que o TPB, comórbido com o TPAS, foi associado a violações criminais violentas na adolescência e, mais fortemente, na idade adulta.

Outro exemplo de estudo sobre a relação entre os transtornos da personalidade e o comportamento criminal é a pesquisa realizada por Madalena, Costa e Falcke (2017), que se propõe a avaliar de que forma os transtornos da personalidade são associados à violência conjugal e analisar os principais resultados de estudos realizados entre os anos de 2009 e 2014. Conforme os resultados da revisão sistemática realizada, os transtornos da personalidade *borderline* e antissocial aparecem com maior frequência associados à violência conjugal.

Sendo assim, pode-se perceber que os transtornos da personalidade antissocial e *borderline* podem estar relacionados a comportamentos violentos e ao cometimento de crimes. Ainda no que tange à essa associação, é importante enfatizar que a relação entre transtornos mentais graves e criminalidade é mais complexa do que a simples causalidade, sendo que não é pertinente considerar o crime como consequência do transtorno mental. Diferentes fatores, como idade, condições socioeconômicas e criminalidade prévia, assim como outros fatores psicológicos, além dos transtornos da personalidade, são importantes para o entendimento do comportamento criminal. Desse modo, enfatiza-se que o comportamento violento está associado a fatores individuais e contextuais.

Crimes sexuais e transtornos mentais

Quanto à associação entre transtornos mentais e crimes sexuais, esta está relacionada, principalmente, aos transtornos parafílicos; pode, também, ser relativa a transtornos da personalidade. O termo *parafilia* se refere a "qualquer interesse sexual intenso e persistente que não aquele voltado para a estimulação genital ou para carícias preliminares com parceiros humanos que consentem e apresentam fenótipo normal e maturidade física" (APA, 2015, p. 1069). Nesse sentido, o termo "parafilia" corresponde ao conceito antigo de *perversão sexual*, terminologia não mais usada no DSM.

Conforme o DSM-5 esclarece, o critério proposto de interesse sexual "intenso e persistente" pode ser de difícil aplicação e avaliação, dependendo do contexto e do indivíduo. Desse modo, parafilia pode ser definido como "qualquer interesse sexual maior ou igual a interesses sexuais normofílicos" (APA, 2015, p. 1069). Algumas parafilias envolvem principalmente as atividades eróticas do indivíduo — como o voyeurismo, o exibicionismo e o frotteurismo —, e outras são relacionadas aos seus alvos eróticos — como a pedofilia.

Os transtornos parafílicos inclusos no DSM-5 são: transtorno voyeurista (espiar outras pessoas em atividades privadas); transtorno exibicionista (expor os genitais a outras pessoas); transtorno frotteurista (tocar ou esfregar-se em indivíduo que não consentiu); transtorno do masoquismo sexual (passar por humilhação, submissão ou sofrimento); transtorno do sadismo sexual (infligir humilhação, submissão ou sofrimento); transtorno pedofílico (foco sexual em crianças); transtorno fetichista (usar objetos inanimados ou ter um foco bastante específico em partes não genitais do corpo); e transtorno transvéstico (vestir roupas do sexo oposto visando à excitação sexual) (APA, 2015).

É importante destacar que os transtornos listados no DSM-5 não esgotam a lista de possíveis transtornos parafílicos, visto que muitas parafilias distintas foram identificadas e nomeadas, e quase todas poderiam, em virtude de suas consequências negativas para o indivíduo e para outras pessoas, chegar ao nível de um transtorno parafílico, sendo indispensáveis em diversos casos os diagnósticos de outro transtorno parafílico especificado ou de transtorno parafílico não especificado (APA, 2015).

Um transtorno parafílico é uma parafilia que está causando sofrimento ou prejuízo ao indivíduo, ou uma parafilia cuja satisfação implica dano ou risco de dano pessoal a outros. Sendo assim, a parafilia é condição necessária, contudo não suficiente, para que se tenha um transtorno parafílico, sendo que uma parafilia por si só não justifica necessariamente ou requer intervenção clínica.

Também não é incomum um indivíduo manifestar duas ou mais parafilias, e diagnósticos comórbidos de transtornos parafílicos distintos podem ser feitos quando mais de uma parafilia causa sofrimento ao indivíduo ou dano a outros.

Conforme o DSM-5, alguns transtornos parafílicos "implicam ações para sua satisfação que, devido à característica nociva e ao dano potencial a outros, são classificadas como delitos criminais" (APA, 2015, p. 1069). Conforme Abdalla-Filho e Moreira (2016), os transtornos mais observados em clínicas especializadas no tratamento de parafilias são voyeurismo, exibicionismo e pedofilia, os quais são também os transtornos que perfazem a maioria dos indivíduos presos por crimes sexuais.

No que tange à relação entre os transtornos parafílicos e os crimes sexuais, Abdalla-Filho e Moreira (2016) destacam que a definição de crimes sexuais é complexa, com enfoque tanto motivacional quanto legal. No âmbito motivacional, pode-se considerar "crime sexual todo ato delituoso que tenha o propósito de satisfação sexual" (ABDALLA-FILHO; MOREIRA, 2016, p. 650). Já no enfoque jurídico-criminal, a definição se limita aos delitos cuja natureza seja um relacionamento sexual que esteja tipificado no Código Penal ou em leis penais extravagantes.

Entre os diversos crimes sexuais, há alguns que, por suas características e peculiaridades, são objeto de maior preocupação, como o abuso sexual de crianças e adolescentes. A prevalência desse fenômeno na população não é plenamente conhecida, embora corresponda à maior parcela dos crimes sexuais em que há demanda de perícias médicas, psiquiátricas e psicológicas. Geralmente, os dados estatísticos são deficientes, porque consideram apenas os casos que geram procedimentos policiais e jurídicos, mas estima-se que grande parte dos casos permaneça sem notificação, sendo desconhecida a verdadeira extensão do problema (ABDALLA-FILHO; MOREIRA, 2016). É importante destacar que a pedofilia não constitui o crime de abuso sexual em si, como muitas vezes é erroneamente denominado (crime de pedofilia); esse crime é pertinente ao transtorno pedofílico.

É importante reforçar também que podem ocorrer crimes sexuais por indivíduos sem transtorno psiquiátrico. Para Abdalla-Filho e Moreira (2016), são pessoas que, na maioria dos casos, decidiram pela violência sexual ou foram induzidos a ela em circunstâncias especiais. Conforme o entendimento psiquiátrico, as parafilias, por si só, não provocam turvação de consciência ou prejuízos na sensopercepção e no contato com a realidade, o que se evidencia ao serem praticadas de forma escondida, com seus agentes cientes da ilegalidade do ato. Assim, a maioria dos indivíduos com transtorno parafílico sem comorbidade psiquiátrica tem plena capacidade de autodeterminação, embora exista prejuízo entre a capacidade psíquica de autocontrole e a intensidade do impulso, sendo importante uma detalhada análise do caso para se avaliar esse critério.

No que tange aos crimes sexuais e transtornos da personalidade, a agressão sexual faz parte também do rol de atos antissociais, mas, por si só, não deve fechar esse diagnóstico. Nesse sentido, Abdalla-Filho e Moreira (2016) enfatizam que a avaliação psiquiátrica forense deve considerar e ter o cuidado de investigar e diagnosticar a existência de um transtorno da personalidade antissocial mimetizando uma conduta parafílica. Quanto a outros transtornos da personalidade, é menos frequente sua associação a crimes sexuais.

Exercícios

1. O Transtorno da Personalidade é um padrão persistente de experiência interna e comportamento que se desvia acentuadamente das expectativas da cultura do indivíduo. Como critério diagnóstico (critério A), esse padrão manifesta-se em duas (ou mais) das seguintes áreas:
I. Cognição
II. Afetividade
III. Funcionamento interpessoal
IV. Controle de impulsos
São áreas pertinentes ao critério A, conforme o DSM-5:
a) I e II, apenas.
b) I, II e III, apenas.
c) I, III e IV, apenas.
d) II, III e IV, apenas.
e) I, II, III e IV.

2. O transtorno caracterizado por um padrão difuso de instabilidade das relações interpessoais, da autoimagem e de afetos e de impulsividade acentuada que surge no começo da vida adulta e está presente em vários contextos é denominado de:

a) Transtorno da Conduta.
b) Transtorno da Personalidade Antissocial.
c) Transtorno da Personalidade Borderline.
d) Transtorno da Personalidade Esquizotípica.
e) Transtorno Parafílico.

3. São critérios diagnósticos para o Transtorno da Personalidade Antissocial:
I. Um padrão difuso de desconsideração e violação dos direitos das outras pessoas que ocorre desde os 15 anos de idade.
II. Há evidências de transtorno da conduta com surgimento anterior aos 15 anos de idade.
III. O indivíduo tem, no mínimo, 15 anos de idade.
Quais estão corretas?
a) I, apenas.
b) I e II, apenas.
c) I e III, apenas.
d) II e III, apenas.
e) I, II e III.

4. O transtorno que envolve um padrão repetitivo e persistente de comportamento no qual são violados os direitos básicos dos outros e/ou as principais normas ou regras sociais apropriadas à idade do indivíduo é denominado de:
   a) Transtorno da Conduta.
   b) Transtorno da Personalidade Antissocial.
   c) Transtorno da Personalidade Borderline.
   d) Transtorno da Personalidade Esquizotípica.
   e) Transtorno Parafílico.

5. Quanto à associação entre transtornos mentais e crimes sexuais, estes estão relacionados, principalmente, aos transtornos parafílicos. O termo parafilia pode ser definido como:
   a) Um padrão persistente de experiência interna e comportamento que se desvia acentuadamente das expectativas da cultura do indivíduo; é difuso e inflexível, começa na adolescência ou no início da fase adulta, é estável ao longo do tempo e leva a sofrimento ou prejuízo.
   b) Qualquer interesse sexual intenso e persistente que não aquele voltado para a estimulação genital ou para carícias preliminares com parceiros humanos que consentem e apresentam fenótipo normal e maturidade física.
   c) Um padrão difuso de indiferença e violação dos direitos dos outros, que surge na infância ou no início da adolescência e continua na vida adulta.
   d) Um padrão repetitivo e persistente de comportamento, no qual são violados os direitos básicos dos outros e/ou as principais normas ou regras sociais apropriadas à idade do indivíduo.
   e) um padrão difuso de instabilidade das relações interpessoais, da autoimagem, de afetos e de impulsividade acentuada, que surge no começo da vida adulta e está presente em vários contextos.

Referências

ABDALLA-FILHO, E.; CHALUB, M.; TELLES, L. E. B. *Psiquiatria Forense de Taborda*. 3. ed. Porto Alegre: Artmed, 2016.

AMERICAN PSYCHIATRIC ASSOCIATION (APA). *Manual Diagnóstico e Estatístico de Transtornos Mentais (DSM-5)*. [recurso eletrônico] 5. ed. Porto Alegre: Artmed, 2015.

EDENS, J. F. et al. DSM-5 antisocial personality disorder: predictive validity in a prison sample. *Law and Human Behavior*, v. 39, nº. 2, abr. 2015, pp. 123-129.

LAGO, V. de M. et. al. Um breve histórico da Psicologia Jurídica no Brasil e seus campos de atuação. *Estudos de Psicologia*. Campinas, v. 26, nº. 4, p. 483-491, out./dez. 2009.

MADALENA, M. B. de A.; COSTA, C. B. da; FALCKE, D. Violência Conjugal e Transtornos da Personalidade: uma revisão sistemática da literatura. *Psicologia Clínica*, v. 29, nº. 3, p. 519-542, 2017.

NEWBURY-HELPS; J.; FEIGENBAUM, J.; FONAGY, P. Offenders with Antisocial Personality Disorder Display More Impairments in Mentalizing. *Journal of Personality Disorders*. v. 32, nº. 2, 2017, p. 232-255.

ROBITAILLE, M. P. et al. A prospective, longitudinal, study of men with borderline personality disorder with and without comorbid antisocial personality disorder. *Borderline Personality Disorder and Emotion Dysregulation*. v. 4, nº. 25, 2017.

A reinserção social e os recursos comunitários

Objetivos de aprendizagem

Ao final deste texto, você deve apresentar os seguintes aprendizados:

- Mapear as dificuldades de reinserção social no contexto brasileiro, após cumprimento de pena restritiva de liberdade.
- Definir tecnologia psicossocial comunitária no contexto da reinserção social.
- Identificar intervenções que podem ocorrer em contextos comunitários no processo de reinserção social de jovens e adultos.

Introdução

Conforme o art. 25 da Lei brasileira de Execução Penal (Lei nº. 7.210, de 11 de julho de 1984), faz parte da assistência ao egresso do sistema prisional a prática de orientação e apoio para reintegrá-lo à vida em sociedade, mas são raros os programas de reinserção social no contexto brasileiro. Contudo, existem diferentes proposições de técnicas e de práticas de intervenções em processos de reinserção social, e muitas dessas priorizam os contextos comunitários.

Neste capítulo, você vai estudar e refletir sobre as dificuldades do sistema prisional brasileiro e da reinserção social de egressos após o cumprimento de pena restritiva de liberdade. Além disso, você vai verificar proposições de tecnologia psicossocial comunitária, no contexto da reinserção social, e vai identificar intervenções em contextos comunitários com jovens e adultos egressos do sistema prisional.

Reinserção social no contexto brasileiro

No âmbito de um Estado Democrático de Direito, conforme explica Azevedo (2009), o Direito Penal, o Direito Processual Penal e o sistema de justiça criminal constituem mecanismos normativos e institucionais que visam a dirimir e controlar o poder punitivo estatal, de modo que o objetivo de proteção dos cidadãos contra o crime seja ponderado com a proteção dos direitos fundamentais do acusado, bem como do condenado a uma sanção penal.

O Código Penal é um conjunto de leis e normas objetivas do Direito Penal e tem como objetivo determinar e regulamentar os atos considerados infrações penais, assim como regular as penas impostas e suas modalidades de cumprimento. Desse modo, o CP dispõe sobre os regimes penitenciários a que poderá ser submetido o condenado a penas privativas de liberdade: fechado, semiaberto e aberto (BRASIL, 1984b). São previstos outros tipos de pena, que não retiram o indivíduo do seu meio social.

A alteração promovida no CP pela Lei nº. 7.209, de 11 de julho de 1984, determina que o juiz, "[...] atendendo à culpabilidade, aos antecedentes, à conduta social, à personalidade do agente, aos motivos, às circunstâncias e consequências do crime, bem como ao comportamento da vítima" (BRASIL, 1984a, documento on-line) estabelecerá as penas aplicáveis. Prevê ainda que a pena privativa de liberdade pode ser substituída por outra espécie de pena, quando cabível. Cabe referir também que, no Brasil, existe um tempo **limite de 30 anos para o cumprimento da pena**, independentemente de sua natureza, gravidade ou reincidência.

A Lei de Execução Penal (Lei nº. 7.210/1984) é a que estabelece os direitos do condenado e do internado nas penitenciárias brasileiras e a sua reinserção social. Seu art. 1º informa que seu objetivo é "[...] efetivar as disposições de sentença ou decisão criminal e proporcionar condições para a harmônica integração social do condenado e do internado" (BRASIL, 1984b).

Na mesma Lei, em seu Capítulo II, que trata da assistência ao preso e ao internado, define-se que esta objetiva prevenir o crime e orientar o retorno do indivíduo à convivência em sociedade (art. 10). No que tange especificamente à assistência ao egresso (Seção VIII), esta consiste na orientação e no apoio para reintegrá-lo à vida em sociedade, bem como na concessão, se necessário, de alojamento e alimentação, em estabelecimento adequado, pelo prazo de dois meses. Assim, ações de assistência que visam à **reinserção social** do indivíduo em cumprimento de pena privativa de liberdade estão previstas em lei.

Quanto à execução da pena de prisão no Brasil, dados divulgados pelo Departamento Penitenciário Nacional (DEPEN) demonstram o crescimento da população carcerária brasileira no decorrer dos anos. Contrariando as disposições constitucionais e de execução penal acerca das modalidades de assistência a serem prestadas aos presos, verifica-se que a maioria dos estabelecimentos penais não oferece aos condenados e internados as condições mínimas para que vivam de modo saudável, sendo o sistema carcerário nacional considerado um campo de degradação física e psicológica, conforme expõe Azevedo (2009).

> **Fique atento**
>
> Dados recentes do Levantamento Nacional de Informações Penitenciárias, do Depen, apontam que o Brasil possui a terceira maior população prisional do mundo. A taxa de ocupação de quase o dobro da capacidade das instituições prisionais no Brasil revela que tanto as pessoas privadas de liberdade que vivem nesses espaços quanto os servidores e colaboradores que trabalham no contexto das prisões estão vivendo em condições insalubres.
> *Fonte:* Brasil (2016).

Do modo como é hoje constituído o sistema de justiça criminal brasileiro, é premente refletir sobre a viabilidade da ressocialização (no decorrer do cumprimento da pena privativa de liberdade) e da reinserção social (posterior ao cumprimento da pena). Diferentes autores, como Zaffaroni (2010) e Barros e Amaral (2016), acreditam que o sistema de execução penal, como organizado no contexto brasileiro e em outros países, não possibilita (**re**)**socializar** ou (**re**)**inserir** o sujeito, não podendo ser considerado um instrumento para tal. A precariedade do sistema e das prisões estão levando a um processo de **dessocialização**, o que prejudica o posterior processo de retorno ao convívio social.

A **reinserção social** pode ser definida como um sistema que orienta o retorno de egressos do sistema prisional à comunidade após um período de privação de liberdade. Conforme Ekunwe (2011), não se trata somente de libertar as pessoas, mas de prepará-las para voltar à sociedade. A reinserção social implica desafios para o indivíduo que retorna para o convívio social, familiar e comunitário, e também para as pessoas que estão à sua volta.

O processo deve incluir as etapas de planificação, implantação e avaliação, e sua efetividade exige o desenvolvimento de ações na penitenciária, no momento da concessão da liberdade e no acompanhamento posterior à saída da prisão, como defende Ekunwe (2011). O Escritório das Nações Unidas sobre Drogas e Crime acredita que são pertinentes duas principais modalidades de programas de reinserção social: uma dentro da penitenciária, durante o cumprimento da pena, e outra posterior, no contexto comunitário, após a saída do indivíduo da instituição penitenciária (UNITED NATIONS OFFICE ON DRUGS AND CRIME, 2012).

São raros os programas de reinserção social no Brasil, como refere Rauter (2016). Na Lei de Execução Penal está previsto o serviço de assistência social, que deve providenciar alojamento, alimentação e auxiliar o egresso na obtenção de trabalho (BRASIL, 1984b). Contudo, apesar da previsão legal desse dispositivo e dos diversos serviços de assistência existentes no país, muitos não recebem a assistência e o acompanhamento pertinentes.

Nesse contexto é que também se insere e se destaca o trabalho do profissional de Psicologia. Conforme Rauter (2016), o início do século XXI foi caracterizado pelo grande aumento da população carcerária brasileira, enquanto o número de psicólogos e outros profissionais que atuam nos cárceres não teve um aumento correspondente. Nesse sentido, a autora destaca que é dever ético do psicólogo, bem como da sociedade e das autoridades competentes, saber e acompanhar o que ocorre com esses sujeitos que são condenados e que cumprem pena nas prisões, e também quando saem das instituições carcerárias.

Quanto à prática da Psicologia nesse contexto, a autora supracitada afirma que a função exercida por psicólogos (as) nas prisões ainda está ligada, primordialmente, à **avaliação da periculosidade criminal** e à **elaboração de laudos e pareceres**, principalmente no momento da concessão de benefícios ou da proximidade do fim da pena. Nesse sentido, apesar das críticas e lutas desenvolvidas pela categoria por meio do Conselho Federal e dos conselhos regionais de Psicologia nos últimos anos, questionando as avaliações realizadas de previsão de comportamentos, esta continua a ser a principal atuação dos psicólogos no contexto do cárcere no Brasil.

Conforme enfatizado em texto do Conselho Federal de Psicologia (CONSELHO FEDERAL DE PSICOLOGIA, 2016) sobre o trabalho do psicólogo no sistema prisional, a atuação da Psicologia nas prisões ocorre há décadas e vem sendo discutida, desconstruída e reconstruída no decorrer desse tempo. Vislumbram-se, nesse período, importantes mudanças quanto ao paradigma de atuação, tanto legais (por exemplo, o exame criminológico ter se tornado facultativo desde 2003) quanto conceituais, éticas e políticas. Desse modo, questiona-se qual o compromisso da Psicologia e das ciências penais e criminais com o campo da execução das penas privativas de liberdade, considerando as dificuldades advindas da prisão e de sua lógica de exclusão social. Nesse sentido, o processo de encarceramento é compreendido como distante de qualquer forma de reinserção social, e ações devem ser realizadas para dirimir os efeitos psicológicos e sociais do cumprimento da pena e da decorrente supressão da liberdade.

Tecnologia psicossocial comunitária e reinserção social

A ideia de uma **tecnologia psicossocial comunitária** é proposta, conforme Niquice (2013), a partir do conceito de tecnologia social, a qual é discutida em diversos estudos realizados no Brasil e na América Latina. Para Dagnino (2010), o movimento pertinente à tecnologia social enfoca os processos que visam à inclusão social, os quais são realizados por meio de **empreendimentos solidários** que procuram responder às demandas e aos problemas de um contexto específico. Assim, a tecnologia social atua como um movimento de políticas públicas para a inclusão social.

O termo **tecnologia social**, para Jesus e Costa (2013), é um conceito amplo e, pode-se dizer, polissêmico. O conceito propõe uma lógica mais sustentável e solidária do uso de dispositivos para diferentes esferas da sociedade. Nesse sentido, "tecnologia social implica participação, empoderamento e autogestão de seus usuários" (JESUS; COSTA, 2013, p. 18). No contexto da América Latina e, mais especificamente, no Brasil, a tecnologia social tem seu potencial conceitual debatido e expandido para estratégias concretas de **inclusão social**. Por meio das tecnologias sociais, propõe-se uma articulação diferenciada entre tecnologia e composições sociais, a qual busca promover a inclusão por meio da participação dos usuários dessas tecnologias.

Dagnino (2010) afirma que uma das premissas básicas da tecnologia social é abordar os problemas sociais a partir dos modelos cognitivos dos próprios sujeitos envolvidos, compreendendo sua visão do mundo e sua realidade e elaborando proposições de acordo com as suas necessidades. Nesse sentido, a tecnologia social deve estar associada à realidade do contexto em que está inserida e conforme as demandas locais e individuais específicas.

A partir dos subsídios da tecnologia social, Niquice (2013) propôs o conceito de **tecnologia psicossocial**, a fim de incluir e enfatizar o componente psicológico envolvido nesse processo. Nesse sentido, o autor propõe uma tecnologia psicossocial comunitária de reinserção social de egressos do sistema penitenciário como uma ferramenta psicossocial estruturada, resultante de um processo de identificação de demandas psicológicas e sociais desses indivíduos e atuando como um agente facilitador da sua reintegração na comunidade. Trata-se de um instrumento que visa à **promoção do bem-estar das pessoas**, bem como à inclusão e à justiça social.

> **Exemplo**
>
> Como exemplo de pesquisa e de prática envolvendo tecnologias psicossociais comunitárias, ressalta-se a já mencionada tese de doutorado de Fernando Lives Andela Niquice, *Subsídios para a implementação de tecnologias psicossociais comunitárias de reinserção social de jovens ex-reclusos de Moçambique* (2013). Nela, por meio de dois estudos, o autor propõe subsídios que sustentam a proposta do uso de tecnologias psicossociais comunitárias de reinserção social de sujeitos após o cumprimento da pena de prisão. No primeiro estudo, desenvolve uma pesquisa e análise documental, com vistas à apreciação do sistema penitenciário de Moçambique e das políticas públicas de reinserção social de ex-detentos. No segundo estudo, por meio do método de grupos focais, realiza o mapeamento das demandas psicossociais em uma amostra de jovens detentos da cidade de Maputo. Os resultados dos dois estudos sugerem a pertinência de se implementarem tecnologias psicossociais de acompanhamento dos jovens egressos do sistema prisional no processo de reinserção nas suas comunidades.

Conforme os princípios das tecnologias sociais, Niquice (2013) propõe a elaboração da tecnologia psicossocial comunitária com base nas demandas psicossociais dos próprios egressos. Esse modelo de tecnologia social é constituído pelo viés comunitário, numa proposição de priorização de ações voltadas para os microssistemas de vida desses sujeitos e de aproveitamento das oportunidades e potencialidades neles existentes.

Conforme Niquice (2013, p. 28), "essa perspectiva visa potencializar os recursos psicossociais individuais e grupais, valorizando as reais necessidades" dos sujeitos egressos, priorizando "a educação e a inclusão social". Assim, o autor propõe o desenvolvimento de programas estruturados de acompanhamento e de reinserção social que apresentem indicações positivas de efetividade, as quais levem em conta as demandas psicossociais dos jovens e adultos egressos do sistema prisional por suas características e que exigem um acompanhamento nos contextos de vida desses indivíduos. Desse modo, o autor tenciona o desenvolvimento de **tecnologias psicossociais comunitárias** com egressos do sistema prisional, como políticas públicas e práticas de reinserção social.

O uso de tecnologias psicossociais comunitárias no processo de reinserção social de indivíduos egressos do sistema prisional se justifica, principalmente, pelas dificuldades decorrentes da experiência de encarceramento e pelo potencial da técnica no retorno desses sujeitos à convivência familiar, social e comunitária. Nessa perspectiva, as tecnologias psicossociais não englobam somente questões sociais de adaptação dos indivíduos egressos, mas também **fatores psicológicos** envolvidos nesse processo. Isso porque, conforme enfatiza Haney (2003), a dinâmica de vida no contexto prisional — caracterizada por processos relativos à submissão, à organização e à contingência institucional, à suspeição, ao alto controle emocional, ao distanciamento psicológico e à alienação, ao isolamento social, entre outros — tem implicações psicológicas negativas sobre os indivíduos. São processos que resultam da busca por **adaptação do indivíduo à realidade prisional** e marcam sua subjetividade e, consequentemente, seu momento de retorno aos contextos familiar e comunitário. Por isso, os processos de reinserção social, por meio de tecnologias psicossociais, fazem-se pertinentes no retorno do sujeito à comunidade e ao convívio social.

Desse modo, Niquice (2013) refere que, em função das características da população prisional, das adversidades que caracterizam o contexto penitenciário e dos dilemas psicossociais vividos pelos egressos do sistema, se torna pertinente a implantação de tecnologias psicossociais, as quais devem ser constituídas como **instrumentos de apoio** para a reinserção dos indivíduos na comunidade. O autor destaca o estabelecimento desse tipo de programa estruturado como estratégia crucial de **prevenção e controle da reincidência** e da **minimização dos fatores negativos do encarceramento**.

Niquice (2013) propõe também discutir como a Psicologia permeia e/ou pode permear os dois campos que caracterizam as ações de reinserção social, quais sejam: o sistema penitenciário e o âmbito das políticas públicas. Em seu estudo, o autor propõe uma perspectiva psicológica de referência voltada para a promoção do desenvolvimento psicossocial de egressos do sistema prisional, com o foco em oportunidades de reinserção social, promoção de saúde, resiliência, autonomia, relações sociais positivas e valorização das potencialidades de mudança. Nesse sentido, o autor enfatiza que essa proposição é oposta à **visão correcional-repressiva e patologizante** (caracterizada por reabilitação, reeducação e ressocialização) que impera no sistema jurídico-criminal.

Intervenções em contextos comunitários para reinserção social

Ao buscarmos conhecer e refletir sobre as possibilidades e os desafios das intervenções no sistema prisional e nos processos decorrentes de reinserção social, é importante destacar que essas práticas se encontram perpassadas pelas graves dificuldades referentes a esse sistema no contexto brasileiro. Desse modo, essas dificuldades caracterizam e também expandem as demandas por intervenções de diferentes saberes e áreas de atuação.

Conforme Niquice (2013), pesquisas realizadas sobre o **impacto de programas de reinserção social** de sujeitos em conflito com a lei indicam resultados positivos sobre o seu potencial na prevenção de delitos e controle da reincidência. Por exemplo, em uma pesquisa de revisão sistemática e meta-análise realizada por Koehler et al. (2013), com o intuito de avaliar a efetividade de programas de intervenções com jovens em conflito com a lei, foram selecionados doze estudos empreendidos entre os anos de 1980 e 2009. Conforme os resultados, os grupos submetidos aos diferentes modelos terapêuticos apresentaram taxas menores de reincidência quando comparados com os grupos que se beneficiaram apenas dos modelos tradicionais de acompanhamento. Além disso, programas realizados no contexto comunitário indicaram impactos positivos no controle da reincidência, o que reforça, segundo os autores do estudo, a **priorização de intervenções baseadas na comunidade**, em oposição às que acontecem em estabelecimentos fechados.

Sendo assim, diferentes pesquisas indicam a efetividade de programas estruturados com o intuito de promover e facilitar a reinserção social de egressos do sistema prisional. Conforme enfatiza Niquice (2013), esses programas devem contribuir para a **promoção da saúde e do desenvolvimento positivo** desses indivíduos que retornam para a sociedade. Contudo, o autor reforça que esses programas não resolvem por si só as dificuldades inerentes aos processos de reinserção social, motivo pelo qual precisam ser abordados em toda a sua estrutura e suas nuances. Nesse sentido, o autor destaca a necessidade de estudos com rigor metodológico que permitam avaliar a efetividade das intervenções e fornecer evidências confiáveis.

Niquice (2013) ainda menciona que, apesar de as pesquisas evidenciarem a relevância do desenvolvimento de programas estruturados de acompanhamento de egressos no período pós-prisão, o estabelecimento e a implantação de políticas públicas de reinserção social constituem um desafio para muitos países. Para o autor, considerando a situação de exclusão, discriminação, violência e intolerância social a que estão expostos esses sujeitos egressos do sistema prisional, os programas de intervenções sociais, nesse contexto, devem constituir-se como foco de políticas públicas.

Constituem objetivos das intervenções pertinentes a processos de reinserção social, conforme Ribeiro e Caliman (2015):

- promover e facilitar a interação dos indivíduos com a família e com a comunidade;
- diminuir as dificuldades na busca por trabalho e emprego;
- possibilitar a implantação de projetos e programas com base nas necessidades e demandas dos sujeitos;
- capacitar — por exemplo, por meio de cursos e oficinas profissionalizantes — para atividades de interesse destes, entre outras.

Desse modo, diferentes intervenções podem ser realizadas em contextos comunitários com egressos do sistema prisional. Como exemplo, podemos citar o mecanismo proposto pelos autores Ribeiro e Caliman (2015), os quais enfatizam as intervenções com educação social nos processos de reinserção social. Conforme proposição realizada pelos autores, a **pedagogia social** pode ser aplicada como uma perspectiva interventiva, por meio da **intencionalidade educativa** presente em diversas atividades, cenários sociais e institucionais, a qual busca promover uma interação construtiva entre os egressos, submetidos a situações de exclusão e marginalização, e a sociedade.

Priorizam-se, no processo de reinserção social, intervenções realizadas no contexto comunitário. Assim, podem ser realizadas ações com as famílias dos egressos, a partir de uma proposição terapêutica de **fortalecimento de vínculos** e de **adaptação ao retorno ao convívio familiar**. Também podem ser realizadas intervenções que envolvem pessoas e locais da comunidade, com vistas à (re)inserção dos indivíduos. Além disso, são importantes também ações relativas a atividades laborais e ao retorno ao mercado de trabalho, a partir do assessoramento a egressos no desenvolvimento de capacitação profissional e na busca de emprego.

Nesse contexto, inserem-se também as intervenções do profissional de Psicologia. O Conselho Federal de Psicologia (CFP) já desenvolveu normativas e referências teóricas e técnicas para o trabalho de psicólogos (as) no sistema prisional, considerando normas legais e institucionais brasileiras e outros diferentes fatores, como as questões relativas ao encarceramento e sua consequente marginalização e exclusão social, o compromisso social da categoria em relação às proposições alternativas à pena privativa de liberdade e o objetivo de garantia de direitos humanos, entre outros importantes fatores envolvidos quando se propõe trabalhar no sistema jurídico-penal brasileiro.

Foram propostas pelo CFP resoluções com o objetivo de regulamentar a atuação do (a) psicólogo (a) no âmbito do sistema prisional, tendo a última resolução entrado em vigor no ano de 2011 (Resolução CFP 012/2011). A Resolução 012/2011, ao regulamentar a atuação do (a) psicólogo (a) no âmbito do sistema prisional, normatizava a prática da avaliação psicológica nesse contexto, proibindo a elaboração de prognóstico criminológico de reincidência, a aferição de periculosidade e o estabelecimento de nexo causal a partir do binômio delito-delinquente (CONSELHO FEDERAL DE PSICOLOGIA, 2011). Também impedia a produção, por parte do profissional de Psicologia que atua como profissional de referência para o acompanhamento do indivíduo detido, em quaisquer modalidades (atenção psicossocial, atenção à saúde integral, projetos de reintegração social), de documentos escritos para subsidiar a decisão judicial na execução de penas e medidas de segurança. Contudo, essa resolução foi suspensa liminarmente no ano de 2015 (CONSELHO FEDERAL DE PSICOLOGIA, 2015). Além dessa resolução, pareceres técnicos, normas e outros referenciais propostos pelo CFP referem intervenções sobre o trabalho do (a) psicólogo(a) nesse campo de atuação (CONSELHO FEDERAL DE PSICOLOGIA, 2016; CONSELHO FEDERAL DE PSICOLOGIA, 2015; CONSELHO FEDERAL DE PSICOLOGIA, 2012), os quais inserem as ações no âmbito da reinserção social de egressos.

Em obra do CFP sobre o trabalho do profissional de Psicologia no sistema prisional, refere-se que esse contexto é caracterizado por práticas disciplinares e com foco punitivo, o que reflete a escassez de intervenções e práticas preventivas, de promoção de cidadania, de saúde mental, de responsabilização e, especialmente, de reinserção social. Nesse sentido, salienta-se que o trabalho do (a) psicólogo(a) no sistema prisional, e para além dele, deve ser multi e interdisciplinar e prezar pela construção de políticas públicas para as pessoas presas e egressas desse sistema, com o foco na retomada de laços sociais, objetivando a sua reinserção social (CONSELHO FEDERAL DE PSICOLOGIA, 2016).

Entre as intervenções que podem ser realizadas nesse contexto, Rauter (2007) propõe a realização de trabalhos com grupos, com arte ou com estratégias de atendimento individual, podendo-se ampliar para as intervenções referentes ao processo de reinserção social. Nesse sentido, a autora enfatiza que é preciso encontrar saídas para que o profissional de Psicologia que atua nessa área não se converta em cúmplice de estratégias repressivas, tanto no contexto da prisão como para depois dela.

Cabe referir também que, na Lei de Execução Penal (1984), a atuação do (a) psicólogo (a) está prevista somente em dois momentos: nos pareceres da

Comissão Técnica de Classificação (CTC) e nas manifestações do Centro de Observação Criminológico (COC). A LEP cria dois mecanismos para a atuação do profissional de Psicologia no sistema prisional, referentes somente a exames a serem realizados pelo(a) psicólogo(a), os quais têm sido objeto de desconstrução e crítica por parte da Psicologia e do CFP (CONSELHO FEDERAL DE PSICOLOGIA, 2016; CONSELHO FEDERAL DE PSICOLOGIA, 2015). Em nenhum outro trecho da LEP há referência ao psicólogo, nem mesmo no âmbito da assistência, a qual engloba os processos de reinserção social do indivíduo egresso do sistema.

Nessa perspectiva, o CFP (2016) reforça que a Psicologia, enquanto ciência e profissão, objetiva afirmar outras possibilidades de intervenções no contexto jurídico-penal, as quais possam trazer contribuições mais efetivas no processo de retomada da vida em liberdade, principalmente no que se refere à **redução do sofrimento psíquico** decorrente das precárias condições de encarceramento nas prisões brasileiras. Portanto, o compromisso da Psicologia, enquanto ciência e profissão, deve ser com a garantia do acesso da população carcerária às políticas públicas, a assistência aos presos, egressos e seus familiares, o reforço de laços sociais e a construção de redes além da instituição carcerária, que lhes deem apoio, suporte e **acompanhamento psicossocial** no processo de reinserção social.

Exercícios

1. No Brasil, a Lei que estabelece os direitos do condenado e do internado nas penitenciárias brasileiras é chamada:
  a) Código Penal.
  b) Código de Processo Penal.
  c) Lei de Execução Penal.
  d) Código Civil.
  e) Código de Processo Civil.

2. No que se refere à assistência ao egresso prevista em Lei (LEP – BRASIL, 1984), esta consiste em duas ações do serviço de assistência, quais sejam:

  a) a orientação e o apoio para reintegrá-lo à vida em sociedade; a concessão, se necessário, de alojamento e alimentação, em estabelecimento adequado, pelo prazo de 2 (dois) meses.
  b) a orientação e o apoio para reintegrá-lo à vida em sociedade; a obtenção de trabalho para o egresso.
  c) a orientação e o apoio para reintegrá-lo à vida em sociedade; o desenvolvimento

de tecnologias psicossociais comunitárias.
d) a concessão, se necessário, de alojamento e alimentação, em estabelecimento adequado, pelo prazo de 2 (dois) meses; a obtenção de trabalho para o egresso.
e) a concessão, se necessário, de alojamento e alimentação, em estabelecimento adequado, pelo prazo de 2 (dois) meses; o desenvolvimento de tecnologias psicossociais comunitárias.

3. A ideia da tecnologia psicossocial comunitária é proposta a partir do conceito de:
   a) tecnologia global.
   b) psicologia comunitária.
   c) tecnologia social.
   d) psicologia social.
   e) tecnologia digital.

4. Analise as seguintes afirmativas sobre a tecnologia psicossocial comunitária:
   I. Trata-se de uma ferramenta psicossocial estruturada, resultante de um processo de identificação de demandas psicológicas e sociais dos indivíduos.
   II. É constituída pelo viés comunitário, numa proposição de priorização de ações voltadas para os microssistemas de vida dos indivíduos e do aproveitamento das oportunidades e potencialidades neles existentes.
   III. Trata-se de um instrumento que visa à promoção do bem-estar das pessoas, bem como à inclusão e à justiça social.
   Quais estão corretas?
   a) Apenas a afirmativa I está correta.
   b) As afirmativas I e II estão corretas.
   c) As afirmativas I e III estão corretas.
   d) As afirmativas II e III estão corretas.
   e) As afirmativas I, II e III estão corretas.

5. Quanto à atuação da Psicologia no sistema prisional, assinale a alternativa correta:
   a) Na Lei de Execução Penal (LEP), a atuação do(a) psicólogo(a) está prevista em dois momentos — nos pareceres da Comissão Técnica de Classificação (CTC) e nas manifestações do Centro de Observação Criminológico (COC) —; ou seja, é referente somente à realização de exames por parte do(a) psicólogo(a).
   b) Na Lei de Execução Penal (LEP), está prevista a atuação do(a) psicólogo(a) nos serviços de assistência ao egresso, sendo uma prática hoje constituída em todo o sistema prisional.
   c) Na Lei de Execução Penal (LEP), não está prevista a atuação do(a) psicólogo(a) nos serviços de assistência ao egresso, motivo pelo qual o profissional de Psicologia não pode realizar práticas e intervenções referentes à reinserção social de egressos.
   d) O Conselho Federal de Psicologia (CFP) reforça que o(a) psicólogo(a) deve realizar somente intervenções previstas na lei, restringindo o seu trabalho no sistema prisional à realização de exames criminológicos.
   e) O Conselho Federal de Psicologia (CFP) propõe que o(a) psicólogo(a), em sua atuação no sistema prisional, utilize estratégias repressivas, com práticas disciplinares e com foco punitivo, tanto no contexto da prisão como para depois dela.

Referências

AZEVEDO, R. G. Justiça Penal e Segurança Pública no Brasil: causas e consequências da demanda punitiva. *Revista Brasileira de Segurança Pública* 4., ed. p. 94-113, mar./abr. 2009.

BARROS, V. A. de; AMARAL, T. V. F. O Trabalho do (a) Psicólogo (a) no Sistema Prisional. In: CONSELHO FEDERAL DE PSICOLOGIA. *O trabalho da (o) psicóloga (o) no sistema prisional*: problematizações, ética e orientações. Brasília: CFP, 2016. p. 55-72.

BRASIL. *Decreto-Lei nº 2.848, de 7 de dezembro de 1940*: Código Penal. Brasília, DF, 1940. Disponível em: <http://www.planalto.gov.br/ccivil_03/decreto-lei/Del2848compilado.htm>. Acesso em: 30 jun. 2018.

BRASIL. *Lei nº 7.209, de 11 de julho de 1984*: altera dispositivos do Decreto-Lei nº 2.848, de 7 de dezembro de 1940 – Código Penal, e dá outras providências. Brasília, DF, 1984a. Disponível em: <http://www.planalto.gov.br/ccivil_03/LEIS/1980-1988/L7209.htm#art22>. Acesso em: 30 jun. 2018.

BRASIL. *Lei nº 7.210, de 11 de julho de 1984*: institui a Lei de Execução Penal. Brasília, DF, 1984b. Disponível em: <http://www.planalto.gov.br/ccivil_03/Leis/l7210.htm>. Acesso em: 30 jun. 2018.

BRASIL. Ministério Extraordinário da Segurança Pública. Departamento Penitenciário Nacional. *Levantamento nacional de informações penitenciárias*. Brasília: Infopen, 2016. <http://depen.gov.br/DEPEN/depen/sisdepen/infopen/infopen>. Acesso em 29 jun. 2018.

CONSELHO FEDERAL DE PSICOLOGIA. *O trabalho da (o) psicóloga (o) no sistema prisional*: problematizações, ética e orientações. Brasília: CFP, 2016.

CONSELHO FEDERAL DE PSICOLOGIA. *Parecer técnico para a atuação das(os) psicólogas(os) no sistema prisional e a suspensão da resolução CFP nº 012/2011*. Brasília: CFP, 2015.

CONSELHO FEDERAL DE PSICOLOGIA. *Referências técnicas a atuação das (os) psicólogas (os) no sistema prisional*. Brasília: CFP, 2012.

CONSELHO FEDERAL DE PSICOLOGIA. *Resolução CFP 012/2011*: regulamenta a atuação da (o) psicóloga (o) no âmbito do sistema prisional. Brasília: CFP, 2011. Disponível em: <https://site.cfp.org.br/wp-content/uploads/2011/06/resolucao_012-11.pdf>. Acesso em: 30 jun. 2018.

DAGNINO, R. (Org.). *Tecnologia social*: ferramenta para construir outra sociedade. 2. ed. rev. e ampl. Campinas, SP: Komedi, 2010.

EKUNWE, I. Re-entering society begins prior to release. In: EKUNWE, I.; JONES, R. S. (Org.). *Global perspectives on re-entry*. Finland: Tampere University Press, 2011. p. 414 – 442.

HANEY, C. The psychological impact of incarceration: implications for postprison adjustment. In: TRAVIS, J.; WAUL, M. (Org.). *Prisoners once removed*: the impact of incarceration and reentry on children, families and communities. Washington, D.C.: The Urban Institute Press, 2003. p. 33–65.

JESUS, V. M. B.; COSTA, A. B. Tecnologia Social: breve referencial teórico e experiências ilustrativas. In: COSTA, A. B. (Org.). *Tecnologia social e políticas públicas*. São Paulo: Instituto Pólis; Brasília: Fundação Banco do Brasil, 2013. p. 17-32.

KOEHLER, J. A. et al. A systematic review and meta-analysis on the effects of young offender treatment programs in Europe. *Journal of Experimental Criminology*, v. 9, n, 1, p. 19-43, Mar. 2013.

NIQUICE, F. L. A. *Subsídios para a implementação de tecnologias psicossociais comunitárias de reinserção social de jovens ex-reclusos de Moçambique*. 2013. 93 f. Tese (Doutor em Psicologia) – Programa de Pós-Graduação em Psicologia, Universidade Federal do Rio Grande do Sul (UFRGS), Porto Alegre, 2013.

RAUTER, C. Clínica e estratégias de resistência: perspectivas para o trabalho do psicólogo em prisões. *Psicologia e Sociedade*, Porto Alegre, v. 19, n. 2, p. 42-47, ago. 2007.

RAUTER, C. O Trabalho do psicólogo em prisões: In: CONSELHO FEDERAL DE PSICOLOGIA. *O trabalho da (o) psicolóloga (o) no sistema prisional*: problematizações, ética e orientações. Brasília: CFP, 2016. p. 43-54.

RIBEIRO, N. A.; CALIMAN, G. Reabilitação criminal: o papel da educação social em processos de violência e exclusão. *Interacções*, v. 11, n. 38, p. 80-101, 2015.

UNITED NATIONS OFFICE ON DRUGS AND CRIME (UNODC). *Introductory handbook on the prevention of the recidivism and the social reintegration of offenders*. Vienna: United Nations, 2012.

ZAFFARONI, E. R. *Em busca das penas perdidas*. 5. ed. Rio de Janeiro: Revan, 2010.

UNIDADE 4

A agência das instituições de justiça e a reinserção social

Objetivos de aprendizagem

Ao final deste texto, você deve apresentar os seguintes aprendizados:

- Descrever o papel das instituições de justiça na reinserção social.
- Reconhecer diferentes instrumentos e metodologias de ação utilizados no processo de reinserção social.
- Identificar diferentes projetos de reinserção social no contexto brasileiro.

Introdução

O processo de reinserção social pode ser compreendido como um sistema que orienta o retorno de egressos do sistema prisional, após cumprirem a pena privativa de liberdade, à comunidade. Nesse processo, constitui-se premente a atuação das instituições de justiça, com vistas a promover e garantir o retorno pertinente do indivíduo ao convívio em sociedade.

Neste capítulo, você vai estudar e refletir sobre o papel das instituições de justiça na reinserção social. Além disso, vai conhecer metodologias de ação e instrumentos utilizados nesses processos, bem como relacionar as práticas de atuação das instituições de justiça com os diferentes projetos de reinserção social desenvolvidos no contexto brasileiro.

Instituições de justiça e reinserção social

O sistema judiciário brasileiro tem suas bases estabelecidas na Constituição Federal, sendo premente conhecer como é estruturado esse sistema para compreender a dinâmica e o papel das instituições de justiça. Desse modo, no que tange às instituições, no topo do sistema judiciário se encontra o Supremo Tribunal Federal (STF), composto por ministros nomeados pelo presidente da República, com a aprovação da escolha pelo Senado Federal. Sob o STF, a Constituição estabelece a competência criminal para o Superior Tribunal de Justiça (STJ), o Tribunal Superior Eleitoral (TSE) e o Superior Tribunal Militar (STM), bem como a divisão da Justiça brasileira em Federal — dividida em três instâncias: Justiça de 1º grau, Tribunais Regionais Federais e Superior Tribunal de Justiça —, e Comum — constituída em três graus: Justiça de 1º grau nos estados, Tribunais de Justiça nos estados e Superior Tribunal de Justiça, conforme explica Azevedo (2009).

Ainda no que se refere às instituições de justiça de âmbito criminal, a CF concebe a criação dos juizados especiais criminais, regulamentados pela Lei nº. 9.099, de 26 de setembro de 1995 (BRASIL, 1995), para os delitos considerados de menor potencial ofensivo, com pena máxima de até dois anos de reclusão. Como atores do sistema penal, destaca-se o papel do Ministério Público — instituição responsável pelo oferecimento da denúncia nos delitos de ação pública e pelo controle externo da atividade policial — e da magistratura, nas varas criminais, visto que os juízes, encarregados de julgar os processos criminais, são atores centrais do sistema de justiça criminal, ainda conforme Azevedo (2009).

No que tange à execução da pena de prisão, esta é submetida ao controle dos juízes de execução penal, nas Varas de Execução Penal, e fica a cargo dos governos estaduais, conforme Azevedo (2009). No Brasil, a Lei nº. 7.210, de 11 de julho de 1984, a chamada Lei de Execução Penal (LEP), estabelece os direitos do condenado e do internado nas prisões brasileiras e na sua reinserção social. A Lei refere que a execução penal "tem por objetivo efetivar as disposições de sentença ou decisão criminal e proporcionar condições para a harmônica integração social do condenado e do internado" (BRASIL, 1984 documento on-line).

As varas de execução penal podem ser da Justiça Estadual ou Federal e são responsáveis por processos de pessoas que foram condenadas pelas Varas Criminais ou por júris populares. São encarregadas, por meio do juiz de execução penal, de diferentes funções relativas à execução da pena criminal, como o acompanhamento do cumprimento das medidas de segurança e a autorização da progressão do regime de cumprimento de pena dos condenados. O juiz de execução penal também é responsável por (BRASIL, 2016b):

- inspecionar, mensalmente, presídios e penitenciárias para verificar as condições em que os condenados estão cumprindo pena;

- adotar providências para o adequado funcionamento das unidades prisionais;
- editar portarias que disciplinem a concessão do benefício da saída temporária e as condições impostas aos apenados, como o retorno ao estabelecimento prisional no dia e na hora determinados;
- elaborar a declaração de extinção da punibilidade;
- suspensão condicional da pena;
- concessão do livramento condicional;
- composição e instalação do Conselho da Comunidade;
- entre outras funções.

Conforme a LEP, são órgãos da execução penal:

- o Conselho Nacional de Política Criminal e a Penitenciária;
- o Juízo da Execução;
- o Conselho Penitenciário;
- os Departamentos Penitenciários;
- o Patronato;
- o Conselho da Comunidade; e
- a Defensoria Pública (incluída na LEP pela Lei n°. 12.313, de 19 de agosto de 2010).

Cada um desses órgãos e instituições de justiça possui funções específicas quanto ao processo de execução penal. Destes, especificamente quanto ao processo de reinserção social, incumbe ao Conselho Penitenciário supervisionar a assistência aos egressos (BRASIL, 1984).

Conforme a LEP, em seu art. 26, é considerado egresso o sujeito: liberado definitivo, pelo prazo de um ano a contar da saída da unidade prisional; e liberado condicional em período de prova (BRASIL, 1984). Na LEP, está prevista a assistência ao preso e ao internado, e esta se estende ao egresso, com o objetivo de prevenir o crime e orientar o retorno à convivência em sociedade. Essa assistência engloba aspectos materiais, de saúde, jurídicos, educacionais, sociais e religiosos. A assistência social é a que se refere de modo mais específico à reinserção social, considerando-se o objetivo de "amparar o preso e o internado e prepará-los para o retorno à liberdade" (BRASIL, 1984 documento on-line).

O profissional responsável por tais atribuições é o assistente social, o qual trabalha na instituição carcerária. Após o cumprimento da pena, os indivíduos são considerados egressos do sistema penal pelo prazo de um ano após a liberação, sendo prevista a chamada assistência ao egresso, que visa a auxiliar o indivíduo a se reintegrar à sociedade. A assistência ao egresso pode ser compreendida como uma continuidade da assistência social realizada dentro da instituição prisional, e os profissionais de serviço social continuam sendo responsáveis pelo acompanhamento do indivíduo após a saída da prisão, conforme explicam Vaccari, Gonçalves e Dittrich (2018).

Conforme Souza e Silveira (2015), apesar dos avanços quanto à garantia dos direitos humanos previstos na LEP, não houve uma adequação do sistema prisional ao cenário democrático alcançado pelo país na década de 1980. Dados do Levantamento Nacional de Informações Penitenciárias (Infopen), do Departamento Penitenciário Nacional (Depen), apontam um crescimento da população carcerária brasileira e demonstram que o Brasil possui a terceira maior população prisional do mundo. A taxa de ocupação está bem acima do número de vagas disponíveis nos estabelecimentos penais e demonstra que tanto os indivíduos privados de liberdade que vivem nesses espaços quanto os servidores que trabalham no contexto das prisões estão vivendo em condições insalubres e inconstitucionais (BRASIL, [2018]).

Para Azevedo, apesar das previsões legais e constitucionais, o sistema prisional nacional é "um campo de torturas físicas e psicológicas" (2009, p. 108). A superlotação das celas, a falta de espaço físico, a inexistência de água, luz e material higiênico, a presença de lixo e esgotos expostos, os presos doentes e sem atendimento médico adequado e outras situações descritas nas diligências já realizadas são fatores que causam prejuízos psicológicos para os presos e, posteriormente, os egressos desse sistema.

Nesse sentido, Andrade e Oliveira Junior (2014) reforçam o entendimento de que a ressocialização dos indivíduos presos poderia ocorrer de modo mais eficaz se ocorresse o cumprimento integral da LEP, com um tratamento respeitoso e digno ao indivíduo. Fatores como a inexistência de Conselhos da Comunidade por falta de mobilização da sociedade, a não separação dos encarcerados por tipo penal e a precariedade da organização do regime semiaberto são considerados motivos que dificultam o desenvolvimento de uma política plausível voltada à reintegração social do sujeito preso e egresso do sistema. Diante desse contexto, os autores questionam como esperar que os indivíduos presos e, posteriormente, egressos, se adequem às regras sociais, sendo que os mesmos são segregados completamente da sociedade e inseridos em um microcosmo prisional com suas próprias regras e sua própria cultura e com graves dificuldades. Nesse sentido, como bem assinala Foucault (2014), a prisão se configura como uma instituição que, desde o seu surgimento, esteve longe de cumprir seu pretenso papel.

Diversos estudos e autores apontam a ineficiência da prisão e os entraves no que concerne à reintegração social dos sujeitos que cumprem a pena privativa de liberdade, com destaque para os escritos de Foucault (2014) sobre a temática. Os egressos do sistema prisional enfrentam grandes dificuldades após o cumprimento da pena. Dentre os entraves, pode-se citar, conforme Souza e Silveira (2015):

- a baixa escolaridade e\ou qualificação profissional;
- a falta de documentos pessoais;
- a ausência de assistência jurídica adequada;
- o desenvolvimento ou a exacerbação de transtornos psicológicos devido à experiência prisional;
- o uso e abuso de álcool e outras drogas;
- o pouco apoio comunitário/institucional;
- a falta de moradia;
- as dificuldades de inserção no mercado de trabalho;
- entre muitos outros.

Nesse sentido, o processo de **reinserção social** pode ser compreendido como um sistema que promove e orienta o retorno de egressos do sistema prisional à comunidade após o cumprimento de pena privativa de liberdade. Esse processo implica em desafios para o indivíduo que retorna para o convívio social, familiar e comunitário, e também para as pessoas que estão à sua volta. Desse modo, para ser viável realizá-lo, deve incluir etapas como planificação, implantação e avaliação, cuja efetividade exige o desenvolvimento de ações na penitenciária, no momento da concessão da liberdade e no acompanhamento posterior à saída da prisão, conforme expõe Ekunwe (2011).

Nesse contexto se insere também o papel das instituições de justiça, as quais devem possibilitar e promover o processo de reinserção social dos sujeitos egressos do sistema prisional brasileiro. Na LEP, está previsto o serviço de assistência social, o qual deve ser responsável por diferentes ações de assistência ao egresso após o cumprimento da pena, como providenciar alojamento e alimentação e auxiliá-lo na obtenção de trabalho (BRASIL, 1984), sendo as instituições de justiça importantes nesse processo no que tange à implantação e ao desenvolvimento desses serviços.

Porém, mesmo com essa previsão legal e com os serviços existentes de assistência ao egresso do sistema prisional no país, muitos sujeitos não recebem a assistência e o acompanhamento pertinentes para sua reintegração e adaptação à vida em liberdade e ao convívio social. Conforme enfatiza Rauter (2016), são raros os programas de reinserção social no Brasil. Por isso, enfatiza-se o papel das instituições de justiça no estabelecimento e desenvolvimento de programas e ações de reinserção social do egresso após cumprimento de pena.

Como é enfatizado por Souza e Silveira (2015), em muitas situações, programas de apoio destinados a indivíduos egressos se tornam um caminho que pode promover e contribuir para a inclusão social desses sujeitos, minimizando os efeitos negativos da experiência de encarceramento, bem como reduzindo os índices de reincidência criminal. A implantação de programas voltados aos egressos do sistema prisional se torna premente a partir da percepção de que a instituição carcerária não reintegra socialmente os indivíduos.

No Brasil, a emergência de programas voltados aos indivíduos egressos ocorreu, principalmente, a partir da década de 1990. Inicialmente, surgiram como iniciativa da sociedade civil e nas esferas municipais e, posteriormente, foram efetivados programas de âmbito estadual e federal. Assim, "diante da constatação da falência do sistema carcerário, no que tange ao seu objetivo de ressocialização dos sujeitos privados de liberdade, inúmeros programas voltados para os egressos do sistema prisional emergem em todo o Brasil" (SOUZA; SILVEIRA, 2015, p. 175). Nesse contexto, programas destinados a egressos atuam, principalmente, no âmbito do atendimento psicossocial, da inserção no mercado de trabalho e da qualificação profissional. Porém, o número de programas ainda é considerado insuficiente, e muitas iniciativas são realizadas por entidades filantrópicas ou por meio de parcerias e convênios firmados com prefeituras, estados e instituições universitárias.

Instrumentos e metodologias de ação na reinserção social

Diversos instrumentos e metodologias de ação são usados nos processos de reinserção social. Considerando-se as demandas dos diferentes âmbitos de egressos do sistema prisional, bem como as demandas de variadas esferas da sociedade, são elaboradas e desenvolvidas estratégias e práticas que visam a promover e a contribuir com o propósito de reinserção social desses indivíduos após o cumprimento da pena privativa de liberdade. Contudo, conhecer esses métodos e instrumentos é tarefa difícil, visto que são escassos os registros e estudos sobre práticas relativas a ações de reinserção social no Brasil.

Souza e Silveira (2015) realizaram um estudo com o intuito de traçar um panorama nacional e internacional dos principais programas e projetos, governamentais e não governamentais, destinados a indivíduos egressos do sistema prisional. Em seu artigo, destacam alguns estudos de práticas de reinserção social, por exemplo, relativos à reintegração comunitária de egressos e à programas que trabalham com intervenções de cunho cognitivo--comportamental, entre outros. Os autores se propõem a categorizar os programas em três principais vertentes, com base em seus objetivos: programas que buscam trabalhar com aspectos cognitivo-comportamentais do sujeito, os quais objetivam melhores possibilidades de enfrentamento dos desafios fora da prisão, voltando-se para uma perspectiva individual; práticas pautadas na maximização do distanciamento de qualquer oportunidade ou facilidade que pode levar o egresso ao cometimento de novas práticas criminosas; e programas com base no apoio psicossocial e jurídico, em ações de qualificação profissional e inserção laboral, sendo esse último o tipo de programa comumente realizado no Brasil.

Como exemplo de programa que visa à reintegração comunitária, Souza e Silveira (2015) citam os Reentry Programs, nos EUA, os quais funcionam como casas de recuperação, nas quais os sujeitos que estão prestes a ter a liberdade concedida iniciam um processo de reintegração na comunidade. Os indivíduos têm um acompanhamento com relação ao uso de drogas e tratamento de transtornos mentais. São buscadas alternativas de inserção no mercado de trabalho e obtenção de moradia. Trata-se de formas de auxiliar na preparação do retorno à comunidade e no cumprimento do restante da pena. Os autores referem que, nesse país, o foco dos programas é evitar a reincidência criminal por parte dos egressos.

Souza e Silveira (2015) citam também os programas que empregam a perspectiva cognitivo-comportamental, por exemplo, os Cognitive Skill Programs. Esse projeto foi criado em 1986 e está presente em países como o Canadá, a Espanha, a Nova Zelândia, o Reino Unido, entre outros. O programa visa a promover aos indivíduos uma melhor compreensão acerca de seus comportamentos e sentimentos, proporcionando, desse modo, o controle de suas emoções e a mudança de atitude diante do sistema de justiça e de situações de risco. Os sujeitos participam de encontros três vezes por semana, com duração média de duas horas. Existem outros programas com métodos de ação e instrumentos semelhantes, também com base em metodologias cognitivo-comportamentais.

Andrade e Oliveira Junior (2014) realizaram uma pesquisa com o intuito de conhecer políticas de reintegração social no contexto penal, por meio do levantamento das iniciativas existentes, das estratégias de implantação e de desenvolvimento de ações e das percepções dos diferentes atores sobre a reintegração social, incluindo os agentes de diferentes instituições de justiça, buscando refletir sobre sua efetiva contribuição para a reinserção social de indivíduos privados de liberdade. Conforme os resultados do estudo, destacou-se o papel da família nesse processo, bem como a necessidade de ações relativas a programas de trabalho e educação, entre outros, tanto com indivíduos presos quanto com egressos do sistema, que, para os autores, deveriam ser o público primordial desses programas.

Vaccari, Gonçalves e Dittrich (2018) destacam que é importante planejar o ambiente que receberá o indivíduo egresso da instituição penal. Desse modo, devem-se considerar variáveis presentes no contexto externo à instituição, bem como preparar condições para que conhecimentos adquiridos durante a pena, relativos especialmente à educação e à profissionalização, possam ser aplicados após o fim da medida. O propósito é que práticas realizadas na instituição carcerária não se restrinjam à unidade de privação de liberdade, seja para obedecer a leis e evitar punições, seja para conseguir benefícios, como a remição da pena por motivo de estudo ou trabalho, a qual está prevista na LEP. Para os autores, o auxílio previsto de assistência profissional e material após o cumprimento da pena de privação de liberdade é importante para a reinserção social, mas devem ser realizadas também intervenções relacionadas à mudança e à manutenção do repertório comportamental.

Diante da crise do sistema de justiça criminal, pode-se perceber, nas últimas décadas, o desenvolvimento e o crescimento de formas alternativas de resolução de conflitos, por meio de um conjunto de mecanismos judiciais e/ou extrajudiciais que se utilizam de negociação, conciliação e mediação. Nesse sentido, insere-se a metodologia da **justiça restaurativa**, a qual se encontra em expansão em diversos países devido a uma série de motivos comuns, como a crise de legitimidade do sistema penal, as reinvindicações de vítimas e a busca de abordagens alternativas ao delito, entre outros, conforme expõem Azevedo e Pallamolla (2014).

O termo justiça restaurativa é difícil de definir, como defendem Achutti e Leal (2017) e Azevedo e Pallamolla (2014). Desse modo, documentos e resoluções têm buscado dar uma definição para essa prática. Entre eles, destaca-se a Resolução 2002/12, do Conselho Econômico e Cultural da Organização das Nações Unidas (ONU), a qual propõe princípios básicos para a utilização de Programas de Justiça Restaurativa em Matéria Criminal. Conforme essa resolução, o procedimento restaurativo significa:

> [...] qualquer processo no qual a vítima e o ofensor, e, quando apropriado, quaisquer outros indivíduos ou membros da comunidade afetados por um crime, participam ativamente na resolução das questões oriundas do crime, geralmente com a ajuda de um facilitador" (ORGANIZAÇÃO DAS NAÇÕES UNIDAS, 2002 documento on-line).

No que tange aos instrumentos e métodos de ação, os processos restaurativos podem incluir a mediação, a conciliação, a reunião familiar ou comunitária e os círculos restaurativos.

> **Saiba mais**
>
> **Justiça restaurativa no Brasil**
> No contexto mundial, a eclosão da justiça restaurativa ocorreu na década de 1990. Contudo, no Brasil, sua implantação somente foi realizada em 2005, no âmbito de alguns projetos-piloto regionais. Um dos marcos iniciais para o desenvolvimento desse método de justiça no País foi o I Simpósio Brasileiro de Justiça Restaurativa, em abril de 2005. Nesse sentido, a implantação de experiências restaurativas no Brasil foi realizada por meio do projeto Promovendo Práticas Restaurativas no Sistema de Justiça Brasileiro (Ministério da Justiça/PNUD), e três cidades foram indicadas como sedes para projetos pilotos: Brasília (DF), Porto Alegre (RS) e Caetano do Sul (SP) (JOÃO, 2014).
> No decorrer desse tempo, diversos projetos, normativas e programas foram desenvolvidos com ênfase na prática da justiça restaurativa. Mais recentemente, o CNJ aprovou a Resolução nº. 225, de 31 de maio de 2016, que contém diretrizes para a implementação e a difusão da prática da Justiça Restaurativa no Poder Judiciário (BRASIL, 2016a). Cabe referir que práticas de justiça restaurativa são mais comuns no decorrer do processo penal, contudo já são realizadas ações no âmbito da execução da pena e nos processos de reinserção social de egressos, com participação de instituições de justiça criminal.

Ainda no que tange a instrumentos e metodologias de ação, outros autores propõem a articulação intersetorial das políticas públicas, a qual permite ao egresso do sistema prisional se beneficiar de medidas que não são especificamente dirigidas a esse público, mas sim a toda a sociedade, considerando as demandas da comunidade. Inserir-se em programas sociais mais gerais confere ao indivíduo egresso um sentimento de identidade que, seguidamente, se perde no decorrer do cumprimento da pena privativa de liberdade. Assim, perceber que pertence a um grupo e/ou comunidade e que é igual em direitos e deveres a uma parcela da população pode auxiliar na efetiva reintegração social do sujeito, como afirmam Souza e Silveira (2015) e Ilanud (2004).

Sendo assim, diferentes instrumentos e metodologias de ação compõem as práticas em processos de reinserção social. Esses métodos dependem muito do contexto em que é realizada a reinserção do egresso, dos profissionais que irão atuar com essas práticas e das instituições de justiça envolvidas nesse processo, entre outros fatores. Destaca-se a diversidade de instrumentos e práticas realizadas no contexto brasileiro e mundial e a carência de compartilhamento dessas experiências, que poderiam contribuir para o desenvolvimento de ações pertinentes a uma adequada reinserção social.

Projetos de reinserção social no Brasil

No Brasil, a maioria das iniciativas voltadas para o público egresso do sistema prisional consiste em programas que se baseiam, principalmente, no apoio psicossocial e jurídico, na inserção no mercado de trabalho e no incentivo à qualificação profissional, como expõem Souza e Silveira (2015). Nos estados brasileiros, são propostos diferentes programas de reinserção social, tanto governamentais quanto não governamentais, e muitos ocorrem em articulação com instituições de justiça. São realizadas ações com projetos de instituições como a Corregedoria Geral da Justiça e as Varas de Execução Penal e de Execuções de Penas Alternativas, entre outras. São proposições que também englobam parcerias e convênios firmados com prefeituras, estados e instituições universitárias. Isso posto, destacam-se os projetos Trabalho para a Vida, no Rio Grande do Sul, Ação Concentrada: Justiça no Cárcere, no Ceará, e Agentes da Liberdade, no Rio de Janeiro.

O projeto Trabalho para a Vida, da Corregedoria Geral da Justiça do Rio Grande do Sul, envolve o desenvolvimento de uma cooperativa, a qual visa a garantir trabalho e renda para egressos do sistema prisional, adolescentes egressos do cumprimento de medidas com privação de liberdade e familiares de presos, além do Programa de Acompanhamento Social (PAS), do setor de Serviço Social da Vara de Execuções de Penas e Medidas Alternativas de Porto Alegre (RS), criado em 2000 com o intuito de efetivar o cumprimento da pena e garantir a reinserção social dos egressos do sistema prisional, conforme explicam Wolff e Rosa (2006).

O projeto Agentes da Liberdade, no Rio de Janeiro, teve início em outubro de 2002, a partir da capacitação de um grupo de egressos que se tornaram os primeiros "agentes da liberdade", atuando como intermediários entre a "liberdade" e o sistema prisional. Esse projeto, realizado em parceria com a Prefeitura Municipal do Rio de Janeiro, já recebeu mais de 700 egressos. Trata-se de um programa de reinserção cidadã que envolve a **promoção social** dos egressos, proporcionando o desenvolvimento de "habilidades e competências voltadas para as atividades produtivas" (MADEIRA, 2008), consequentemente propiciando ao egresso uma nova fonte de renda para reorganizar sua rotina.

A promoção social, conforme Costa (2007) é aquela que engloba, de um modo geral, um conjunto de atividades que visam ao desenvolvimento (nesse caso, dos egressos do sistema prisional), por meio de "processos educativos e participativos". Esse desenvolvimento objetiva o atingimento de melhorias sociais, como a inserção em "contextos sociais mais positivos" e o acesso "à educação, à saúde, à cultura, à integração social, à geração de renda [...], desenvolvidas por meio de estratégias" e programas públicos e privados. Em resumo, então, são ações que visam "a ampliar a qualidade de vida de suas famílias, aumentando a capacidade de inserção social e produtiva dos indivíduos" (COSTA, 2007, p. 23).

Por sua vez, o projeto Ação Concentrada: Justiça no Cárcere teve início em 2012 e já realizou ações em várias unidades prisionais no Estado do Ceará, principalmente em Fortaleza e na Região Metropolitana. A realização é do TJ do Ceará, por meio das Varas de Execução Penal de Fortaleza e da Secretaria da Justiça e Cidadania do Ceará (Sejus). A ação conta com a participação da OAB, do MP e da Defensoria Pública do Estado do Ceará. Também recebe apoio do Grupo de Monitoramento e Fiscalização (GMF) do CNJ, além da Corregedoria dos Presídios e Estabelecimentos Penitenciários da Comarca de Fortaleza (OAB, 2016). O projeto realiza diversas práticas referentes a sujeitos presos e egressos do sistema prisional. Entre estas, quanto aos indivíduos ainda presos, destacam-se ações com o intuito de acompanhar a situação processual destes. Por exemplo, são realizados procedimentos em que os magistrados avaliam quais os detentos que atendem aos requisitos para a saída antecipada, com ou sem o uso de monitoramento eletrônico, bem como aqueles que podem progredir de regime (do semiaberto para o aberto), entre outros benefícios. São considerados o tempo de cumprimento da pena, o histórico e o comportamento do indivíduo, com o objetivo de tomar as medidas mais adequadas à ressocialização e à redução da reincidência criminal (CEARÁ, 2017). As ações com detentos incluem ainda verificar se as assistências previstas na LEP estão sendo respeitadas (OAB, 2016).

Quanto às ações com egressos das prisões, estes poderão ser encaminhados para diferentes programas de reinserção social, como o projeto "Aprendizes da Liberdade" — também em ação no estado do Ceará, por iniciativa das Varas de Execução Penal em parceria com a Secretaria de Educação do Estado — o qual oferece qualificação profissional e educacional a detentos e egressos, com vistas a conseguir emprego e gerar renda após a saída do sistema prisional. Os sujeitos podem também participar de cursos, que vão desde a alfabetização até o ensino fundamental e o ensino médio (CEARÁ, 2017). Além disso, por meio de parcerias firmadas com diversas instituições, são ofertadas vagas de emprego e atividades educativas. Como exemplo dessas ações, estão os programas "Começar de Novo", do CNJ, e "Banco de Talentos", da Sejus, com o intuito de divulgar oportunidades do mercado de trabalho. O Sistema Nacional de Emprego e Instituto de Desenvolvimento do Trabalho (Sine/IDT) realiza cursos de orientação pessoal e profissional, e a Secretaria do Trabalho e Desenvolvimento Social (STDS) também participa com a oferta de vagas em cursos técnicos e profissionalizantes para apenados em regime aberto. Há ainda iniciativas que englobam práticas e cursos de justiça restaurativa (BRASIL, 2012).

Nessa perspectiva, o projeto Ação Concentrada: Justiça no Cárcere visa a dar maior celeridade ao trâmite processual, acompanhar e fiscalizar o cumprimento das penas e aproximar a Justiça do indivíduo preso e do egresso do sistema prisional, com vistas à sua reinserção social após o cumprimento da pena (BRASIL, 2012). Assim, além do atendimento às normas jurídicas, a iniciativa tem como preocupação a inclusão social dos egressos. Denota-se, desse modo, um projeto que engloba processos de reinserção social em que há importante atuação de instituições de justiça — destacadas nesse projeto as instituições do Estado do Ceará —, como o Tribunal de Justiça, o Ministério Público e a Defensoria Pública, entre outras.

Pelo exposto e discutido neste texto, pode-se perceber que a emergência de processos e programas destinados a egressos do sistema prisional surgiu devido à falência desse sistema em cumprir sua missão de (re)socializar os sujeitos. Nesse contexto, vislumbram-se péssimas condições estruturais, humanas e sociais e um cenário de violência e crime, o que pode dificultar o processo de retorno ao convívio social dos sujeitos após a saída do sistema prisional, como expõem Souza e Silveira (2015).

Por fim, dadas as multiplicidades econômicas, políticas e sociais que caracterizam esses projetos de reinserção social Brasil afora, são imprescindíveis ações que viabilizem, de fato, a reinserção social de modo eficaz e pertinente, considerando, desse modo, as especificidades locais. No entanto, com relação a isso, Souza e Silveira (2015) enfatizam que, no contexto brasileiro, os programas existentes destinados a egressos do sistema prisional assumem a responsabilidade de ressocialização e reintegração social, as quais deveriam ser garantidas ainda na instituição carcerária, por meio de ações como atendimento psicossocial e jurídico, qualificação profissional, principalmente por meio da educação, e consequente inserção no mercado de trabalho — reduzindo, com isso, as taxas de criminalidade e reincidência.

Exercícios

1. No que tange ao contexto criminal e à execução da pena de prisão, são instituições de justiça pertentes a essa esfera:
   I. Ministério Público
   II. Defensoria Pública
   III. Varas de Execução Penal
   Quais estão corretas?
   d) I, apenas.
   e) I e II, apenas.
   f) I e III, apenas.
   g) II e III, apenas.
   h) I, II e III.

2. Conforme a Lei de Execução Penal (LEP), são órgãos da execução penal: o Conselho Nacional de Política Criminal e Penitenciária; o Juízo da Execução; o Conselho Penitenciário; os Departamentos Penitenciários; o Patronato; o Conselho da Comunidade; e a Defensoria Pública. Destes, especificamente quanto ao processo de reinserção social, a qual instituição incumbe supervisionar a assistência aos egressos:
   a) Conselho Nacional de Política Criminal e Penitenciária.
   b) Juízo da Execução.
   c) Conselho Penitenciário.
   d) Departamentos Penitenciários.
   e) Conselho da Comunidade.

3. No que tange a instrumentos e metodologias de ação em processo de reinserção social, existem programas com diferentes características e objetivos, como:
   I. Programas com base no apoio psicossocial e jurídico, em ações de qualificação profissional e inserção laboral.
   II. Programas que buscam trabalhar com aspectos cognitivo-comportamentais do sujeito;
   III. Práticas pautadas em evitar aspectos de reincidência criminal.
   Destes, quais são práticas comuns no Brasil?
   d) I, apenas.
   e) I e II, apenas.
   f) I e III, apenas.
   g) II e III, apenas.
   h) I, II e III.

4. O procedimento caracterizado como "qualquer processo no qual a vítima e o ofensor, e, quando apropriado, quaisquer outros indivíduos ou membros da comunidade afetados por um crime, participam ativamente na resolução das questões oriundas do crime, geralmente com a ajuda de um facilitador" (ONU, 2002) é denominado de:
   a) Justiça Terapêutica.
   b) Programa Cognitivo-Comportamental.
   c) Justiça Restaurativa.
   d) Programa de Recuperação.
   e) Justiça de Liberdade.

5. Sobre o projeto Ação Concentrada: Justiça no Cárcere, é correto afirmar:
   a) Teve inicio em 2012, sendo realizado pelas Varas de Execução Penal de todo o Brasil.
   b) O projeto realiza práticas somente com indivíduos egressos do sistema prisional, não sendo realizadas

ações com sujeitos em cumprimento de pena.
c) São realizadas ações com detentos e egressos das prisões, sendo que os egressos poderão ser encaminhados para diferentes programas de reinserção social.
d) O projeto realiza prática somente com pessoas em cumprimento de pena, não sendo realizadas ações de reinserção social.
e) O projeto é realizado somente pelo Ministério Público da cidade de Fortaleza, Ceará.

Referências

ACHUTTI, D.; LEAL, M. A. S. Justiça restaurativa no centro judiciário de resolução de conflitos e cidadania: da teoria à prática. *Revista de Criminologia e Políticas Criminais*, Maranhão, v. 3, n. 2, p. 84-110, jul./dez. 2017.

ANDRADE, C. C.; OLIVEIRA JUNIOR, A. Estudos em segurança púbica e sistema de justiça criminal: a reintegração de indivíduos em privação da liberdade. *Boletim de Análise Político-Institucional (BAPI)* - IPEA, n. 6, p. 37-42, nov. 2014.

AZEVEDO, R. G. Justiça penal e segurança pública no Brasil: causas e consequências da demanda punitiva. *Revista Brasileira de Segurança Pública*, ano 3, ed. 4, p. 94-113, mar./abr. 2009.

AZEVEDO, R. G.; PALLAMOLLA, R. P. Alternativas de resolução de conflitos e justiça restaurativa no Brasil. *Revista USP*, São Paulo, n. 101, mar. -maio 2014, p. 173-184.

BRASIL. Conselho Nacional de Justiça (CNJ). *CNJ Serviços*: saiba as diferenças entre as varas criminal e de execução penal. Brasília: CNJ, 2016b. Disponível em: <http://www.cnj.jus.br/k8nj>. Acesso em: 11 jul. 2018.

BRASIL. Conselho Nacional de Justiça (CNJ). *Justiça no Cárcere leva prestação jurisdicional ao IPPOO II*. 2012. Disponível em: <http://www.cnj.jus.br/noticias/judiciario/74598--justica-no-carcere-leva-prestacao-jurisdicional-ao-ippoo-ii>. Acesso em: 11 jul. 2018.

BRASIL. Conselho Nacional de Justiça (CNJ). *Resolução 225, de 31 maio de 2016*. Brasília, DF:CNJ, 2016a. Disponível em: <http://www.cnj.jus.br/images/atos_normativos/resolucao/resolucao_225_31052016_02062016161414.pdf>. Acesso em: 11 jul. 2018.

BRASIL. *Lei nº. 7.210, de 11 de julho de 1984*: institui a Lei de Execução Penal. Brasília, DF, 1984. Disponível em: <http://www.planalto.gov.br/ccivil_03/Leis/l7210.htm>. Acesso em: 11 jul. 2018.

BRASIL. *Lei nº. 9.099, de 26 de setembro de 1995*. Dispõe sobre os Juizados Especiais Cíveis e Criminais e dá outras providências. Disponível em: <http://www.planalto.gov.br/ccivil_03/Leis/L9099.htm>. Acesso em: 11 jul. 2018.

BRASIL. Ministério da Justiça. *Informações penitenciárias consolidarão base de dados nacional*. Brasília, [2018]. Disponível em: <http://www.justica.gov.br/news/integracao--das-informacoes-penitenciarias-vai-consolidar-base-de-dados-nacional>. Acesso em: 11 jul. 2018.

CEARÁ. Poder Judiciário. *Projeto justiça no cárcere concedeu 133 benefícios a apenados do IPPOO II*. 2017. Disponível em: <https://www.tjce.jus.br/noticias/projeto-justica-no--carcere-concedeu-133-beneficios-a-apenados-do-ippoo-ii/>. Acesso em: 11 jul. 2018.

COSTA, C. R. B. S. F. *Contexto socioeducativo e a promoção de proteção a adolescentes em cumprimento de medida judicial de internação no Amazonas*. 2007. 234 f. Tese (Doutorado em Ciências na área de Saúde Pública) - Escola Nacional de Saúde Pública Sergio Arouca, Rio de Janeiro, 2007.

EKUNWE, I. Re-entering society begins prior to release. In: EKUNWE, I.; JONES, R. (Org.). *Global perspectives on re-entry*. Finland: Tampere University Press, 2011. p. 414-442.

FOUCAULT, M. *Vigiar e Punir*: nascimento das prisões. Petrópolis: Vozes, 2014.

INSTITUTO LATINO AMERICANO DAS NAÇÕES UNIDAS PARA PREVENÇÃO DO DELITO E DO TRATAMENTO DO DELINQUENTE (ILLANUD). *Avaliação do atendimento à população egressa em São Paulo: 2003/2004*. Brasília, 2004.

JOÃO, C. U. A Justiça restaurativa e sua implantação no Brasil. *Revista da Defensoria Pública da União*, Brasília, n. 7, p. 187-210, jan./dez. 2014.

MADEIRA, L. M. *Trajetórias de homens infames*: políticas públicas penais e programas de apoio a egressos do sistema penitenciário no Brasil. 2008. 358 f. Tese (Doutorado em Sociologia) – Programa de Pós-Graduação em Sociologia da Universidade Federal do Rio Grande do Sul, Porto Alegre, 2008.

OAB Ceará. *Varas de execução penal programam ação concentrada*: justiça no cárcere para maio. 2016. Disponível em: <http://oabce.org.br/2016/04/varas-de-execucao-penal--programam-acao-concentrada-justica-no-carcere-para-maio/>. Acesso em: 11 jul. 2018.

ORGANIZAÇÃO DAS NAÇÕES UNIDAS (ONU). Conselho Econômico e Cultural da ONU. *Resolução 2002/2012 da ONU*: princípios básicos para utilização de programas de justiça restaurativa em matéria criminal. 2002. Disponível em: <http://www.juridica.mppr.mp.br/arquivos/File/MPRestaurativoEACulturadePaz/Material_de_Apoio/Resolucao_ONU_2002.pdf>. Acesso em: 11 jul. 2018.

RAUTER, C. O Trabalho do psicólogo em prisões: In: CONSELHO FEDERAL DE PSICOLOGIA. FRANÇA, F.; PACHECO, P.; OLIVEIRA, R. T. *O Trabalho da(o) psicóloga(o) no sistema prisional: problematizações, ética e orientações*. Brasília: CFP, 2016. p. 43-54.

SOUZA; F. L; SILVEIRA, A. M. Mito da ressocialização: programas destinados a egressos do sistema prisional. *SER Social*, Brasília, v. 17, n. 36, p. 163-188, jan./jun. 2015.

VACCARI, C.; GONÇALVES, G. P. B; DITTRICH, A. Análise comparativa da reeducação e reintegração social nos sistemas de justiça brasileiros para adolescentes e adultos em privação de liberdade. *Acta Comportamentalia*, México, v. 26, n. 1, p. 111-125, 2018.

WOLFF, M. P.; ROSA, S. B. *Políticas de atenção ao egresso no Rio Grande do Sul*. Brasília: Secretaria Nacional de Segurança Pública, 2006.

Leituras recomendadas

JESUS, V. M. B.; COSTA, A. B. Tecnologia social: breve referencial teórico e experiências ilustrativas. In: COSTA, A. B. (Org.). *Tecnologia social e políticas públicas*. São Paulo: Instituto Pólis; Brasília: Fundação Banco do Brasil, 2013. p. 17-32.

RIBEIRO, N. A.; CALIMAN, G. Reabilitação criminal: o papel da educação social em processos de violência e exclusão. *Interacções*, v. 11, n. 38, p. 80-101, 2015.

O sistema presidiário: programas de reabilitação e reintegração social

Objetivos de aprendizagem

Ao final deste texto, você deve apresentar os seguintes aprendizados:

- Caracterizar a situação das prisões no Brasil.
- Definir reintegração e reabilitação social no contexto brasileiro.
- Identificar ações voltadas à reintegração social, bem como o lugar do trabalho nas políticas de reintegração.

Introdução

A precariedade do sistema prisional brasileiro suscita reflexões, por parte do poder público, das diferentes áreas do conhecimento científico e da sociedade em geral, sobre a temática da execução penal no país. Nesse cenário, emergem também discussões e estudos sobre questões de reabilitação e reintegração social, bem como possibilidades e desafios de atuação profissional no contexto penal.

Neste capítulo, você vai estudar e refletir sobre a situação do sistema prisional brasileiro. Você vai também explorar as proposições de reintegração e reabilitação social e vai verificar políticas e ações voltadas à reintegração social e a atuação do(a) psicólogo(a) nesse contexto.

O sistema prisional brasileiro

No Brasil, a Lei de Execução Penal (LEP) — Lei nº. 7.210, de 11 de julho de 1984 — estabelece os direitos do condenado e do internado nas prisões brasileiras, bem como uma proposição de reintegração social a partir do cumprimento da pena. Conforme refere o art. 1º da LEP, "a execução penal tem por objetivo efetivar as disposições de sentença ou decisão criminal e proporcionar condições para a harmônica integração social do condenado e do internado" (BRASIL, 1984 documento on-line). Ou seja, a LEP enfatiza já em seu primeiro artigo a ideia de **(re)integração social** a partir da execução penal.

No art. 10 da LEP, refere-se que "a assistência ao preso e ao internado é dever do Estado, objetivando prevenir o crime e orientar o retorno à convivência em sociedade" (BRASIL, 1984 documento on-line). Nesse sentido, destaca-se novamente o objetivo de reabilitação e reintegração social da pena. Conforme o art. 11 da Lei, a assistência será à saúde, material, jurídica, educacional, social e religiosa. Dessas, destaca-se a assistência social, a qual "tem por finalidade amparar o preso e o internado e prepará-los para o retorno à liberdade", conforme trata o art. 22 da LEP (BRASIL, 1984 documento on-line). Contudo, apesar das previsões legais citadas, a LEP enfrenta muitos obstáculos na aplicação de muitos de seus dispositivos.

No que tange à execução da pena de prisão no Brasil, dados divulgados pelo Departamento Penitenciário Nacional (Depen) demonstram o crescimento da população carcerária brasileira no decorrer dos anos. Os dados do último Levantamento Nacional de Informações Penitenciárias (Infopen), do Depen (2017), apontam que o Brasil possui a terceira maior população prisional do mundo. O Infopen foi criado em 2004 e compila informações estatísticas do sistema penitenciário brasileiro. Ainda conforme dados do último Infopen, em relação ao número de vagas, houve uma taxa de ocupação média das penitenciárias de 197,4% em todo o país, ou seja, a ocupação é de quase o dobro da capacidade das instituições. Nesse sentido, os dados demonstram que tanto as pessoas privadas de liberdade que vivem no cárcere quanto as pessoas que trabalham nessas instituições estão vivendo em condições de risco.

Ainda conforme dados do Infopen, divulgados em dezembro de 2017, pela primeira vez na história, a população prisional brasileira ultrapassou, em junho de 2016, a marca de 700 mil pessoas privadas de liberdade, o que representa um aumento de 707% em relação ao total registrado no início da década de 1990. Entre 2000 e 2016, a taxa de aprisionamento aumentou em 157% no Brasil (BRASIL, 2017b). Nesse sentido, os dados demonstram a dura realidade do sistema prisional brasileiro, caracterizado pela superlotação e pela falta de condições e de direitos fundamentais dos indivíduos presos. A Figura 1 mostra esses dados de forma detalhada.

População Prisional	**726.712**
Sistema Penitenciário	689.510
Secretarias de Segurança/ Carceragens de delegacias	36.765
Sistema Penitenciário Federal	437
Vagas	**368.049**
Déficit de Vagas	**358.663**
Taxa de ocupação	**197,4%**
Taxa de aprisionamento	**352,6**

Pessoas privadas de liberdade no Brasil em junho de 2016[6]

Figura 1. Sistema penitenciário do Brasil em junho de 2016.
Fonte: Brasil (2017a).

A execução da pena de prisão é submetida ao controle dos juízes de execução penal, a cargo dos governos estaduais. A situação encontrada nos estabelecimentos penais vai contra as normativas nacionais e internacionais sobre o sistema prisional, sendo caracterizada por um processo de "agressão aos direitos humanos e de completa barbárie", como afirma Azevedo (2009, p. 106). O autor (AZEVEDO, 2009) cita uma apuração realizada pela Comissão Parlamentar de Inquérito do Sistema Carcerário, na qual se conclui que a maioria dos estabelecimentos penais necessita de uma reforma ampla, visto que não contêm instalações apropriadas para alocação individual ou coletiva de presos, sem condições mínimas de acomodação. Em diversas instituições penais, os presos não têm acesso à água, a sanitários e a itens básicos de higiene, sendo a maioria das unidades prisionais insalubres. A situação das instituições carcerárias é grave também no que tange à população prisional feminina.

Para o autor supracitado, a realidade do sistema prisional brasileiro contraria as disposições constitucionais e de execução penal acerca das modalidades de assistência a serem prestadas aos presos, visto que a maioria das instituições penais não oferece a esses indivíduos as condições mínimas para viver de modo saudável, podendo-se considerar o sistema prisional do Brasil um campo de degradação física e psicológica.

Sendo assim, considerando-se como é constituído o sistema prisional brasileiro, torna-se premente discutir e refletir sobre as condições da proposta de reintegração social a partir do cumprimento da pena privativa de liberdade. O sistema de execução penal, no contexto brasileiro e em outros países, não possibilita **reintegrar** ou **reabilitar** os indivíduos presos, não podendo ser considerado, portanto, uma possibilidade ou um instrumento de ressocialização. Pode-se dizer que, devido à precariedade das condições das prisões e do sistema criminal no Brasil, o processo de cumprimento de pena é de **dessocialização**, não contribuindo com ou promovendo o retorno do sujeito ao convívio social. Nesse sentido, o processo de prisão é compreendido como distante de qualquer possibilidade de reintegração social.

O conceito de ressocialização, finalidade atribuída à prisão moderna e base da concepção de execução penal prevista na LEP, é considerado controverso. Entre os especialistas, enfatiza-se a incapacidade da prisão no que se refere à ressocialização do condenado, como defendem os autores Barros e Amaral (2016), Foucault (2014), Zaffaroni (2010) e Bitencourt (2007). Nesse sentido, a proposta de ressocialização é foco de diferentes críticas, muitas relacionadas à ideia de tratamento ou correção do indivíduo. Além disso, questiona-se como se pode esperar que os sujeitos presos se adequem às regras sociais na medida em que são segregados da sociedade e inseridos em um microcosmo prisional com suas próprias regras, características e cultura, conforme expõe Bitencourt (2007).

No contexto da ressocialização, insere-se também a atuação de profissionais da área da Psicologia. Deve-se ter em mente que as graves dificuldades do sistema penitenciário brasileiro influenciam diretamente as possibilidades e os desafios de intervenções e práticas da Psicologia nas instituições carcerárias e nos processos de reintegração social. Essas dificuldades caracterizam e ampliam as demandas por intervenções de diferentes saberes e áreas de atuação.

Quanto à atuação profissional no sistema prisional brasileiro, dados do Infopen (BRASIL, 2017b) revelam que as categorias ligadas à saúde — as quais compreendem médicos, enfermeiros, dentistas, psicólogos e outras especialidades — representam, juntas, 6% dos servidores do sistema prisional. O número de psicólogos atuando nas prisões do país era de 1.265 em 2016. Rauter (2016) enfatiza que, apesar do início do século XXI ter sido caracterizado por um aumento da população prisional no Brasil, o número de psicólogos(as) e de outros profissionais que atuam nas instituições carcerárias não teve um aumento correspondente.

No que se refere à atuação dos(as) psicólogos(as) nesse contexto, Rauter (2016) destaca que a função exercida nas prisões pelos profissionais de Psicologia ainda está relacionada, principalmente, à avaliação da periculosidade criminal e à elaboração de pareceres e laudos psicológicos. O foco, nessas práticas, recai sobre a concessão de benefícios, a progressão de regime ou a proximidade do fim da pena. Nesse sentido, o Conselho Federal e os Conselhos Regionais de Psicologia fazem críticas e lutam pela categoria, questionando as avaliações de previsão de comportamento realizadas, mas esta continua a ser a principal atuação dos(as) psicólogos(as) no sistema penitenciário brasileiro.

Na LEP, a atuação do(a) psicólogo(a) está prevista em dois momentos: na Comissão Técnica de Classificação (CTC), existente em cada estabelecimento, composta por, no mínimo, 1 (um) psicólogo; e no Centro de Observação Criminológico (COC) (BRASIL, 1984). Sendo assim, a LEP cria dois mecanismos para atuação do profissional de Psicologia no sistema prisional, referentes somente a exames e à produção de documentos como laudos e pareceres, os quais têm sido objeto de crítica por parte da categoria e do CFP. Em nenhum outro trecho da LEP há referência ao profissional de Psicologia, não sendo prevista sua atuação na área de assistência ao preso.

O CFP já desenvolveu normativas e referências teóricas e técnicas para o trabalho de psicólogos(as) no sistema prisional, considerando normas legais e institucionais brasileiras e outros diferentes fatores, como questões relativas ao encarceramento e sua consequente marginalização e exclusão social, o compromisso social da categoria em relação às proposições alternativas à pena privativa de liberdade e o objetivo de garantia de direitos humanos, entre outros importantes fatores envolvidos quando se propõe trabalhar no sistema jurídico-penal brasileiro. A última resolução relativa às práticas do profissional de Psicologia nesse contexto foi a Resolução 012/2011, a qual impedia a elaboração de prognóstico criminológico de reincidência, a aferição de periculosidade e o estabelecimento de nexo causal a partir do binômio delito-delinquente, por parte do(a) psicólogo(a). Também impedia a realização, por parte do profissional de Psicologia que atua como profissional de referência para o acompanhamento do indivíduo detido em quaisquer modalidades (atenção psicossocial, atenção à saúde integral, projetos de reintegração social), da produção de documentos escritos para subsidiar a decisão judicial na execução de penas e medidas de segurança. Contudo, essa resolução foi suspensa liminarmente no ano de 2015.

Além da resolução citada, pareceres técnicos, referências técnicas e outros textos, propostos pelo CFP, referem proposições sobre o trabalho do(a) psicólogo(a) no sistema prisional brasileiro. Em obra do CFP sobre a temática, refere-se que esse contexto é caracterizado por práticas disciplinares e com foco punitivo, o que reflete na escassez de intervenções e práticas preventivas, de promoção de cidadania, saúde mental, responsabilização e, consequentemente, de reintegração social. Para o CFP, o trabalho do(a) psicólogo(a) no sistema prisional deve ser multi e interdisciplinar e prezar pela construção de políticas públicas para as pessoas presas.

Reintegração e reabilitação social

As ações de reintegração social podem ser definidas, conforme o Depen, como:

[...] um conjunto de intervenções técnicas, políticas e gerenciais levadas a efeito durante e após o cumprimento de penas ou medidas de segurança, no intuito de criar interfaces de aproximação entre Estado, Comunidade e as Pessoas Beneficiárias, como forma de lhes ampliar a resiliência e reduzir a vulnerabilidade frente ao sistema penal" (DEPEN, [2018] documento on-line).

Para Andrade et al. (2015a), essas ações abrangem não apenas os direitos assistenciais da lei, mas também as ideias de cidadania e de dignidade humana. Nesse sentido, os autores referem que as iniciativas governamentais brasileiras buscam alcançar maior aproximação e adequação da ressocialização, visto que o Estado tem obrigação de oferecer assistência penal ao indivíduo em cumprimento de pena. Questões como qual a melhor forma de punir, quais estratégias podem ser usadas visando à reintegração social e como construir programas que realmente contribuam na trajetória futura do indivíduo preso são questionamentos prementes nesse contexto.

Ainda conforme os autores citados, a LEP prevê que a pena deve ter como função proporcionar condições para a reintegração social do sujeito preso para além de um caráter meramente retributivo. Desse modo, as instituições prisionais têm a função de executar um conjunto de atividades que visem à reintegração social do indivíduo em cumprimento de pena privativa de liberdade, criando condições para seu retorno ao convívio social. Assim, no contexto brasileiro, as ações devem ser realizadas com base na assistência à saúde, assistência material, assistência jurídica, assistência educacional, assistência psicológica, assistência social, assistência religiosa, assistência ao trabalho e assistência à profissionalização, motivo pelo qual essas instituições devem ser dotadas de estrutura física e humana.

Para Baratta (2007), a reforma dos sistemas penitenciários na década de 1970 foi realizada sob a influência da ideia de "ressocialização", ou do "tratamento" — "reeducativo" e "ressocializador" — como o fim último da pena. Contudo, a crença na possibilidade de conceber o cárcere como lugar e meio de ressocialização foi se mostrando impertinente e, consequentemente, se perdendo no decorrer dos anos, devido a resultados de pesquisas empíricas que apontaram dificuldades estruturais, aos escassos resultados que a instituição prisional apresenta quanto à possibilidade de reabilitação, bem como a outros fatores e mudanças ocorridas.

Nesse sentido, Sá (2005) destaca as críticas, no âmbito da criminologia crítica, quanto aos termos "tratamento", "recuperação", "reabilitação" e outros equivalentes, no que tange ao indivíduo preso, devido à conotação de desajuste ou desvio de conduta, que pressupõe e porque expressa que é sempre o sujeito preso que deve se "modificar" e se "adequar". Assim, a chamada "ressocialização" do preso, afirma o autor, deve ser compreendida como "uma reintegração social do mesmo, sobretudo por parte da sociedade" (SÁ, 2005, p. 11).

> **Saiba mais**
>
> O termo **reintegração social** é proposto por Baratta (1990) em oposição a outros termos usados, como "reabilitação" e "ressocialização". Conforme Baratta (1990, p. 145), "o conceito de reintegração social requer a abertura de um processo de interações entre o cárcere e a sociedade, no qual os cidadãos recolhidos no cárcere se reconheçam na sociedade externa e a sociedade externa se reconheça no cárcere". Desse modo, destaca-se a responsabilidade da sociedade nesse processo, compreendendo-se o preso como alguém igual a todos os demais homens livres, deles se diferençando, unicamente, por sua condição de preso e de segregado (SÁ, 2005).

Baratta (2007) refere que, apesar de a realidade prisional se mostrar distante da ideia de ressocialização, uma parte do discurso e das reformas demonstra que a teoria do tratamento e da ressocialização não foi completamente abandonada. A lógica de ressocialização do indivíduo por meio da prisão se mostra ineficaz, considerando a distância das funções do cárcere e os estudos dos efeitos deste na vida criminal, atestados pelo alto índice de reincidência. Deve-se reconhecer cientificamente, propõe o autor, que a prisão não pode ressocializar, mas somente neutralizar, e que a pena privativa de liberdade não significa uma oportunidade de reintegração à sociedade, mas um sofrimento imposto como castigo. Nesse sentido, o autor pontua que encara o problema da ressocialização no contexto da criminologia crítica e enfatiza que a prisão não pode produzir resultados pertinentes à ressocialização do sujeito encarcerado, e sim o contrário, visto que impõe condições negativas a esse pretenso objetivo.

Apesar dos desafios e dos limites enfatizados, Baratta (2007) destaca que a busca da reintegração à sociedade do sujeito em cumprimento de pena de prisão não deve ser abandonada, mas precisa ser reinterpretada e reconstruída. Nesse sentido, refere duas ordens de considerações: a primeira, relacionada com o conceito sociológico; a segunda, relacionada com o entendimento jurídico da reintegração social do preso. No que tange à primeira, pontua a impossibilidade de promover a reintegração social por meio do cumprimento da pena, "devendo-se buscá-la *apesar dela*" (BARATTA, 2007, p. 2). Ou seja, deve-se tornar as condições da vida no cárcere menos precárias, visto que as condições atuais, considerando-se a constituição do sistema carcerário, dificultam a possibilidade de reintegração. Além disso, enfatiza o autor, não se trata apenas de uma prisão "melhor", mas principalmente de uma redução do cárcere.

No que se refere à segunda consideração, Baratta (2007) ressalta que um trabalho de tratamento, pela lógica da "ressocialização", se proposto como dominação do preso, não possui legitimidade jurídica. Na ideia de "reabilitação", o preso é visto não como sujeito, mas como objeto passível de ações externas a ele. Nesse sentido, o autor propõe uma reinterpretação dos conceitos tradicionais, propondo uma reintegração "não 'por meio da' prisão, mas 'ainda que' de sua existência" (BARATTA, 2007, p. 3). Portanto, o sistema prisional deve propiciar aos presos uma série de "benefícios", em substituição ao conceito de "tratamento", os quais devem incluir instrução, educacional e profissional, assistência médica e psicológica, com o objetivo de proporcionar-lhes uma oportunidade de reintegração.

Sá (2005) refere que a oposição aos termos "reabilitação" e "ressocialização" se dá, também, pela responsabilidade que a sociedade passa a ter nesse processo. Sendo assim, as estratégias e ações de reintegração social não devem se caracterizar pela tentativa de promover qualquer tipo de "readequação ética" ou "readequação de conduta" do indivíduo preso (BARATTA, 2007, p. 11). Para o autor, o foco não recai sobre os "erros" do passado, e sim no futuro, visto que o sujeito precisa se conscientizar do que pode "acertar", de suas qualidades e de sua força construtiva como cidadão.

Nessa perspectiva, pela lógica da reintegração social, a sociedade pode (re)incluir os sujeitos que ela excluiu, por meio de estratégias nas quais esses indivíduos tenham uma participação ativa. Assim, trata-se de não perceber os sujeitos presos como meros "objetos de assistência", e sim como sujeitos ativos nesse processo social. Desse modo, a reintegração social do indivíduo preso será pertinente na medida em que se promove uma aproximação entre ele e a sociedade (SÁ, 2005). Baratta (2007) ressalta que um dos elementos mais negativos das instituições prisionais "é o isolamento do microcosmo prisional do macrocosmo social" (2007, p. 3), sendo incoerente segregar pessoas e pretender, ao mesmo tempo, a sua reintegração no contexto social. Nesse sentido, o autor refere que, enquanto a sociedade for distante da prisão, as chances de "ressocialização" do indivíduo preso serão mínimas (BARATTA, 2007).

Nesse sentido, em termos de ações e intervenções, o foco seria o fortalecimento social e psíquico do sujeito, para sua promoção como pessoa e cidadão, desenvolvendo estratégias entre a sociedade e o cárcere, ambientes nos quais o encarcerado deve atuar como um sujeito ativo. Por meio dessa proposição de reintegração social, conforme Sá (2005, p. 5), "proporcionam-se à sociedade (comunidade) oportunidades de rever seus conceitos de crime e de 'homem criminoso' e seus padrões éticos e humanos de relacionamento com este, e, ao encarcerado, oportunidades de se redescobrir como cidadão, de ter uma visão construtiva de seus deveres, direitos e qualidades".

Assim, nas intervenções de reintegração social, é importante engajar todas as pessoas envolvidas, direta ou indiretamente, com o sujeito preso e com a execução da pena. Por exemplo, é premente envolver a família do preso, bem como a comunidade. Além disso, é preciso envolver as diretorias e suas áreas, diretores e agentes de segurança das instituições penitenciárias, com o intuito de comprometê-los numa proposição de trabalho conjunto com os técnicos (SÁ, 2005). No que tange aos profissionais que trabalham no cárcere, como médicos, psicólogos e assistentes sociais, entre outros, Baratta (2007) enfatiza que o sistema prisional deve propiciar aos presos assistência médica e psicológica, como ações que beneficiem a reintegração social desse sujeito.

No que tange ao contexto brasileiro, Andrade et al. (2015b) realizaram uma pesquisa voltada para o aprofundamento da temática da reintegração social, na qual buscaram levantar as iniciativas existentes, as estratégias de implantação e desenvolvimento de ações e as percepções dos diferentes atores envolvidos — como juízes, operadores da execução penal e agentes envolvidos na execução dos programas (profissionais da equipe técnica dos órgãos de governo, agentes penitenciários, professores, assistentes sociais e psicólogos), presos e internos — sobre a temática. Os autores destacam a LEP como uma normativa que contém uma proposição de reintegração social que prima pelo respeito à dignidade humana, fundamento do Estado Democrático de Direito. Contudo, enfatizam as dificuldades e os desafios na implantação e efetivação desse objetivo, considerando-se as características do sistema prisional do país.

Ações e políticas de reintegração social

A LEP prevê, em seu texto, a pena com um caráter além de apenas retributivo, tendo a sanção penal o propósito de proporcionar condições para a "harmônica integração social do condenado ou do internado" (BRASIL, 1984 documento on-line). Desse modo, as instituições prisionais têm a função de executar um conjunto de ações e de políticas que visem à reintegração social, as quais devem incluir, considerando essa Lei, assistência jurídica, material, psicológica, social, religiosa, à saúde, à educação, ao trabalho e à profissionalização.

Conforme Andrade et al. (2015a), os estados brasileiros possuem autonomia para estruturar suas políticas e práticas de execução penal, desde que coerentes com os parâmetros da Lei e da proposição de reintegração social. Assim, convivem no Brasil diferentes propostas e políticas de execução penal, com algumas características em comum e outras expressamente distintas.

Na pesquisa realizada por Andrade et al. (2015a), as instituições carcerárias observadas buscavam executar diversas atividades voltadas à reintegração social dos indivíduos presos, as quais contemplavam as assistências previstas na LEP. Contudo, enfatizaram os autores, essas assistências eram mínimas, e a maior parte delas se constituía mais como presença simbólica do que realidade na execução penal. Nesse sentido, alegava-se, por parte dos operadores da execução penal e dos agentes envolvidos nas políticas de reintegração social, falta de estrutura física e humana para a implantação integral dos serviços, bem como a não garantia de acesso de toda a população carcerária às assistências oferecidas e de equidade no atendimento.

Considerando os resultados da pesquisa realizada sobre a reintegração social no Brasil, Andrade et al. (2015b) destacam alguns desafios para a construção de uma política de reintegração social de egressos, como:

- a dificuldade de assegurar ao indivíduo, privado de liberdade, a condição de sujeito de direito;
- o fato de que programas e projetos com esse objetivo geralmente são realizados de forma pontual;
- a falta de equidade no atendimento dos sujeitos privados de liberdade;
- a falta de critérios claros e procedimentos padronizados para as pessoas integrarem os programas de reintegração;
- a ausência de uma política consistente de educação, trabalho, formação e capacitação profissional e geração de empregos no sistema penitenciário, visto que a maior parte das ações é desenvolvida de forma precária, sem recursos materiais e em espaços improvisados;
- a falta de assistência jurídica;
- a falta de interesse dos agentes penitenciários e outros operadores da execução penal nos processos de reintegração;
- a não diferenciação dos detentos por tipo penal e de condições no processo criminal;
- o distanciamento entre o cárcere e a sociedade;
- a fragilidade ou a inexistência de Conselhos de Comunidade;
- a falta de programas que incluam a participação das famílias dos presos e internos;
- entre outros.

Os autores supracitados também ressaltam que faltam condições de trabalho para técnicos que atuam no sistema prisional, e entre eles podemos ressaltar os(as) psicólogos(as). Conforme Andrade et al. (2015b), a atuação de técnicos, como assistentes sociais e psicólogos, se limita geralmente a responder demandas protocolares exigidas pelo Poder Judiciário, sendo a maior atuação desses profissionais a participação em comissões técnicas de avaliação e a realização de exames criminológicos, desconsiderando as demandas sociais e psicológicas apresentadas pelos sujeitos presos.

Andrade et al. (2015a) destacam também o lugar do trabalho nas políticas de reintegração social. Nesse sentido, referem que a LEP prevê o trabalho penitenciário como direito, bem como "dever social e condição de dignidade humana" (BRASIL, 1984 documento on-line), com finalidade educativa e produtiva. Nos casos estudados na pesquisa realizada pelos autores, o trabalho no cárcere era considerado, pelos operadores da execução penal, como a mais importante ferramenta de reintegração social do indivíduo preso. Por isso, a implantação de projetos de caráter laboral nas instituições prisionais é prioritária como política de reintegração social. Apesar desse entendimento, e mesmo garantidas legalmente, os autores referem serem reduzidas as oportunidades de trabalho no cárcere (ANDRADE et al., 2015a).

Sobre o trabalho, a LEP prevê tanto a possibilidade de trabalho interno como externo. A referida Lei dispõe, no âmbito do trabalho interno, que "na atribuição do trabalho, deverão ser levados em conta habilitação, a condição pessoal e as necessidades futuras do preso, bem como as oportunidades oferecidas pelo mercado" (BRASIL, 1984, art. 32 documento on-line). Referente ao trabalho externo, a LEP prevê que este "será admissível para os presos em regime fechado somente em serviço ou obras públicas realizadas por órgãos da Administração Direta ou Indireta, ou entidades privadas, desde que tomadas as cautelas contra a fuga e em favor da disciplina" (BRASIL, 1984, art. 36 documento on-line) e que a "prestação de trabalho externo, a ser autorizada pela direção do estabelecimento, dependerá de aptidão, disciplina e responsabilidade" do indivíduo preso. Contudo, os resultados da pesquisa de Andrade et al. (2015a) demonstram que são poucas as situações em que o trabalho estava em consonância com a capacitação profissional.

Nesse sentido, o trabalho prisional é percebido, no contexto das instituições carcerárias brasileiras analisadas, mais como ocupação de tempo ocioso ou, como denominam, **laborterapia**, bem como instrumento de manutenção da ordem e da segurança da prisão, do que como uma atividade de formação e qualificação profissional. Sendo assim, geralmente os trabalhos realizados pelos sujeitos presos não contribuem para a aprendizagem de um ofício e/ou o desenvolvimento de competências pertinentes conforme as necessidades do mercado de trabalho, de modo a possibilitar a reinserção social desses sujeitos. Dessa forma, embora o trabalho seja considerado imprescindível na política de reintegração social, nem sempre é organizado com esse propósito nas instituições prisionais brasileiras (ANDRADE et al., 2015a).

No que tange ainda a ações e políticas de reintegração social, cabe destacar a proposição de Baratta (2007, p. 2), que propõe como política "uma drástica redução da pena, bem como atingir, ao mesmo tempo, o máximo de progresso das possibilidades já existentes do regime carcerário aberto". Nesse sentido, o criminólogo enfatiza a importância de uma efetiva garantia dos direitos dos presos à educação, ao trabalho e à assistência social, bem como a necessidade de se desenvolver cada vez mais ações e políticas na esfera do Legislativo e da Administração Penitenciária.

Exercícios

1. No Brasil, a lei que estabelece os direitos do condenado e do internado nas penitenciárias brasileiras, bem como uma proposição de reintegração social a partir do cumprimento da pena, é a Lei 7.210/84, a qual é chamada de:
a) Código Penal.
b) Lei de Execução Penal.
c) Código de Processo Penal.
d) Código Civil.
e) Código de Processo Civil.

2. De acordo com os dados do último Levantamento Nacional de Informações Penitenciárias, é correto afirmar:
a) No Brasil, vem ocorrendo uma diminuição da população carcerária no decorrer dos anos.
b) O Brasil possui a sétima maior população prisional do mundo, tendo melhorado de posição ao longo dos anos.
c) Em relação ao número de vagas, houve uma diminuição da taxa de ocupação, em conformidade com a capacidade das instituições.
d) Os dados demonstram uma realidade prisional caracterizada pela superlotação, pela falta de condições básicas e pelo aumento da população carcerária brasileira.
e) No que tange aos profissionais que trabalham no cárcere, as categorias ligadas à saúde representam, juntas, 20% dos servidores do sistema prisional, o que demonstra uma valorização da equipe técnica.

3. Qual é o termo proposto pelo criminólogo Alessandro Baratta

para se referir à abertura de um processo de interações entre o cárcere e a sociedade?
a) Tratamento penal.
b) Reabilitação social.
c) Reintegração social.
d) Reeducação social.
e) Ressocialização penal.

4. As instituições prisionais têm a função de executar um conjunto de ações e de políticas que visem à reintegração social, as quais devem incluir, entre outras:
I. Assistência jurídica.
II. Assistência psicológica, social e à saúde.
III. Acesso à educação, ao trabalho e à profissionalização.
Quais estão corretas?
a) Apenas a I.
b) I e II.
c) I e III.
d) II e III.
e) I, II e III.

5. Sobre as políticas de foco laboral no Brasil, no âmbito da execução penal, é correto afirmar:
a) A Lei de Execução Penal (LEP) não prevê o trabalho penitenciário como direito do indivíduo preso.
b) A LEP prevê o trabalho do preso como dever social e condição de dignidade humana, com finalidade educativa e produtiva.
c) A LEP prevê apenas a possibilidade de trabalho interno, não podendo o detento realizar trabalhos externos.
d) A LEP dispõe, no âmbito do trabalho interno, que não há necessidade de levar em conta a habilitação, a condição pessoal e as necessidades futuras do preso.
e) A LEP prevê a possibilidade de apenas os presos em regime aberto e semiaberto realizarem trabalhos externos.

Referências

ANDRADE, C. C. et al. *O desafio da reintegração social do preso*: uma pesquisa em estabelecimentos prisionais. Brasília, DF: IPEA, 2015a. Texto para Discussão. Disponível em: <http://repositorio.ipea.gov.br/bitstream/11058/4375/1/td_2095.pdf>. Acesso em: 12 jul. 2018.

ANDRADE, C. C. et al. O desafio da reintegração social do preso: uma pesquisa em estabelecimentos prisionais. *Revista de Estudos Empíricos em Direito*, São Paulo, v. 2, n. 2, p. 10-30, jan. 2015b.

AZEVEDO, R. G. Justiça penal e segurança pública no Brasil: causas e consequências da demanda punitiva. *Revista Brasileira de Segurança Pública*, ano 3, ed. 4, p. 94-113, mar./abr. 2009.

BARATTA, A. Por un conjunto crítico de reintegración social del condenado. In: OLIVEIRA, E. (Coord.) *Criminologia Crítica – Fórum Internacional de Criminologia Crítica*. Belém: CEJU, 1990. p.141-157.

BARATTA, A. *Ressocialização ou controle social*: uma abordagem crítica da reintegração social do sentenciado. Alemanha: Universidade de Saarland, 2007. Disponível em: <http://danielafeli.dominiotemporario.com/doc/ALESSANDRO%20BARATTA%20 Ressocializacao%20ou%20controle%20social.pdf >. Acesso em: 12 jul. 2018.

BARROS, V. A.; AMARAL, T. V. F. O Trabalho do(a) Psicólogo(a) no Sistema Prisional. In: CONSELHO FEDERAL DE PSICOLOGIA. FRANÇA, F.; PACHECO, P.; OLIVEIRA, R. T. O Trabalho da(o) psicóloga(o) no sistema prisional: problematizações, ética e orientações. Brasília: CFP, 2016. p. 55-72.

BITENCOURT, C. R. Criminologia crítica e o mito da função ressocializadora da pena. In: BITTAR, W. B. *A criminologia no século XXI*. Rio de Janeiro: Lumen Juris e BCCRIM, 2007.

BRASIL. *Lei nº. 7.210, de 11 de Julho de 1984*: lei de execução penal. Brasília, DF, 1984. Disponível em: <http://www.planalto.gov.br/ccivil_03/Leis/l7210.htm>. Acesso em: 12 jul. 2018.

BRASIL. Ministério da Justiça e Segurança Pública. Departamento Penitenciário Nacional (DEPEN). *Há 726.712 pessoas presas no Brasil*. Brasília, DF: DEPEN, 2017a. Disponível em: <http://www.justica.gov.br/news/ha-726-712-pessoas-presas-no-brasil>. Acesso em: 12 jul. 2018.

BRASIL. Ministério da Justiça e Segurança Pública. Departamento Penitenciário Nacional (DEPEN). *Levantamento nacional de informações penitenciárias*: atualização – junho de 2016. Brasília: DEPEN, 2017b.

BRASIL. Ministério da Justiça e Segurança Pública. Departamento Penitenciário Nacional (DEPEN). *Reintegração social*. Brasília: Ministério da Justiça e Segurança Pública, [2018]. Disponível em: <http://www.justica.gov.br/seus-direitos/politica-penal/arquivos/reintegracao-social-1>. Acesso em: 12 jul. 2018.

CONSELHO FEDERAL DE PSICOLOGIA. *O trabalho da (o) psicóloga (o) no sistema prisional*: problematizações, ética e orientações. Brasília: CFP, 2016.

CONSELHO FEDERAL DE PSICOLOGIA. *Parecer técnico para a atuação das(os) psicólogas(os) no sistema prisional e a suspensão da resolução CFP nº 012/2011*. Brasília: CFP, 2015.

CONSELHO FEDERAL DE PSICOLOGIA. *Referências técnicas a atuação das(os) psicólogas (os) no sistema prisional*. Brasília: CFP, 2012.

CONSELHO FEDERAL DE PSICOLOGIA. *Resolução CFP 012/2011*: regulamenta a atuação da (o) psicóloga(o) no âmbito do sistema prisional. Brasília: CFP, 2011. Disponível em: <https://site.cfp.org.br/wp-content/uploads/2011/06/resolucao_012-11.pdf>. Acesso em: 12 jul. 2018.

FOUCAULT, M. *Vigiar e Punir*: nascimento das prisões. Petrópolis: Vozes, 2014.

RAUTER, C. O Trabalho do Psicólogo em Prisões: In: CONSELHO FEDERAL DE PSICOLOGIA. *O trabalho da (o) psicóloga (o) no sistema prisional*: problematizações, ética e orientações. Brasília: CFP, 2016. p. 43-54.

SÁ, A. A. *Sugestão de um esboço de bases conceituais para um sistema penitenciário*. São Paulo: SAP, 2005. Disponível em: <http://goo.gl/jRmgx6>. Acesso em: 12 jul. 2018.

ZAFFARONI, E. R. *Em busca das penas perdidas*. 5. ed. Rio de Janeiro: Revan, 2010.

Comportamento pró-social: desenvolvimento e manutenção

Objetivos de aprendizagem

Ao final deste texto, você deve apresentar os seguintes aprendizados:

- Definir comportamento pró-social e julgamento moral pró-social.
- Relacionar pró-sociabilidade e empatia.
- Identificar maneiras de manutenção de comportamento pró-social.

Introdução

Neste capítulo, você vai estudar o desenvolvimento e a manutenção de um tipo específico de comportamento, o comportamento pró-social. Acredita-se que a pró-sociabilidade é a chave para a vida civilizada, por revelar aspectos positivos e sadios do psicológico humano. Ainda assim, os cientistas sociais, em geral, têm negligenciado o estudo desse tipo de comportamento, priorizando a compreensão de comportamentos agressivos e antissociais. Entende-se que o foco das pesquisas em comportamentos negativos é importante para o esclarecimento de alguns aspectos da natureza humana, entretanto, estudar os comportamentos essencialmente positivos pode ser de grande ajuda para melhorar a vida em sociedade.

Assim, neste capítulo, você vai estudar os conceitos de comportamento pró-social, focando seu desenvolvimento e sua manutenção, e de julgamento moral pró-social. Em seguida, você vai verificar como relacionar a pró-sociabilidade com a empatia, conceitos muitas vezes discutidos de forma conjunta. Por fim, você vai identificar as possíveis formas de se manter esse importante e específico tipo de comportamento.

O comportamento pró-social e o julgamento moral pró-social

O desenvolvimento de comportamentos pró-sociais está relacionado ao conceito de julgamento moral pró-social, sendo um derivado do outro. Em geral, os teóricos da Psicologia concordam que esse tipo de comportamento está relacionado a aspectos positivos e sadios da personalidade humana, sendo a base de uma vida civilizadamente satisfatória.

> **Fique atento**
>
> Muitas vezes, os comportamentos pró-sociais estão relacionados ao conceito de cidadania. Isso ocorre porque os comportamentos pró-sociais, assim como a cidadania, têm como base a compreensão da vida em sociedade, o pensamento de comunidade e a responsabilidade compartilhada, tendo como valor predominante o bem comum, conforme leciona Koller (1997).

Assim, comportamento pró-social é todo comportamento que não seja tipicamente antissocial, como agressão ou destruição. Qualquer comportamento que envolva a interação entre duas ou mais pessoas é essencialmente pró-social, já que promove o contato social, conforme explica Branco (1983). A autora relaciona esse comportamento aos conceitos de altruísmo e restituição. O altruísmo, um dos termos mais corriqueiros na literatura de comportamentos pró-sociais, é caracterizado como o comportamento que tem fim em si mesmo, isto é, que não busca nada em troca. Já a restituição está ligada à ideia de reciprocidade ou compensação, como uma troca de favores entre duas ou mais pessoas, sendo também um conceito bastante relacionado à compreensão de comportamentos pró-sociais.

Um dos principais autores que trata do comportamento pró-social, Eisenberg (1982; 1992) define a pró-sociabilidade como um conjunto de ações voluntárias que buscam consequências positivas e que podem se manifestar por meio de intenções, ações, pensamentos e palavras diante de um dilema moral. Para o autor, o comportamento pró-social tem como motivação básica o benefício do outro, sem que haja outras influências ou pressões. Ou seja, o comportamento pró-social ocorre sem a expectativa de recompensa para quem o realiza, conforme leciona Koller (1997).

Seguindo com essa compreensão, Branco (1983) corrobora o conceito de Eisenberg (1982; 1992), elencando algumas características dos comportamentos pró-sociais:

- O comportamento pró-social não deve ter expectativas de ganho material ou social.
  - As ações pró-sociais não devem ter ligação com qualquer ato que as preceda ou suceda, como prêmios ou benefícios, e devem ocorrer sem nenhuma relação com esse tipo de expectativa.
- O comportamento pró-social deve ser voluntário.
  - As ações pró-sociais devem ter suas origens relacionadas ao subjetivo do sujeito que as pratica, não devendo sofrer influências de situações externas; ou seja, deve ser um comportamento espontâneo por parte de quem o realiza.
- O comportamento pró-social deve beneficiar o outro.
  - Essa é a característica mais essencial de qualquer comportamento pró-social. Ele deve, necessariamente, ter como finalidade o benefício do próximo; por isso, é considerado um tipo de comportamento de ajuda.

Saiba mais

Como você pode perceber, as características do comportamento pró-social nem sempre são de fácil identificação por parte do observador, em razão de seus aspectos subjetivos. Alguns estudos não consideram de maneira completa essas características e fazem observações e avaliações de comportamentos pró-sociais de maneira mais ampla, considerando, por exemplo, comportamentos não voluntários, ou ligados às expectativas futuras. Essa flexibilização torna possível o desenvolvimento de estudos e pesquisas sobre esse tipo de comportamento, segundo Branco (1983).

Esse tipo de comportamento pode ser desenvolvido e estimulado por diferentes ações na sociedade. Todavia, há uma dificuldade nesse desenvolvimento, e mesmo programas que objetivam desenvolvê-lo, muitas vezes, o fazem de forma contraditória. Isso, por vezes, ocorre no ambiente escolar, quando quem pratica a ação acaba sendo beneficiado com algum prêmio. Para desenvolver o comportamento pró-social, é necessário que se trabalhe os processos intelectuais, principalmente no que se refere à tomada de decisão, em situações reais do cotidiano, a partir do senso de sociedade e de pertencimento. É necessário que a pessoa tenha a oportunidade de praticar tal comportamento e sentir, efetivamente, satisfação interna a partir da ajuda ao próximo, refinando e desenvolvendo, assim, sua habilidade nesse sentido, conforme é defendido em Carlo e Koller (2012) e em Koller (1997).

Por outro lado, o julgamento moral pró-social diz respeito às decisões (ou seja, ao processo decisório) tomadas pelo indivíduo no sentido de prestar ajuda ou beneficiar outras pessoas ou grupos. Ele é um julgamento voluntário e definido a partir de suas consequências positivas para outras pessoas, ou seja, tem como motivação básica o benefício do outro, conforme leciona Koller (1994).

Link

Como você verá ao longo do capítulo, uma das autoras mais citadas quando se trata de comportamento pró-social e julgamento moral pró-social é Silvia Helena Koller. Ela é uma estudiosa do assunto no Brasil e, em 1994, desenvolveu sua tese de doutorado a respeito, intitulada *Julgamento moral pró-social de meninos e meninas de rua*. Nesse estudo, a autora defende a socialização e a educação como importantes aliados no desenvolvimento moral pró-social. Para ler a tese na íntegra, você pode acessar o Repositório Digital da Universidade Federal do Rio Grande do Sul (UFRGS), acessando o link ou código a seguir:

https://goo.gl/Re4fih

Quando se fala em comportamento pró-social, está se falando em ações com o objetivo essencial de beneficiar outras pessoas; já quando se trata de julgamento moral pró-social, está se falando do processo de tomada de decisão que dá origem a esses comportamentos. Como se pode ver, esses dois conceitos estão bem alinhados e por vezes se entrelaçam.

Pró-sociabilidade e empatia

A pró-sociabilidade, como já vimos, refere-se a aspectos positivos e sadios do ser humano, que levam em consideração a vida comunitária e são importantes para o bom convívio social. A partir dessa compreensão, vamos verificar o conceito de empatia, para que possamos compreender a relação entre ambos. A empatia é entendida como um estado emocional derivado da pró-sociabilidade. Comportamentos pró-sociais são resultados da internalização de valores pessoais e, frequentemente, estão relacionados a sentimentos de empatia e compaixão. A habilidade empática é condição necessária, ainda que não única, para a expressão de tais comportamentos, justamente por favorecer o vínculo entre as pessoas, conforme é defendido em Cecconello e Koller (2000) e em Koller (1997).

Fique atento

Empatia e simpatia são conceitos diferentes, apesar de muitas vezes serem confundidos. A simpatia está relacionada a uma preocupação com o sofrimento de outra pessoa. Já a empatia, conforme você verá neste escopo, está relacionada a uma capacidade de compartilhar uma emoção percebida em outra pessoa, agindo-se sob essa perspectiva, conforme explicam Cecconello e Koller (2000).

A empatia é um estado emocional relacionado à capacidade de percepção da situação emocional do outro e à ação sob essa perspectiva. A resposta empática é derivada da percepção do estado emocional de outra pessoa, sendo coerente com a situação pela qual ela está passando. Entende-se que a habilidade empática consiste em compartilhar uma emoção com o outro, fazendo com que um sinta o que o outro está sentindo, conforme lecionam Cecconello e Koller (2000).

De acordo com Pavarino, Del Prette e Del Prete (2005), o conceito de empatia tem uma longa história, com definições muitas vezes conflituosas. De acordo com esses autores, o conceito de empatia tem, em geral, dois aspectos importantes. O primeiro se relaciona à capacidade de sentir o sentimento do outro, colocar-se "dentro do outro", ou seja, compreender as reações emocionais de outra pessoa a partir da consideração de seu contexto. Já o segundo aspecto diz respeito ao ato de "empatizar", ou seja, ampliar a percepção para além da compreensão do sentimento do outro, incluindo também ações, ou seja, demonstrações dessa compreensão por meio de atos.

> **Link**
>
> Para conhecer uma forma de avaliação da empatia no contexto brasileiro, acesse o link ou código a seguir e veja o *Inventário de Empatia* na íntegra. Ele pode ser utilizado tanto no contexto clínico quanto no contexto de pesquisa, conforme explicam Falcone et al. (2008).
>
> https://goo.gl/sEnb4h

Sendo assim, pode-se dizer que desenvolver a empatia tende a ser um caminho para o desenvolvimento da pró-sociabilidade como um todo e, dessa forma, para desenvolver os comportamentos pró-sociais. A partir dessa compreensão, surge a questão: como é possível desenvolver a empatia? Entende-se que o desenvolvimento da empatia está relacionado ao desenvolvimento da expressividade emocional, sendo associado à capacidade de experimentar e lidar com emoções, tanto positivas quanto negativas. Crianças que identificam e socializam suas emoções tendem a desenvolver mais o sentimento de empatia. Devido a essa compreensão, pode-se supor que desenvolver, já na infância, habilidades para lidar com suas emoções, em especial as negativas, pode ser uma boa estratégia no desenvolvimento da empatia, o que tende a resultar em um aumento da expressão de comportamentos pró-sociais, conforme defendem Cecconello e Koller (2000).

> **Saiba mais**
>
> Para o campo específico da Psicologia, vale retomar um conceito importante de empatia desenvolvido por Carl Rogers no livro *Tornar-se pessoa* (2009). O autor apresenta o conceito de empatia como condição necessária para o processo terapêutico, explicando que a compreensão empática é necessária para que o terapeuta possa captar o mundo do cliente como se fosse o seu próprio mundo. Para esclarecer, Rogers destaca o caráter hipotético da compreensão, enfatizando que o terapeuta deve compreender "como se fosse", ou seja, sem misturar o seu próprio mundo com o mundo do cliente.
>
> Essa compreensão empática favorece a clareza do mundo do cliente para o terapeuta, tornando possível a compreensão dos seus sentimentos e, também, a definição da postura do terapeuta frente a esse cliente (por exemplo, a definição do tom de voz que será utilizado pelo terapeuta, as observações que serão feitas, entre outras), conforme leciona Rogers (2009).

Pavarino, Del Prette e Del Prete (2005) também discutem o conceito de empatia e seu desenvolvimento em crianças. Sobre a compreensão do conceito, os autores destacam a empatia como um fator fundamental para o desenvolvimento de relações saudáveis, sendo que sua falta pode se configurar como um fator de risco para o desenvolvimento de comportamentos antissociais. Já sobre o desenvolvimento dessa habilidade, os autores defendem que esse processo depende primariamente da socialização da criança no contexto familiar. Esse desenvolvimento pode ser feito, por exemplo, a partir de orientações claras por parte dos pais a crianças com comportamentos não empáticos, como prejudicar outra criança. Quando um ato assim ocorre, a orientação parental a esse respeito, explicando o que deve ou não deve ser feito, baseada em valores e na moral, pode ajudar no desenvolvimento da empatia na criança.

Pavarino, Del Prette e Del Prete (2005) vão além na discussão do desenvolvimento da habilidade empática, descrevendo algumas recomendações gerais que podem servir como estratégias para a promoção da empatia em crianças:

- Disseminar, junto a pais e educadores, a importância da habilidade empática como um dos fatores preventivos do desenvolvimento de comportamentos antissociais.
- Ensinar diferentes comportamentos pró-sociais e empáticos por meio de modelos adultos e da valorização de crianças com comportamentos empáticos.
- Realizar programas na escola (desde as séries iniciais) visando ao desenvolvimento socioemocional, articulados com objetivos acadêmicos.
- Desenvolver demandas no cotidiano, juntamente aos programas com objetivo de desenvolvimento socioemocional, para o exercício da empatia e de comportamentos pró-sociais como forma de compreensão de valores.
- Realizar treinamento de pais, com o objetivo de auxiliá-los no manejo de comportamentos antissociais de crianças no ambiente doméstico, buscando promover comportamentos pró-sociais e habilidades empáticas.

> **Link**
>
> Quer conhecer um estudo que apresenta uma prática educativa como forma de desenvolver a empatia?
>
> No link ou código a seguir, você poderá verificar o desenvolvimento e a análise dos efeitos de uma prática bastante interessante e de fácil aplicação: a apresentação de um vídeo sobre raiva, tristeza, alegria e medo, seguida de alguns questionamentos. Algumas dessas questões podem ser:
>
> 1. Como você acha que o menino se sentiu nessa história? (Tomada de perspectiva cognitiva: dada pela capacidade da criança de adotar a perspectiva do personagem, identificando seu sentimento.)
> 2. Por que você acha que ele se sentiu assim? (Acuidade perceptiva da emoção do personagem: aponta a compreensão que a criança é capaz de comunicar sobre a emoção do personagem.)
> 3. E você, como se sentiu vendo isso? (Tomada de perspectiva afetiva: dada pela inclinação da criança em compartilhar a emoção do personagem.)
> 4. Por que você se sentiu assim? (Acuidade perceptiva da própria emoção: aponta a capacidade da criança em comunicar a compreensão da sua própria emoção.)
>
> https://goo.gl/AFgUc8

Para finalizar a discussão sobre o desenvolvimento e a manutenção de comportamentos pró-sociais, tendo em vista o que já foi discutido sobre esse tipo específico de comportamento, principalmente com foco no desenvolvimento da empatia, no tópico a seguir você poderá aprofundar os seus conhecimentos acerca das possíveis estratégias de manutenção desse comportamento.

Formas de manter o comportamento pró-social

Como visto, o comportamento pró-social favorece a vida em sociedade a partir da ajuda ao próximo e da relação com sentimentos positivos, tais como empatia e compaixão. Compreendendo a importância desse tipo de comportamento, entende-se que pensar em estratégias para o seu desenvolvimento e sua manutenção é fundamental para o bom convívio social. Conforme estudado, percebe-se que esse tipo de comportamento se manifesta nas relações sociais e, assim, pressupõe-se que ele pode ser desenvolvido e mantido também por meio dessas relações, conforme leciona Koller (1997).

Para iniciar essa discussão, vamos identificar os determinantes do comportamento pró-social, que Koller (1994) organiza da seguinte forma:

- Determinantes biológicos
    - Estão relacionados às bases genéticas e evolutivas dos comportamentos pró-sociais, tais como o comportamento de proteção à família e aos descendentes, apresentado por muitas espécies.
    - Essa herança genética pode ser entendida como um potencial para ação, mas sua ativação depende de situações sociais, da evolução das espécies e da aprendizagem social.
- Determinantes culturais, educacionais e sociais
    - A cultura é um determinante importante do comportamento pró-social, sendo que crianças que se desenvolvem em culturas nas quais o comportamento de ajudar os outros e de se preocupar com os demais é algo rotineiro tendem a ser mais pró-sociais.
    - Além disso, também é observado que a forma como a educação é transmitida tem efeito no desenvolvimento de comportamentos pró-sociais, sendo que, em geral, estratégias mais rígidas, envolvendo muita punição, tendem a resultar em pessoas menos pró-sociais.
    - No mesmo sentido, estratégias educacionais que promovem o desenvolvimento da empatia costumam resultar em maior ocorrência de comportamentos pró-sociais.
- Determinantes cognitivos
    - Entende-se que, antes de alguém agir de maneira pró-social, é necessário que perceba e interprete a situação. Sendo assim, tratando-se dos determinantes cognitivos do comportamento pró-social, a capacidade de percepção e de interpretação e o nível de desenvolvimento cognitivo interferem na ocorrência de comportamentos pró-sociais.
    - É visto que pessoas com habilidades de percepção mais desenvolvidos tendem a ter respostas mais pró-sociais, bem como pessoas com habilidade de tomada de perspectiva (que possibilita a compreensão da inversão de papéis em dada situação) e de julgamento moral.

- Determinantes relacionados à responsividade emocional
  - Um importante conjunto de determinantes do comportamento pró-social diz respeito à responsividade emocional, na qual estão inclusos o sentimento de culpa, a simpatia, a preocupação e a empatia.
  - Percebe-se que muitos dos comportamentos pró-sociais são determinados pela motivação do benfeitor em relação ao receptor da ação; ou seja, esses comportamentos não são determinados apenas pela razão, mas também pela emoção de quem os pratica.
- Determinantes individuais e situacionais
  - Dentre os determinantes individuais do comportamento pró-social, pode-se identificar o gênero, a idade e a personalidade, apesar de ainda não se saber ao certo qual o impacto de um no outro. Além disso, em geral, a literatura descreve a pessoa pró-social como alguém ativo, sociável, competente, assertivo e empático.
  - No que se refere aos determinantes situacionais, identifica-se dois tipos de eventos que impactam na ocorrência de comportamentos pró-sociais:
    – eventos com efeitos permanentes, que mudaram o curso de vida da pessoa, fazendo com que ela se tornasse uma pessoa pró-social ou não; e
    – eventos do seu contexto imediato do cotidiano, como circunstâncias envolvendo o humor e a saúde da pessoa.

Além desses determinantes, é visto que atitudes de ajuda aparecem e se modificam no decorrer da vida das pessoas, sendo influenciadas por diferentes aspectos. Nesse sentido, a Psicologia se ocupa em pensar e em desenvolver formas de explicar o comportamento pró-social e o julgamento moral pró-social (processo decisório que antecede o comportamento pró-social). Assim, identifica-se que uma das possíveis maneiras de se desenvolver tais comportamentos pode ser a realização de programas de educação para a pró-sociabilidade, partindo do pressuposto de que a exposição a modelos e experiências de ajuda pode desenvolver sentimentos positivos em relação a essas ações, aumentando a probabilidade de que comportamentos pró-sociais ocorram, conforme leciona Koller (1997).

> **Exemplo**
>
> O processo educativo "educação para a cidadania" pode ser considerado um exemplo de programa de educação para a pró-sociabilidade. Como visto, existe uma relação próxima entre cidadania e comportamento pró-social. Isso ocorre porque ambos os conceitos têm como base a convivência social, ou seja, são congruentes. Logo, quando se desenvolve a cidadania, também está se desenvolvendo o comportamento pró-social, conforme explica Koller (1997).

De acordo com Koller (1997), programas de educação para a pró-sociabilidade podem ocorrer em diversos segmentos relacionais, como a escola, as instituições ou até mesmo a rua. Devem ter como objetivo central o desenvolvimento de intenções e valores alinhados à pró-sociabilidade e, para além, o desenvolvimento da capacidade de agir de maneira pró-social, a partir da tomada de decisão embasada na moral, na pró-sociabilidade e na participação efetiva em situações pró-sociais no cotidiano, ou seja, a partir da experimentação e na prática de tais ações.

De maneira mais específica, como visto anteriormente, compartilhar sentimentos e experiências tende a desenvolver a pró-sociabilidade. A partir daí, pensando na escola como um importante contexto social, entende-se que algumas estratégias podem ser utilizadas nesse ambiente com o intuito de promover o desenvolvimento e a manutenção dessas habilidades. Por exemplo, aulas de Literatura, Teatro, Música e outras Artes podem ser utilizadas como forma de sensibilizar os estudantes, por meio do questionamento sobre injustiças, desigualdades ou necessidades das outras pessoas. No mesmo sentido, as aulas de História, que já são utilizadas para a discussão de episódios marcantes, podem servir como um momento em que os estudantes possam se colocar no lugar dos personagens estudados, a partir da proposição de professores nesse sentido, tornando possível o desenvolvimento da habilidade empática, por exemplo. Da mesma forma, aulas de Educação Religiosa podem ser organizadas de forma a servir como oportunidades de o estudante experimentar pessoalmente situações de dar e receber ajuda, participando da entrega de doações, por exemplo, conforme elabora Koller (1997).

Como você pode ver, acredita-se que o desenvolvimento e a manutenção desse tipo tão importante de comportamento estão baseados na experiência própria, especificamente nos sentimentos que essas experiências podem desencadear, e na reflexão que se pode proporcionar a partir de diversas questões corriqueiras em algumas disciplinas. Sendo assim, pensando no contexto escolar, não é necessário que haja uma reestruturação radical no currículo para o desenvolvimento e a manutenção de comportamentos pró-sociais, apenas a modificação da direção e da ênfase desse currículo. Incluir proposições como as acima citadas já pode ser suficiente, conforme defende Koller (1997).

Outra maneira de promover o comportamento pró-social, pensando agora no contexto familiar, é a realização de práticas parentais entendidas como positivas. De acordo com Salvo, Silvares e Toni (2005), a monitoria parental positiva, em especial a materna, tende a aumentar a ocorrência de comportamentos pró-sociais. Essa prática diz respeito à demonstração real de interesse dos pais em relação aos filhos, por meio da demonstração de afeto e da disponibilidade para os contatos físicos (abraçando e beijando as crianças, por exemplo), fazendo, assim, com que o filho se sinta amado e protegido.

Outro ponto da prática parental que aparece como determinante do comportamento pró-social diz respeito à conduta moral parental, especialmente a materna. É visto que famílias que expressam comportamentos ligados à justiça e à moral, demonstrando coerência entre os pais, possibilitam que os filhos possam tanto acertar quanto errar, sendo orientados a refletir sobre seus atos e, dessa forma, apresentando maiores chances de desenvolver e manter comportamentos pró-sociais. Percebe-se que o comportamento parental serve como um apoio e também como um modelo de comportamento para os filhos. Ou seja, o ambiente familiar que proporciona vivências positivas nesse sentido pode colaborar para que os filhos desenvolvam a pró-sociabilidade, segundo Salvo, Silvares e Toni (2005).

Como visto, o comportamento pró-social é um comportamento multideterminado; sendo assim, devem ser levados em conta diversos aspectos para o seu desenvolvimento e a sua manutenção. Algumas mudanças de perspectiva na metodologia utilizada no contexto escolar já podem surtir efeitos valiosos nesse sentido, conforme estudamos neste capítulo. Além disso, o contexto familiar, fundamental para o desenvolvimento global do sujeito, também pode ser um aliado nesse processo, visto que o comportamento dos pais tem efeitos importantes, e as experiências vivenciadas no ambiente familiar podem servir como modelos de comportamentos pró-sociais. De forma geral, entende-se que a ocorrência desse tipo de comportamento não está ligada apenas a esferas lógicas e racionais da pessoa. Sendo assim, a esfera emocional deve ser levada em consideração nos processos de desenvolvimento e manutenção desses comportamentos, que são tão importantes para a civilidade e para o bom convívio social.

Exercícios

1. Sobre a definição de comportamento pró-social, identifique a resposta correta.
   a) Pode ser considerado como comportamento pró-social todo e qualquer comportamento de ajuda.
   b) A característica definidora do comportamento pró-social é o benefício do outro; sendo assim, todas as ações realizadas com esse objetivo são consideradas comportamentos pró-sociais.
   c) De acordo com a literatura, o conceito de comportamento pró-social é sinônimo do conceito de cidadania.
   d) A característica essencial do comportamento pró-social, embora não seja a única, é o benefício de outra pessoa.
   e) Conforme se conhece as características definidoras do comportamento pró-social, percebe-se que ele é facilmente identificado no nosso cotidiano.

2. Sobre o conceito de julgamento moral pró-social, assinale a alternativa correta.
   a) Julgamento moral pró-social é o termo utilizado por alguns autores para definir o comportamento pró-social.
   b) Quando se fala em julgamento moral pró-social, está se falando de um processo decisório.
   c) Fazem parte do julgamento moral pró-social os comportamentos pró-sociais.
   d) O julgamento moral pró-social pode ser entendido como a capacidade de a pessoa se colocar no lugar do outro, ou seja, a capacidade de sentir o sentimento do outro.
   e) O julgamento moral pró-social, diferente do comportamento moral pró-social, não pode ser desenvolvido.

3. Sobre o conceito de empatia e sua relação com a pró-sociabilidade, assinale a alternativa correta.
   a) Pode-se entender como empatia a capacidade de compreensão dos sentimentos do outro, considerando o contexto específico do qual ele faz parte, e de demonstração dessa compreensão.
   b) A habilidade empática é importante aliada no desenvolvimento do comportamento pró-social. Porém, como ela tem como determinantes aspectos biológicos, não pode ser desenvolvida ao longo da vida.
   c) A habilidade empática é essencialmente abstrata, não estando relacionada aos atos da pessoa.
   d) Estimular que crianças compartilhem sentimentos pode ser uma boa estratégia para o desenvolvimento da pró-sociabilidade, entretanto, surte pouco efeito no desenvolvimento da empatia.

e) A empatia consiste em uma mera preocupação com os sentimentos de uma pessoa e, por isso, ela não é importante para a pró-sociabilidade.

4. Sobre os determinantes do comportamento pró-social, assinale a alternativa correta.
a) Como o comportamento pró-social tem bases biológicas, a maioria dos estudiosos da área consideram que ele não pode ser desenvolvido.
b) As capacidades de percepção e de interpretação das situações são consideradas como determinantes biológicos do comportamento pró-social.
c) A cultura é um importante determinante do comportamento social. O psicólogo deve ficar atento a esse determinante, visto que ele pode ser facilmente manipulado, aumentando-se a ocorrência do comportamento positivo.
d) As estratégias educacionais podem determinar o comportamento pró-social; por isso, é importante que os psicólogos orientem pais e educadores nesse sentido.
e) O comportamento pró-social é determinado pela razão; por isso, quando a pessoa entende a importância desse comportamento, a ocorrência dele aumenta.

5. Sobre as maneiras de se desenvolver e manter o comportamento pró-social, identifique a alternativa correta.
a) Para que o comportamento pró-social seja desenvolvido e mantido no contexto escolar, é necessário que haja mudanças curriculares substanciais.
b) Uma das possíveis estratégias de desenvolvimento e manutenção do comportamento pró-social é a prática de ações de ajuda. Quando crianças e adolescentes têm a oportunidade de sentir os efeitos positivos dessas ações, a tendência é que tais comportamentos ocorram com maior frequência no futuro.
c) Ações de incentivo a comportamentos de ajuda na escola não são válidas, já que tais comportamentos são promovidos somente a partir de recompensas.
d) O comportamento pró-social deve ser desenvolvido no âmbito familiar. Ações no ambiente escolar têm pouco efeito.
e) O desenvolvimento da empatia em crianças e adolescentes pode ser feito a partir da demonstração de afeto no contexto familiar, fazendo com que o filho se sinta amado. Essa é uma boa estratégia, entretanto, não tem influência no desenvolvimento de comportamentos pró-sociais.

Referências

BRANCO, A. M. C. U. A. Comportamento pós-social: análise conceitual e variáveis correlatas. *Arquivos Brasileiros de Psicologia*, Rio de Janeiro, v. 35, nº 2, p. 153-169, abr. 1983. Disponível em: <http://bibliotecadigital.fgv.br/ojs/index.php/abp/article/view/18925>. Acesso em: 27 jul. 2018.

CARLO, G.; KOLLER, S. H. Desenvolvimento moral pró-social em crianças e adolescentes: conceitos, metodologias e pesquisas no Brasil. *Psicologia: teoria e pesquisa*, v. 14, nº 2, p. 161-172, maio/ago. 2012.

CECCONELLO, A. M.; KOLLER, S. H. Competência social e empatia: um estudo sobre resiliência com crianças em situação de pobreza. *Estudos de psicologia*, Natal, v. 5, nº 1, p. 71-93, jan./jun. 2000.

EISENBERG, N. *The caring child*. Cambridge: Harvard University Press, 1992.

EISENBERG, N. *The development of prosocial behavior*. New York: Academic Press, 1982.

FALCONE, E. M. O. et al. Inventário de Empatia (IE): desenvolvimento e validação de uma medida brasileira. *Avaliação Psicológica*, Porto Alegre, v. 7, nº 3, p. 321-334, dez. 2008.

KOLLER, S. H. Educação para pró-sociabilidade: uma lição de cidadania? *Paidéia*, Ribeirão Preto, nº 12-13, p. 39-50, Aug. 1997. Disponível em: <http://www.scielo.br/scielo.php?script=sci_arttext&pid=S0103-863X1997000100004&lng=en&nrm=iso>. Acesso em: 27 jul. 2018.

KOLLER, S. H. *Julgamento moral pró-social de meninos e meninas de rua*. 1994. 168 f. Tese (Doutorado em Educação) – Faculdade de Educação, PUCRS, Porto Alegre, 1994.

PAVARINO, M. G.; DEL PRETTE, A.; DEL PRETTE, Z. A. P. O desenvolvimento da empatia como prevenção da agressividade na infância. *Psico*, v. 36, nº 2, p. 127-134, maio/ago. 2005.

ROGERS, C. R. *Tornar-se pessoa*. São Paulo: Martins Fontes, 2009.

SALVO, C. G.; SILVARES, E. F. M.; TONI, P. M. Práticas educativas como forma de predição de problemas de comportamento e competência social. *Estudos de psicologia*, Campinas. v. 22, nº 2, p. 187-195, jun. 2005.

Leituras recomendadas

KOLLER, S. H.; BERNARDES, N. M. G. Desenvolvimento moral pró-social: semelhanças e diferenças entre os modelos teóricos de Eisenberg e Kohlberg. *Estudos de psicologia*, Natal, v. 2, nº 2, p. 223-262, jul./dez. 1997.

MOTTA, D. C. et al. Práticas educativas positivas favorecem o desenvolvimento da empatia em crianças. *Psicologia em Estudo*, Maringá, v. 11, nº 3, p. 523-532, set./dez. 2006.

A equipe interdisciplinar nos âmbitos penal e civil

Objetivos de aprendizagem

Ao final deste texto, você deve apresentar os seguintes aprendizados:

- Mapear o campo de atuação das equipes interdisciplinares no âmbito penal.
- Descrever políticas de atuação de equipes interdisciplinares no âmbito civil.
- Identificar a importância da interdisciplinaridade no acompanhamento da medida socioeducativa de internação.

Introdução

Neste capítulo, você vai estudar sobre duas das principais áreas de atuação do psicólogo jurídico no Brasil, as áreas penal e civil. A aproximação da Psicologia com o Direito teve início no âmbito penal, quando os psicólogos passaram a ser solicitados como avaliadores, principalmente para a realização de psicodiagnósticos em criminosos. Desde então, essa aproximação foi sendo ampliada, e atualmente observa-se que o psicólogo vem ganhando espaço também na esfera civil, realizando, por exemplo, acompanhamentos, orientações familiares, entre outras funções.

Conforme o psicólogo foi ganhando espaço para atuar profissionalmente no meio legal, a necessidade de trabalhar em colaboração com diversas áreas de conhecimento também foi aumentando, tornando necessária a discussão acerca das equipes interdisciplinares nos âmbitos penal e civil, conforme explicam Lago et al. (2009).

A partir do exposto, neste capítulo você vai mapear o campo de atuação das equipes interdisciplinares no âmbito penal, descrever as políticas de atuação dessas equipes no âmbito civil e identificar a importância da interdisciplinaridade no acompanhamento de medidas socioeducativas de internação.

Atuação das equipes interdisciplinares no âmbito penal

A psicologia jurídica tem, essencialmente, uma prática interdisciplinar. Historicamente, observa-se que o fazer psicológico no campo jurídico teve seu início marcado pela necessidade de confecção de laudos, pareceres e relatórios, a partir dos dados oriundos dos processos de avaliação psicológica, com o intuito de subsidiar as decisões dos magistrados. Ou seja, desde seu início, a psicologia jurídica está marcada pela relação com profissionais de diferentes áreas de conhecimento, contribuindo, por meio do saber psicológico, nos processos judiciais, conforme Lago et al. (2009).

Fique atento

Para se pensar em equipes interdisciplinares, é importante que você saiba diferenciar equipes multidisciplinares, interdisciplinares e transdisciplinares. Elas se caracterizam pelo modo de interação entre os profissionais, podendo ser, de acordo com Tonetto e Barbosa (2007):
- **Equipes multidisciplinares:** quando diversos profissionais atuam em um mesmo caso, de maneira independente.
- **Equipes interdisciplinares:** quando há diversos profissionais atuando em um mesmo caso; para isso, eles discutem entre si aspectos comuns a mais de uma área de conhecimento.
- **Equipes transdisciplinares:** quando diversos profissionais atuam em um mesmo caso, e as ações são planejadas e definidas em conjunto.

Nesse sentido, a prática do psicólogo no meio jurídico é considerada interdisciplinar, por se caracterizar pela atuação em conjunto com diversos profissionais (psicólogos em contato com juízes, por exemplo), por meio da interação e da discussão dos casos. O psicólogo realiza o que compete à sua área de conhecimento (coleta de dados, avaliação, confecção de laudos e pareceres) e, a partir dessa produção, contribui no processo de tomada de decisão do juiz, função que compete à área de conhecimento do Direito.

As equipes interdisciplinares das quais o psicólogo faz parte no meio jurídico são compostas por advogados, juízes, promotores, assistentes sociais, sociólogos, entre outros. Sendo assim, se faz necessário que o psicólogo que trabalha ou deseja trabalhar nesse contexto conheça determinadas terminologias da área jurídica, para que a comunicação seja facilitada. Entende-se que, dessa forma, a discussão dos casos, característica do modo de interação desse tipo específico de equipe, pode ser, de fato, concretizada. Caso essa comunicação seja ineficaz, e o psicólogo fique limitado aos conhecimentos advindos da ciência psicológica, sem que haja a troca entre as ciências, não será possível a prática efetiva das equipes interdisciplinares nem o atingimento de seus resultados desejados, como a compreensão do agir humano, considerando aspectos legais, afetivos e comportamentais, conforme Lago et al. (2009).

> **Saiba mais**
>
> Além do interesse dos psicólogos sobre a área jurídica, é visto que o interesse por conteúdos psicológicos vem aumentando nos discentes de Direito. Pensando na efetivação da prática interdisciplinar, é importante que os profissionais do Direito também tenham alguns conhecimentos acerca da ciência psicológica. Isso foi expresso na Resolução nº. 75, de 12 de maio de 2009, do Conselho Nacional de Justiça, que determina que, nos concursos para ingresso na carreira da magistratura, em todos os ramos do Poder Judiciário nacional, serão contemplados conteúdos de formação humanística, incluindo o que foi denominado como Psicologia Judiciária, conforme Soares e Cardoso (2016).

Complementando essa discussão, é importante destacar que o fazer profissional do psicólogo jurídico não se limita à confecção de laudos e pareceres para o embasamento de decisões judiciais na esfera criminal. Segundo França (2004), o psicólogo também é solicitado a integrar equipes em diferentes ramos do Direito, como o direito civil (incluindo o direito de família e o direito da criança e do adolescente), o direito penal, o direito do trabalho, entre outros. Ao longo deste capítulo, conforme já explicitado, você estudará as áreas do direito penal e direito civil.

A área do direito penal foi a primeira a receber as contribuições da ciência psicológica no Brasil. O início dessa interação se deveu à busca pela compreensão da estrutura, da gênese e do desenvolvimento da conduta dos criminosos, relacionada à psicologia criminal, com ênfase na realização de avaliações psicológicas nesse sentido. Atualmente, entende-se que uma das formas de contribuição do psicólogo jurídico em equipes interdisciplinares no âmbito penal é a partir da averiguação e da análise da periculosidade e das condições de discernimento e de sanidade mental das partes em processos de litígio ou julgamento. Essa análise se dá por meio da avaliação psicológica com fins diagnósticos ou prognósticos — subsidiando, por exemplo, a decisão do magistrado sobre a progressão da pena, conforme Lago et al. (2009) e Soares e Cardoso (2016).

> **Saiba mais**
>
> A aproximação entre a Psicologia e o Direito, no âmbito internacional, se deu quando os juízes, no início do século XIX, chamaram médicos para decifrar alguns enigmas criminais. Assim, a partir dessa demanda, surgiu a psicologia criminal, em 1868, com o objetivo de estudar os aspectos psicológicos, contribuindo para a compreensão da personalidade dos criminosos. Hoje, ela é uma especificidade dentro da psicologia jurídica. Entende-se que a psicologia criminal estuda as condições psicológicas dos criminosos e a forma como o ato criminoso se origina e é processado. Sua atuação abrange a psicologia do delinquente, a psicologia do delito e a psicologia das testemunhas, conforme Leal (2008).

Outro campo de atuação do psicólogo no âmbito penal é a instituição carcerária. Nesse campo, tem-se como marco importante para a atuação do psicólogo a promulgação da Lei de Execução Penal (LEP, Lei nº. 7.210, de 11 de julho de 1984), que prevê a individualização da pena e oferece ao sentenciado maiores possibilidades de reinserção social (BRASIL, 1984). A LEP define a existência da Comissão Técnica de Classificação, composta pelo diretor da unidade e por pelo menos dois chefes de serviço, um psiquiatra, um psicólogo e um assistente social. Isso possibilita um olhar interdisciplinar na elaboração de programas individualizados de pena, adequados especificamente a cada condenado ou aos presos provisórios, conforme prevê a Lei.

A LEP trouxe à Psicologia, à Psiquiatria e à Assistência Social outro patamar de atuação, proporcionando o trabalho interdisciplinar entre essas áreas no âmbito prisional. Observa-se, nesse sentido, que o termo interdisciplinar tem sido cada vez mais usado nas práticas institucionais, com o intuito de promover mudanças de ordem qualitativa nas formas de se compreender e explicar as demandas complexas dos usuários atendidos por essas instituições, conforme leciona Souza (2009).

Entende-se que, para o cumprimento da LEP, o enfoque interdisciplinar é imprescindível, dada a sua complexidade. Sendo assim, toda a equipe de profissionais que atua no cárcere deve estar comprometida com a execução penal, incluindo, dessa forma, profissionais como o médico, o dentista, o pedagogo, o advogado, o agente penitenciário, o agente administrativo, o professor, entre outros que atuam nesse ambiente, como explica Ribeiro (2003).

Por fim, destaca-se, outro campo de atuação das equipes interdisciplinares que vem ganhando força no âmbito penal: a justiça restaurativa. Essa é uma prática alternativa no Direito Penal que propõe a ampliação do conceito de crime e de suas consequências, tendo como foco a restauração. A Justiça Restaurativa tem uma proposta mais informal de intervenção, na qual a vítima e o agressor são colocados a dialogar, sob mediação de um profissional, com o intuito de, a partir daí, vislumbrarem possibilidades de restauração, segundo Sousa e Züge (2011). Todo o procedimento de justiça restaurativa deve ser pensado por uma equipe interdisciplinar e guiado por um mediador ou facilitador, que atua como um conciliador restaurativo, podendo ser um psicólogo, um advogado, um assistente social ou outro profissional, desde que devidamente capacitado nas técnicas de mediação restaurativa, segundo Pinto (2007).

> **Link**
>
> Quer aprofundar o estudo sobre a justiça restaurativa? No link a seguir você tem acesso a um estudo que trata do tema no contexto brasileiro, descrevendo a prática, levantando o impacto desta no sistema judicial e a comparando à justiça tradicional.
>
> https://goo.gl/CBJiQ3

Como vimos, as equipes interdisciplinares têm muito a contribuir no âmbito penal. A interação entre diferentes disciplinas permite intervenções mais qualificadas em problemas complexos, como os que fazem parte do cotidiano do Direito Penal. Para darmos prosseguimento ao estudo das equipes interdisciplinares, no próximo tópico você verá como se dá a atuação destas no âmbito civil.

Políticas de atuação no âmbito civil

No âmbito do direito civil estão inseridos o direito de família e o direito da criança e do adolescente. No âmbito civil, entre as possíveis áreas de atuação das equipes interdisciplinares, pode-se citar os casos em que há requerimento de indenização em virtude de dano psíquico. Entende-se como dano psíquico uma sequela, com base psíquica, decorrente de um fato traumatizante. Nesse sentido, o psicólogo pode contribuir nessas equipes por meio da realização de avaliações acerca da real presença desse dano, fornecendo dados que permitam subsidiar a tomada de decisão judicial, conforme Lago et al. (2009).

> **Exemplo**
>
> Um exemplo de necessidade de avaliação de dano psíquico, especificamente no contexto de trabalho, é o assédio moral. Entende-se por assédio moral um dano que atinge a dignidade do ser humano, sendo uma forma de violência psíquica praticada no local de trabalho, por meio de condutas abusivas, repetitivas, de conteúdo ofensivo e vexatório, como explica Silva (2011).

Outro campo de atuação das equipes interdisciplinares compostas por psicólogos são as situações de requerimento de interdição judicial. Nesses casos, o psicólogo jurídico pode atuar como perito nomeado pelo juiz para avaliar se há enfermidade ou doença mental que justifique a interdição, informam Lago et al. (2009). Uma solicitação frequente de interdição civil é feita por familiares com relação a parentes idosos. Nesses casos, a avaliação deve contar com uma compreensão interdisciplinar, principalmente uma interface entre as ciências do Direito e da Psicologia. A interdição judicial frente a essas situações pode representar uma forma de cuidado da família em relação ao idoso, mas também pode ser uma forma muito radical de zelo, uma vez que retira a autonomia daquela pessoa. Tendo em vista a complexidade dessa situação e da tomada de decisão frente a esse requerimento, a interdisciplinaridade se faz necessária, segundo Brandão (2013).

Direito de família

No que tange ao direito de família, identifica-se a participação dos psicólogos em discussões de equipes interdisciplinares para a definição de processos de separação e divórcio, disputa de guarda e regulamentação de visitas, de acordo com Lago et al. (2009) e conforme será discutido neste tópico.

Em processos de separação e divórcio, em geral, o psicólogo contribui como mediador de conflitos entre o casal, ou, quando solicitado pelo juiz, realiza a avaliação psicológica de uma das partes, por exemplo. Na disputa de guarda, o juiz pode solicitar ao psicólogo uma perícia psicológica, com o intuito de avaliar qual dos dois genitores tem melhores condições de ficar com a guarda. Dessa forma, o psicólogo deve trazer para o meio jurídico conhecimentos específicos sobre:

- psicopatologias;
- psicologia do desenvolvimento;
- psicodinâmica do casal;
- guarda compartilhada;
- avaliação de abuso sexual; e
- síndrome de alienação parental.

Da mesma forma, com relação à regulamentação de visitas, o psicólogo pode atuar na avaliação da dinâmica familiar, sugerindo medidas a serem tomadas pelo juiz, mediando conflitos intra e interpessoais — com o objetivo de estabelecer um acordo entre as partes —, ou orientando a família frente a essa situação, conforme Lago et al. (2009).

> **Fique atento**
>
> A característica definidora das equipes interdisciplinares é a discussão dos casos por mais de uma área de conhecimento (ou disciplina). Nesse sentido, mesmo o psicólogo jurídico realizando as perícias para embasar alguma definição legal, a deliberação e a tomada de decisão sempre serão de competência do juiz.

Direito da criança e do adolescente

No âmbito do direito da criança e do adolescente, segundo Lago et al. (2009), o psicólogo atua em equipes interdisciplinares nos processos de adoção e destituição familiar e, também, nos processos de desenvolvimento e aplicação de medidas socioeducativas em adolescentes autores de atos infracionais.

Nos processos de adoção, o psicólogo opera juntamente com outros profissionais na assessoria das famílias adotivas e no recrutamento de candidatos a pais, assessorando, informando e avaliando os interessados, em conjunto com os juizados da infância e juventude. Além desse trabalho, também na esfera da adoção, a equipe interdisciplinar atua na minoração dos efeitos da institucionalização em crianças e adolescentes abrigados, fazendo com que as vivências no ambiente institucional se aproximem da realidade familiar, segundo Lago et al. (2009). Da mesma forma, no que tange aos processos de destituição do poder familiar, como ocorre em casos de violência sexual, por exemplo, entende-se que o trabalho interdisciplinar é fundamental e acredita-se que apenas esse tipo de trabalho pode proporcionar a avaliação necessária e a maior proteção à criança, como defendem Azambuja e Regina (2006).

> **Saiba mais**
>
> Uma prática que vem ganhando espaço no âmbito do direito da criança e do adolescente é o depoimento sem dano. Essa estratégia foi criada para casos em que supostamente crianças e adolescentes foram vítimas de lesão de seus direitos. O procedimento consiste na audição da criança ou do adolescente de uma maneira indireta, em uma sala específica e reservada, por meio de uma conversa gradual, em que se estabelece uma relação de confiança entre o profissional que está coletando o depoimento e a criança/adolescente. Essa prática deve ser realizada por um psicólogo ou assistente social, pode contribuir para os autos do processo e tem como objetivo diminuir as chances de que um novo trauma ocorra — o que poderia acontecer se fosse utilizado um formato tradicional de depoimento, conforme explica Menezes (2017).

Outro campo de atuação interdisciplinar no direito da criança e do adolescente diz respeito aos processos de desenvolvimento e aplicação de medidas socioeducativas em adolescentes autores de atos infracionais. Vale destacar que as medidas socioeducativas são medidas punitivas, no sentido de que responsabilizam os adolescentes infratores por seus atos, mas têm aspectos essencialmente educativos, por estarem coerentes com o princípio da proteção integral do adolescente e por oportunizarem a formação destes, escrevem Lago et al. (2009).

Identifica-se que a ação interdisciplinar de áreas como Direito, Pedagogia, Assistência Social, Psicologia, entre outras, também se faz necessária nesses casos. Acredita-se que, assim, é possível compreender o adolescente de uma forma mais condizente com a sua complexidade, abarcando, por exemplo, a análise do contexto e dos aspectos legais referentes aos atos cometidos por ele. Como defendem Veronese e Lima (2009), essa é a forma mais adequada de auxiliar, de fato, o adolescente e atendê-lo na medida de sua necessidade.

O acompanhamento da medida socioeducativa de internação

As medidas socioeducativas, no Brasil, são balizadas pelo **Estatuto da Criança e do Adolescente** (Lei nº. 8.069, de 13 de julho de 1990), que define que jovens com idade entre 12 e 18 anos que cometem atos infracionais (análogos aos crimes cometidos por adultos) devem ser responsabilizados com medidas socioeducativas (BRASIL, 1990). Essas medidas podem ser cumpridas em meio aberto ou fechado. Em meio aberto, o adolescente permanece em liberdade e pode receber penas que variam entre advertência e prestação de serviços à comunidade; já no meio fechado, o adolescente cumpre medida de semiliberdade ou internação, conforme Andrade e Barros (2018).

Tratando-se em específico da medida de internação, identifica-se que o cumprimento desta não possui um prazo preestabelecido, tendo apenas um limite máximo (três anos de duração). O desligamento do adolescente se dá a partir da decisão do juiz da Vara especializada, com base na análise do parecer desenvolvido pela equipe técnica do centro socioeducativo. Essa equipe técnica é formada por profissionais da Psicologia, do Serviço Social, da Pedagogia, do Direito e da Terapia Ocupacional. Para a construção do parecer, esses profissionais levam em conta diversos aspectos referentes ao adolescente e seu contexto, ao ato infracional que foi cometido, aos aspectos legais envolvidos, entre outros. Destacam-se entre esses aspectos os considerados ressocializadores, como:

- retomada dos estudos por parte do adolescente;
- profissionalização;
- responsabilização frente ao ato infracional; e
- boa convivência com os demais.

A complexidade desses fatores envolvidos requer a interação entre diferentes áreas de conhecimento e expressa a importância da abordagem interdisciplinar nos casos de aplicação de medida socioeducativa de internação, conforme defendem Andrade e Barros (2018).

> **Fique atento**
>
> No âmbito das medidas socioeducativas, a justiça restaurativa também pode ser utilizada. Nesses casos, ela tem como objetivo tratar e julgar as situações e questões que levaram o adolescente a cometer o ato infracional, tendo como foco a reparação dos danos causados, a partir do diálogo mediado. Esse tipo de prática está alinhada com a compreensão de medida socioeducativa e tem como intuito evitar que o adolescente cometa novamente atos infracionais, bem como minimizar os danos causados às vítimas, conforme Jesus (2005).

No que diz respeito aos fundamentos do trabalho nessas equipes, destaca-se a importância de ações que proporcionem a superação da condição de exclusão em que o adolescente se encontra, bem como a formação e o desenvolvimento de valores positivos em relação à participação na vida social, visto que o intuito final da medida socioeducativa é a ressocialização. Para isso, além dos profissionais supracitados, é importante que a prática envolva também a família e a comunidade das quais o adolescente faz parte, com cuidado para que não haja a criação de estigmas ou a discriminação desses adolescentes. Ou seja, em casos de cumprimento de medida socioeducativa de internação, um ponto importante a ser levantado pela equipe é a prudência para que não sejam impostos rótulos nesses adolescentes ou que estes estejam expostos a situações vexatórias, fazendo com que a sua reinserção social seja dificultada, explicam Lago et al. (2009).

De maneira geral, é importante destacar que as medidas socioeducativas de internação precisam levar em conta as características particulares do estágio de desenvolvimento desses adolescentes. Além disso, é necessário que o trabalho realizado por meio dessas medidas favoreça o desenvolvimento de recursos para que esses jovens possam construir novos sentidos para suas vidas, focalizando em potenciais e perspectivas de futuro. É importante desenvolver no adolescente a capacidade de resiliência, para que, quando voltar ao contexto do qual veio, tenha recursos para resistir e se reconstruir frente às adversidades. Isso pode ser promovido pelas equipes por meio do fortalecimento dos vínculos do adolescente, do desenvolvimento da sua autonomia e do planejamento e da construção do seu projeto de vida, defendem Costa e Assis (2006).

Andrade e Barros (2018) trazem outro posicionamento acerca das medidas socioeducativas de internação. Após uma pesquisa realizada com egressos desse sistema, as autoras levantam alguns questionamentos sobre a efetividade dessa prática. De acordo com elas, medidas como essas reforçam a segregação do sujeito. Além disso, as autoras identificam que os prejuízos da privação de liberdade têm se demonstrado infinitamente superiores aos ganhos que o jovem pode ter ao longo do período de reclusão. As autoras defendem que os benefícios relatados pelos jovens a partir dessas medidas (como voltar a estudar, conseguir se profissionalizar, retomar o contato com a família, acessar instituições de saúde e interromper o uso de drogas) podem ser obtidos sem que seja necessária a reclusão social. Andrade e Barros defendem que a medida socioeducativa de internação, da forma como é realizada no Brasil, é um obstáculo à ressocialização dos jovens; ou seja, não cumpre seus objetivos. Elas descrevem a privação de liberdade como humilhante e desrespeitosa, enfatizando que essa prática infantiliza o jovem, limitando sua autonomia até mesmo em atividades íntimas rotineiras. De acordo com o estudo realizado por elas, a solução para esses casos deve vir a partir de uma abordagem mais global da sociedade, sendo necessária a recuperação da sociedade como um todo, e não a exclusão desses jovens do convívio social.

Com essa discussão, fica ainda mais evidente a complexidade da execução de medidas socioeducativas de internação. Observa-se que, no Brasil, os resultados atingidos por essas medidas têm deixado a desejar, o que evidencia a necessidade de discussão desse tema por diferentes campos do conhecimento. Acredita-se que, dessa forma, é possível a realização de medidas realmente qualificadas e que atinjam os objetivos propostos.

Conforme você viu ao longo do capítulo, o trabalho em equipes interdisciplinares é fundamental tanto no âmbito penal quanto no âmbito civil e, em especial, no acompanhamento de medidas socioeducativas de internação. Sendo assim, entende-se, que a psicologia jurídica deve ser, em sua essência, um campo do saber que interage com diversas outras disciplinas, como o Direito, a Assistência Social, a Pedagogia, a Terapia Ocupacional, entre outras. Acredita-se que justamente essa interação é que permite a realização de intervenções qualificadas em problemas complexos, como é o caso das questões criminais, das intervenções no cárcere e da prática da Justiça Restaurativa, no que tange ao âmbito penal, e, no que se refere ao âmbito civil, tratando-se de intervenções nas áreas de família, infância, adolescência, entre outras.

Exercícios

1. Sobre a compreensão do conceito de equipe interdisciplinar, assinale a alternativa correta.
   a) As equipes interdisciplinares consistem em um conjunto de profissionais que atendem um mesmo caso, sendo que, para isso, não é necessário que os profissionais interajam.
   b) As equipes interdisciplinares são compostas por profissionais que trabalham em um mesmo caso, discutindo e pensando em possibilidades de solução e encaminhamento que envolvam mais de uma disciplina.
   c) Equipes interdisciplinares são melhores do que equipes multidisciplinares.
   d) As equipes interdisciplinares precisam conter, pelo menos, um psicólogo e um advogado.
   e) Equipes interdisciplinares são melhores do que equipes transdisciplinares.

2. Sobre o campo de atuação das equipes interdisciplinares no âmbito penal, assinale a alternativa correta.
   a) A forma como o psicólogo contribui nas equipes interdisciplinares no âmbito penal é realizando avaliações psicológicas, somente.
   b) A relação que se estabelece entre as áreas do Direito e da Psicologia — por meio da realização de avaliações psicológicas, construção de pareceres e retorno ao juiz, que baliza a sua decisão considerando essas informações — pode ser um exemplo de interdisciplinaridade no âmbito penal.
   c) A existência da Comissão Técnica de Classificação no âmbito penal é considerada um retrocesso para a interdisciplinaridade no contexto prisional.
   d) O objetivo da interdisciplinaridade no âmbito penal é a redução da pena dos criminosos.
   e) Um exemplo de interdisciplinaridade no âmbito penal é o acompanhamento e a orientação de diversos profissionais nos processos de adoção.

3. A respeito da atuação de equipes interdisciplinares no âmbito civil, assinale a alternativa correta.
   a) Uma das possibilidades de atuação das equipes interdisciplinares no âmbito civil é o requerimento de interdição, considerado um tipo de assédio moral. Esses requerimentos necessitam de uma avaliação ampla, por isso a interdisciplinaridade se faz necessária.
   b) Um exemplo de prática interdisciplinar no contexto do Direito Civil é a prática do depoimento sem dano, que pode ser realizada para a oitiva de crianças e adolescentes por psicólogos ou assistentes sociais.
   c) São exemplos de situações em que práticas interdisciplinares podem ser utilizadas no âmbito do Direito de Família: adoção e destituição familiar,

desenvolvimento e aplicação de medidas socioeducativas em adolescentes autores de atos infracionais, assédio moral.
d) Um exemplo de prática interdisciplinar no contexto civil é o depoimento sem dano. Nessa prática, o juiz é orientado por um psicólogo para realizar a oitiva em crianças e adolescentes.
e) Percebe-se que, em casos de interdição judicial de idosos, o resultado da avaliação psicológica se sobrepõe à decisão do magistrado.

4. Sobre a atuação das equipes interdisciplinares no âmbito do direito de família, assinale a alternativa correta.
   a) As equipes interdisciplinares são fundamentais para a resolução de problemas complexos no âmbito familiar. Nesses casos, o psicólogo é responsável pela deliberação judicial.
   b) Um exemplo de interdisciplinaridade no âmbito do direito de família é quando o juiz solicita uma perícia ao psicólogo, em casos de revisão de tempo de reclusão de adolescentes que cumprem medidas socioeducativas.
   c) No âmbito do direito de família, as equipes interdisciplinares podem atuar em processos de separação e divórcio, disputa de guarda e regulamentação de visitas.
   d) No âmbito familiar, o psicólogo pode atuar na avaliação da dinâmica familiar, sugerindo medidas a serem tomadas pelo juiz, mediando conflitos intra e interpessoais e realizando psicoterapia com as partes.
   e) Em casos relacionados à família, a melhor forma de intervenção é sempre a interdisciplinar.

5. A respeito da importância da interdisciplinaridade no acompanhamento de medidas socioeducativas, assinale a alternativa correta.
   a) O desligamento de adolescentes do centro socioeducativo é deliberado pela equipe técnica do centro, composta por profissionais da Psicologia, do serviço social, da pedagogia, do Direito e da terapia ocupacional.
   b) O desligamento de adolescentes dos centros socioeducativos deve levar em conta aspectos referente ao adolescente e seu contexto, ao ato infracional que foi cometido, aos aspectos legais envolvidos, entre outros. Entende-se que essa é uma questão complexa, por isso a interdisciplinaridade se faz importante.
   c) As medidas socioeducativas têm como objetivo principal a punição de adolescentes infratores.
   d) A justiça restaurativa vem ganhando espaço na área do direito penal. Entretanto, observa-se que essa prática não cumpre seus efeitos quando se trata de adolescentes infratores, devido à imaturidade destes nos processos de reparação dos danos.
   e) O objetivo da equipe interdisciplinar no acompanhamento de adolescentes que cumprem medidas socioeducativas é a reinserção familiar.

Referências

ANDRADE, M. S.; BARROS, V. A. O jovem egresso da medida socioeducativa de internação: repercussões psicossociais. *Arq. Bras. Psicol.*, Rio de Janeiro, v. 70, nº 1, p. 37-53, 2018. Disponível em: <http://pepsic.bvsalud.org/scielo.php?script=sci_arttext&pid=S1809-52672018000100004&lng=pt&nrm=iso>. Acesso em: 3 ago. 2018.

AZAMBUJA, F.; REGINA, M. Violência sexual intrafamiliar: é possível proteger a criança? *Textos & Contextos*, Porto Alegre, v. 5, nº 1, nov. 2006.

BRANDÃO, S. V. *Interdição civil solicitada por familiar em face de parente idoso*: desconstrução da autonomia privada ou construção de um cuidado? 2013. 25 f. Trabalho de Conclusão de Curso (Especialização em Saúde Mental Coletiva) – Universidade Federal do Rio Grande do Sul, Rio Grande do Sul, Porto Alegre, 2013. Disponível em: <https://lume.ufrgs.br/handle/10183/78023>. Acesso em: 3 ago. 2018.

BRASIL. *Lei nº. 7.210, de 11 de julho de 1984*: institui a Lei de Execução Penal. Brasília, DF, 1984. Disponível em: <http://www.planalto.gov.br/ccivil_03/Leis/l7210.htm>. Acesso em: 29 jun. 2018.

BRASIL. *Lei nº. 8.069, de 13 de julho de 1990*. Dispõe sobre o Estatuto da Criança e do Adolescente e dá outras providências. Brasília, DF, 1990. Disponível em: <http://www.planalto.gov.br/ccivil_03/Leis/l8069.htm>. Acesso em: 3 ago. 2018.

COSTA, C. R. B. S. F.; ASSIS, S. G. Fatores protetivos a adolescentes em conflito com a lei no contexto socioeducativo. *Psicologia & Sociedade*, Porto Alegre, v. 18, nº 3, p. 74-81, dez. 2006. Disponível em: <http://www.scielo.br/scielo.php?script=sci_arttext&pid=S0102-71822006000300011&lng=en&nrm=iso>. Acesso em: 3 ago. 2018.

FRANÇA, F. Reflexões sobre psicologia jurídica e seu panorama no Brasil. *Revista Psicologia: teoria e prática*, v. 6, nº 1, p. 73-80, 2004.

JESUS, D. E. Justiça Restaurativa no Brasil. *Jus Navigandi*, Teresina, ano 9, nº 819, 30 set. 2005.

LAGO, V. M. et al. Um breve histórico da psicologia jurídica no Brasil e seus campos de atuação. *Estudos de Psicologia*, Campinas, v. 26, nº 4, p. 483-491, dez. 2009. Disponível em: <http://www.redalyc.org/articulo.oa?id=395335793009>. Acesso em: 3 ago. 2018.

LEAL, L. M. Psicologia jurídica: história, ramificações e áreas de atuação. *Diversa*, Ano I, nº 2, p. 171-185, jul./dez. 2008.

MENEZES, L. G. A aplicação do "depoimento sem dano" na comarca de Porto Alegre/RS: uma análise a partir da proteção da infância e da adolescência. In: SALÃO DE INICIAÇÃO CIENTÍFICA, 29, UFRGS, Porto Alegre, 2017. *Resumo...* Porto Alegre, 2017.

PINTO, R. S. G. A construção da justiça restaurativa no Brasil: o impacto no sistema de justiça criminal. *Revista Jus Navigandi*, Teresina, ano 12, nº 1432, jun. 2007. Disponível em: <https://jus.com.br/artigos/9878>. Acesso em: 3 ago. 2018.

RIBEIRO, D. D. *A Interdisciplinaridade e a execução penal*: um desajuste a ser tratado. 2003. 58 f. Monografia apresentada ao Curso de Especialização em Modalidades de Tratamento Penal e Gestão Prisional da Universidade Federal do Paraná, Curitiba, 2003. Disponível em: <http://www.depen.pr.gov.br/arquivos/File/monografia_dagoberto.pdf>. Acesso em: 3 ago. 2018.

SILVA, A. S. M. Assédio moral no ambiente de trabalho. *Revista Jurídica Orbis*, Santa Fé do Sul, v. 2, nº 1, p. 99-120, jan./jun. 2011.

SOARES, L. C. E. C.; CARDOSO, F. S. O ensino de psicologia na graduação em direito: uma proposta de interlocução. *Psicol. Ensino & Form.*, São Paulo, v. 7, nº 1, p. 59-69, 2016. Disponível em: <http://pepsic.bvsalud.org/scielo.php?script=sci_arttext&pid=S2177-20612016000100006&lng=pt&nrm=iso>. Acesso em: 3 ago. 2018.

SOUSA, E. L. A.; ZÜGE, M. B. A. Direito à palavra: interrogações acerca da proposta da justiça restaurativa. *Psicologia: ciência e profissão*, Brasília, v. 31, nº 4, p. 826-839, 2011.

SOUZA, M. F. Interdisciplinaridade, Serviço Social e penas alternativas: entre a tutela institucional e a emancipação dos sujeitos em conflito com a lei. *Serviço Social em Revista*, Londrina, v. 12, nº 1, p. 43-63, jul./dez. 2009.

TONETTO, A. M.; BARBOSA, W. G. A prática do psicólogo hospitalar em equipe multidisciplinar. *Estudos de Psicologia*, Campinas, v. 24, p. 89-98, jan./mar. 2007. Disponível em: <http://www.redalyc.org/articulo.oa?id=395336187010>. Acesso em: 3 ago. 2018.

VERONSE, J. R.; LIMA, F. S. O sistema nacional de atendimento socioeducativo (Sinase): breves considerações. *Rev. Bras. Adolescência e Conflitualidade*, v. 1, nº 1, p. 29-46, 2009.

Leituras recomendadas

COSCIONI, V. et al. O cumprimento da medida socioeducativa de internação no Brasil: uma revisão sistemática da literatura. *Psico*, v. 48, nº 3, p. 231-242, 2017.

SILVA, E. L. Justiça restaurativa como meio alternativo de solução de conflito/restorative justice as alternative of solution conflict. *Revista Jurídica Eletrônica da UFPI*, Piauí, v. 1, nº 6, 2014.

Gabaritos

Para ver as respostas de todos exercícios desse livro, acesse o link abaixo.

https://goo.gl/uXN8qp